21

张远山作品集

老子初始本演义

北京出版集团
北京出版社

本书说明

《老子初始本演义》是《老子奥义》的续书，写于2023年6月至2024年1月。搜集西汉晚期刘向颠倒《老子》上下经之前的战国中期至西汉早期黄老学派对《老子初始本》的故事性演义，论证《老子奥义》阐发的《老子初始本》真经真义。

《张远山作品集》之前，《老子初始本演义》未曾发表，未曾出版。本次收入《张远山作品集》，作为三十年（1995—2025）写作计划的收官之作，另增相关附录四《老学二书备忘录》。

卷末是《张远山作品集》四个总附录：一、张远山写作总目（1977—2025），二、张远山发表、专访、讲座要目（1995—2025），三、张远山出版总目（1999—2025），四、《张远山作品集》总篇目。

目 录

打捞黄老学派，探索《老子》初义

一　为《老子》加上故事

《老子初始本演义》的写法，仿佛回到了二十多年前《寓言的密码》的写法。

《寓言的密码》是为文学故事加上哲学道理：文学故事是诸子的，哲学道理是我加的。我加的哲学道理，未必符合诸子的文学故事。因为我是自由发挥，诸子未必认可。

《老子初始本演义》是为哲学道理加上文学故事：哲学道理是《老子》初始本的，文学故事是后人加的。后人加的文学故事，未必符合《老子》初始本的哲学道理。因为后人也是自由发挥，老子未必认可。

《庄子》既讲有趣的文学故事，又讲深刻的哲学道理，两者水乳交融，互不矛盾，所以《庄子》成了文哲合璧的汉语极品。假如两者不再水乳交融，而是互相矛盾，必为郭象或郭象追随者篡改反注所致。

《老子》不讲有趣的文学故事，只讲深刻的哲学道理，所以《老子》成了中国哲学突破第一书。后人为了让《老子》的哲学道理形象易懂，加上了很多文学故事。庄子、魏牟、稷下学士、吕不韦、刘安等人所加的文学故事，大多比较贴切，有利于理解《老子》初始本真义。韩非、韩婴、刘向等人所加的文学故事，大多很不贴切，不利于理解《老子》初始本真义，反而会把读者带偏，甚至带进坑里。

另有一种特殊情况：西汉晚期刘向之前的人们为《老子》初始本的哲学道理所加文学故事，原本水乳交融，互不矛盾。但是西汉晚期刘向之后的篡改者，仅仅篡改了前人所引《老子》初始本的真经文，却忘了篡改前人为《老子》初始本所加的文学故事，导致汉前真故事与汉后伪经文并列在一起，形成了刺眼的矛盾。发现汉后篡改者留下的诸多破绽，成了本书激动人心的高光时刻。

我的老学第一书《老子奥义》，基本不讲故事，主要是辨析《老子》初始本的伏羲学背景，《老子》初始本的夏商周制度背景，《老子》初始本的道家基本义理，阐明《老子》初始本之真经真义，论证《老子》初始本是中国哲学突破第一书，《老子》传世本是《老子》初始本的彻底降维。

我的老学第二书《老子初始本演义》，作为《老子奥义》的续书，主要是搜集后人为《老子》初始本所加的故事，辨析哪些故事符合《老子》初始本之真经真义，哪些故事不符合《老子》初始本之真经真义，梳理西汉晚期刘向之前的《老子》初始本解读史，兼及西汉晚期刘向之后的《老子》传世本误读史。

一旦明白《老子》初始本为什么会变成《老子》传世本，你就理解了中国历史。一旦明白西汉以后为什么要把中国哲学突破第一书彻底降维，你就破解了中国之谜。

二 黄老学派演义《老子》

战国中期至西汉早期的黄老学派三大经典《管子》、《吕览》、《淮南子》，演义《老子》初始本的不同模式，既有相关性，又有递进性。

黄老学派第一经典《管子》，成书于战国中期的齐宣王（前319—前301在位）时期。由齐国稷下学宫的百家学士分工撰著各篇，托名于辅佐齐桓公（前685—前643在位）称霸的齐相管仲。由于春秋中期的管仲（前723—前645）早于春秋晚期的老子（前570—前470），所以《管子》虽然大量发挥《老子》初始本的重要思想，但是从不明引《老子》初始本经文。

除此之外，《管子》托名的管仲是齐相，《管子》的思想代表了齐国的国家思想，所以为了融合百家思想，不宜过于旗帜鲜明地亮出其宗老倾向。

黄老学派第二经典《吕览》，成书于战国晚期的秦始皇（前246—前209在位）时期。由秦相吕不韦（前290—前235）的诸多门客分工撰著各篇，秦始皇八年（前239）吕不韦进献秦王嬴政。《吕览》晚于春秋晚期的老子，明引《老子》初始本经文并无障碍，但是作为黄老学派第二经典，继承并仿效了黄老学派第一经典《管子》的体例，所以尽管大量演义《老子》初始本的重要思想，仍然很少明引《老子》初始本经文。除此之外，《吕览》的主编是秦相吕不韦，吕不韦编纂《吕览》的目的是希望秦王嬴政把《吕览》作为秦国统一天下之后的国家思想，而秦国在秦孝公之后一直把商鞅的法家思想作为国家思想，所以《吕览》也不宜过于旗帜鲜明地亮出其宗老倾向。

黄老学派第三经典《淮南子》，成书于西汉中期汉武帝（前140—前87在位）时期。由淮南王刘安（前179—前122）的诸多门客分工撰著各篇，汉武帝建元二年（前139）刘安进献汉武帝。《淮南子》作为黄老学派第三经典，也继承并仿效了《管子》、《吕览》的宗老思想，但是刘安作为诸侯王，既无资格、更无野心把自己的宗老思想作为西汉王朝的国家思想，所以反而不必像《管子》、《吕览》那样掩饰其宗老倾向，于是大量明引《老子》初始本经文。而《淮南子·道应训》又继承并仿效了《韩非子·解老》首创的《老子》解经体，每一故事最后都是明引《老子》初始本经文。而且《淮南子·道应训》的不少故事正是抄自《吕览》各篇，因此《吕览》各篇、《淮南子·道应训》经常采用同一故事演义《老子》初始本经文，区别是《吕览》的故事最后不引《老子》初始本经文，《淮南子·道应训》的故事最后都引《老子》初始本经文。

西汉早期司马谈（前169—前110）《论六家要旨》曰："道家使人精神专一，动合无形，赡足万物。其为术也，因阴阳之大顺，采儒墨之善，撮名法之要，与时迁移，应物变化，立俗施事，无所不宜，指约而易操，事少而功多。"所言"采儒墨之善，撮名法之要"的"道家"，并非"老庄道家"，而是"黄老道家"，完全符合黄老学派三大经典《管子》、《吕览》、《淮南子》。

西汉中期汉武帝"独尊儒术，罢黜百家"以后，西汉晚期刘向（前77—前7）为了罢黜汉文帝、汉景帝时期崇尚的"黄老道家"，一方面刘向重编了《老子》初始本，变成了颠倒上下经的《老子》传世本，另一方面刘向所著《别录》不把黄老学派三大经典正确归类于"道家"，而是贬为"杂家"，随后刘向之子刘歆（前50—23）《七略》继承之，东汉班固（32—92）《汉书·艺文志》抄录之。所以西汉晚期刘向以后，经过环环相扣的系统操作，出现了两大结果：一是《老子》初始本降维为《老子》传世本，《老子》其书有名无实，伪《老子》、伪老学传承了两千多年；二是黄老学派三大经典《管子》、《吕览》、《淮南子》未能正确归类于"道家"或"黄老道家"，黄老学派有名无实，在历史忘川中消隐了两千多年。

除了黄老学派三大经典《管子》、《吕览》、《淮南子》，演义《老子》初始本的还有《庄子》内七篇和《庄子》外杂篇，《韩非子·解老》和《韩非子·喻老》等。

《庄子》内七篇对《老子》初始本的演义，不受黄老学派影响，基本忠于《老子》初始本的宗旨，不属黄老学派。《庄子》外杂篇对《老子》初始本的演义，经常受到黄老学派影响，也是黄老学派的一部分。所以本书的主要内容是战国中期至西汉早期黄老学派对《老子》初始本的演义，是对早已沉入历史忘川的黄老学派的一次打捞。

2023年9月16日—10月25日初稿
2024年1月8日二稿

《德经》四十四章，对应斗魁四星

《德经》绪论六章（1—6）：
侯王四型，人道四境

1. 上德不德章（传世本第38章）

上德不德，是以有德。下德不失德，是以无德。

上德无为而无以为，上仁为之而无以为，上义为之而有以为，上礼为之而莫之应，则攘臂而扔之。

故失道而后德，失德而后仁，失仁而后义，失义而后礼。

夫礼者，忠信之薄，而乱之首也。前识者，道之华，而愚之首也。

是以大丈夫居其厚，不居其薄；居其实，不居其华。故去彼取此。

今译

上德侯王永不拔高己德，所以有德。下德侯王不断拔高己德，所以无德。

上德侯王无为而无意妄作，上仁侯王有为而无意妄作，上义侯王有为而有意妄作，上礼侯王有为而无人响应，于是抡起手臂牵引天下。

因此侯王于道有失之后才会以德治国，于德有失之后才会以仁治国，于仁有失之后才会以义治国，于义有失之后才会以礼治国。

侯王一旦以礼治国，必将忠信浅薄，成为祸乱之首。侯王按照礼制的成心治国，仅有治道的浮华，实为愚蠢之首。

所以上德侯王居于厚德，鄙弃薄德；居于治道的实质，鄙弃治道的浮华。因此去除有为，采取无为。

演义

●《老子》初始本首章要义

道家始祖老子（前570—前470）于春秋晚期撰著《老子》初始本，上经《德经》先言可知、可言的"道"生之"德"，下经《道经》再言不可知、不可言的生"德"之"道"。

上经《德经》开篇言"德"："上德不德，是以有德。下德不失德，是以无德。"

"上德"即上德侯王，"下德"即下德侯王。上德侯王、下德侯王之异，在于是否自知己德不足，是否妄想"得道"，是顺道无为不作，还是悖道有为妄作。

上德侯王自知己德不足而顺道无为不作，故曰："上德无为而无以为。"上德侯王仅有一型，即尚德侯王，《老子》初始本称为"圣人"（圣君）、"君子"（先君之子）。

下德侯王不知己德不足而悖道有为妄作，故曰："上仁为之而无以为，上义为之而有以为，上礼为之而莫之应，则攘臂而扔之。"下德侯王共有三型，即尚仁侯王、尚义侯王、尚礼侯王，《老子》初始本称为"俗人"（俗君）、"众人"（众多俗君）。

秦始皇"以王僭帝"以后的历代注家，不敢想象《老子》初始本竟称侯王为"俗人"、"众人"，妄解《老子》传世本"俗人"、"众人"为民众，全悖《老子》初始本真义。

天地尚"道"，老子尚"德"，孔子尚"仁"，孟子尚"义"，荀子尚

"礼"，韩非尚"法"，秦后尚"刑"。《老子》初始本首章即已精准预言了中国历史的递降过程，故曰："失道而后德，失德而后仁，失仁而后义，失义而后礼。"

《老子》初始本首章所言价值五阶：道↘德↘仁↘义↘礼，以周礼为最低价值，故曰："夫礼者，忠信之薄，而乱之首也。"这是《老子》所言"君人南面之术"之前提。《史记·老子韩非列传》"老子见周德之衰，乃遂去"，挑明《老子》初始本以周礼为最低价值。汉武帝以后"独尊儒术"两千年，儒术推崇周礼，所以汉后注家不敢想象《老子》竟以周礼为最低价值，妄解《老子》传世本每章每句每字，全悖《老子》初始本真义。

上德侯王居道之实（德），不居道之华（仁、义、礼），故曰："去彼取此。"《老子》传世本把《老子》初始本"去彼取此"之真义，妄释为"去此取彼"之伪义，全悖《老子》初始本宗旨。

●《管子》演义《上德不德章》侯王四境

无为者帝，为而无以为者王。

（《管子·乘马》）

《管子·乘马》第一句"无为者帝"，解说《上德不德章》侯王四境之侯王第一境"上德无为而无以为"。

《管子·乘马》第二句"为而无以为者王"，解说《上德不德章》侯王四境之侯王第二境"上仁为之而无以为"。

《老子》初始本第1《上德不德章》之侯王四境"德↘仁↘义↘礼"，战国时代转换为"帝↘王↘霸↘亡"。比如郭隗对燕昭王说："帝者与师处，王者与友处，霸者与臣处，亡国与役处。"（《战国策·燕策一》十二）"帝者之臣，其名臣也，其实师也；王者之臣，其名臣也，其实友也；霸者之臣，其名臣也，其实宾也；危国之臣，其名臣也，其实虏也。"（《说苑·君道》）

《管子·乘马》不是解经体，所以仅解《上德不德章》之侯王第一境"上德无为而无以为"，第二境"上仁为之而无以为"，未解《上德不德章》之侯王第三境"上义为之而有以为"，第四境"上礼为之而莫之应"。假如《管子·乘马》是《韩非子·解老》那样逐句解说的解经体，就会按照战国时代根据《老子》侯王四境转换的"帝↘王↘霸↘亡"，对位解说《上德不德章》之侯王四境"德↘仁↘义↘礼"，那么解说侯王第三境，当作：为而有以为者霸；解说侯王第四境，当作：为而莫之应者亡。

秦汉以后把《老子》侯王四境"德↘仁↘义↘礼"，以及战国时代根据《老子》侯王四境转换的"帝↘王↘霸↘亡"，进一步转换为通用至今的侯王四境"圣君↘贤君↘暴君↘昏君"。所以《老子》首创的侯王四境，影响极其深远，因为老子是中国哲学突破第一人，《老子》是中国哲学突破第一书。

《老子》侯王四境影响表

《老子》侯王四境	《管子》侯王四境	战国侯王四境	汉后侯王四境
上德无为而无以为	无为者帝	帝者与师处	圣君
上仁为之而无以为	为而无以为者王	王者与友处	贤君
上义为之而有以为	（为而有以为者霸）	霸者与臣处	暴君
上礼为之而莫之应	（为而莫之应者亡）	亡国与役处	昏君

2.侯王得一章（传世本第39章）

昔之得一者，天得一以清，地得一以宁，神得一以灵，谷得一以盈，侯王得一以为天下正。

其致之也，天毋已，清将恐裂；地毋已，宁将恐废；神毋已，灵将恐歇；谷毋已，盈将恐竭；侯王毋已，贵高将恐蹶。

是故贵必以贱为本，高必以下为基。是以侯王自谓孤、寡、不穀，此其贱之本邪？非也？故致数誉无誉。不欲琭琭如玉，珞珞如石。

今译

从前得到太一常道者，天空得到太一常道所以清明，大地得到太一常道所以宁定，鬼神得到太一常道所以灵验，河谷得到太一常道所以充盈，侯王得到太一常道所以尊为天下正道。

五者得到太一常道以后均能知止，因为天空若不知止，清明恐将灭裂；大地若不知止，安宁恐将废弛；鬼神若不知止，灵验恐将消歇；河谷若不知止，充盈恐将衰竭；侯王若不知止，尊贵高位恐将崩蹶。

因此尊贵的侯王必以卑贱的百姓为根本，高位的侯王必以下位的百姓为基础。所以侯王自称孤家、寡人、不善，这不是以卑贱的百姓为根本吗？难道不是吗？因此侯王得到过多赞誉必将丧失赞誉。上德侯王不欲光华如玉，宁愿素朴如石。

演义

●《吕览》演义"侯王得一以为天下正"

得道者必静，静者无知，知乃无知，可以言君道也。故曰中欲不出谓之扃，外欲不入谓之闭。既扃而又闭，天之用密。有准不以平，有绳不以正，天之大静。既静而又宁，可以为天下正。

（《吕览·君守》）

天地阴阳不革，而成万物不同。目不失其明，而见白黑之殊。耳不失其听，而闻清浊之声。王者执一而为万物正。军必有将，所以一之也；国必有君，所以一之也；天下必有天子，所以一之也；天子必执一，所以抟之也。一则治，两则乱。今御骊马者，使四人人操一策，则不可以出于门闾者，不一也。

（《吕览·执一》）

《吕览·君守》此节，节题"君守"，首言"得道"，末言"以为天下正"，可知其为阐释《老子》初始本第2《侯王得一章》"侯王得一以为天下正"。但以"得道"妄释"得一"甚误，导致《老子》所言"道生一"变成了逻辑不通的"道生道"。

《吕览·执一》此节，节题"执一"，源于《老子》初始本第63《曲则全章》"圣人执一以为天下牧"（《老子》传世本改为"圣人抱一以为天下式"）。《吕览》撰者认为"侯王得一以为天下正"与"圣人执一以为天下牧"等价，所以综合为"王者执一而为万物正"，但是《吕览·君守》把"一"妄释为"道"，《吕览·执一》又把"一"妄释为"君权"一柄，不仅都不准确，而且互相矛盾。《吕览》由吕不韦门客集体编纂，二节的撰者未必是同一人。

《老子》初始本的"侯王得一以为天下正"与"圣人执一以为天下牧"，确实等价，但是"一"既不是"道"，更不是"君权"一柄，而是"太一常道"。《老子》所言"道生一"，"道"指宣夜说范畴的宇宙总体规律"无极恒道"，"一"指浑天说范畴的宇宙局部太阳系规律"太一常道"，故曰"道生一"。宣夜说范畴的"道"不可知、不可得、不可执，浑天说范畴的"一"可知、可得、可执，故曰"侯王得一以为天下正"，"圣人执一以为天下牧"。

● 《战国策》演义"贵必以贱为本，高必以下为基"

齐宣王见颜斶曰："斶前！"

斶亦曰："王前！"

宣王不悦。

左右曰："王，人君也。斶，人臣也。王曰'斶前'，（斶）亦曰'王前'，可乎？"

斶对曰："夫斶前，为慕势；王前，为趋士。与使斶为趋势，不如使王为趋士。"

王忿然作色曰："王者贵乎？士贵乎？"

对曰："士贵耳，王者不贵。"

王曰:"有说乎?"

厮曰:"有。昔者秦攻齐,令曰:'有敢去柳下季垄五十步而樵采者,死不赦。'令曰:'有能得齐王头者,封万户侯,赐金千镒。'由是观之,生王之头,曾不若死士之垄也。"

王默然不悦。

左右皆曰:"厮来,厮来!大王据千乘之地,而建千石钟,万石簴。天下之士,仁义皆来役处;辩士并进,莫不来语;东西南北,莫敢不服。求万物不备具,而百姓无不亲附。今夫士之高者,乃称匹夫,徒步而处农亩,下则鄙野、监门、闾里,士之贱也,亦甚矣!"

厮对曰:"不然。厮闻古大禹之时,诸侯万国。何则?德厚之道,得贵士之力也。故舜起农亩,出于野鄙,而为天子。及汤之时,诸侯三千。当今之世,南面称寡者,乃二十四。由此观之,非得失之策欤?稍稍诛灭,灭亡无族之时,欲为监门、闾里,安可得而有乎哉?是故《易传》不云乎:'居上位,未得其实,以喜其为名者,必以骄奢为行。据慢骄奢,则凶从之。'是故无其实而喜其名者削,无德而望其福者约,无功而受其禄者辱,祸必握。故曰:'矜功不立,虚愿不至。'此皆幸乐其名,华而无其实德者也。是以尧有九佐,舜有七友,禹有五丞,汤有三辅,自古及今,而能虚成名于天下者,无有。是以君王无羞亟问,不愧下学;是故成其道德而扬功名于后世者,尧、舜、禹、汤、周文王是也。故曰:'无形者,形之君也。无端者,事之本也。'夫上见其原,下通其流,至圣人明学,何不吉之有哉!《老子》曰:'虽贵,必以贱为本;虽高,必以下为基。是以侯王称孤、寡、不穀,是其贱之本欤?'夫孤、寡者,人之困贱下位也,而侯王以自谓,岂非下人而尊贵士欤?夫尧传舜,舜传禹,周成王任周公旦,而世世称曰明主,是以明乎士之贵也。"

宣王曰:"嗟乎!君子焉可侮哉,寡人自取病耳!及今闻君子之言,乃今闻细人之行,愿请受为弟子。且颜先生与寡人游,食必太牢，出必乘车，妻子衣服丽都。"

颜斶辞去曰："夫玉生于山，制则破焉，非弗宝贵矣，然大
璞不完。士生乎鄙野，推选则禄焉，非不得尊遂也，然而形神不
全。斶愿得归，晚食以当肉，安步以当车，无罪以当贵，清静贞
正以自虞。制言者王也，尽忠直言者斶也。言要道已备矣，愿得
赐归，安行而反臣之邑屋。则再拜而辞去也。斶知足矣，归反于
朴，则终身不辱也。"

（《战国策·齐策四》五）

颜斶见齐宣王，事在战国中期，约当齐宣王（前319—前301在位）
十一年（前309），参看拙著《庄子传》六十一章，与湖北荆门郭店出土的
战国中期《老子》初始本摘抄本基本同时。此事可证郭店《老子》并非《老
子》尚未成书之证，而是《老子》初始本的三个摘抄本，《老子》初始本早
在春秋晚期已经成书。

齐宣王欲得名誉，有为妄作而揽誉。揽誉之举变本加厉，最终失去名
誉。故曰："故致数誉无誉。不欲琭琭如玉，（宁愿）珞珞如石。"

颜斶以《老子》初始本第2《侯王得一章》"贵必以贱为本，高必以下
为基"教诲齐宣王，合于《老子》初始本真义。

●《淮南子》演义"贵必以贱为本，高必以下为基"

狐丘丈人谓孙叔敖曰："人有三怨，子知之乎？"

孙叔敖曰："何谓也？"

对曰："爵高者，士妒之。官大者，主恶之。禄厚者，怨
处之。"

孙叔敖曰："吾爵益高，吾志益下。吾官益大，吾心益小。吾
禄益厚，吾施益博。是以免三怨可乎？"

故《老子》曰："贵必以贱为本，高必以下为基。"

（《淮南子·道应训》三三，《列子·说符》抄之）

《淮南子·道应训》第三十三章，以狐丘丈人教诲孙叔敖的故事，演义《老子》初始本第2《侯王得一章》"贵必以贱为本，高必以下为基"。

《老子》初始本第2《侯王得一章》，提出"侯王得一以为天下正"命题，作为全书主旨"君人南面之术"总纲。"得一"即"得太一"。"太一"即太一历法图，亦即后世所称伏羲太极图。"侯王得一以为天下正"，即侯王奉"太一历法图"为治理天下之正道。因为太一历法图是当时人类掌握的最高天道知识。《老子》初始本后续各章，又言"抱一"、"执一"。

老子认为，侯王"得一"以后，必须知止而顺道无为，假如不知止而悖道有为，天之清将会裂，地之宁将会废，神之灵将会歇，谷之盈将会竭，侯王之贵高将会崩蹶。

3.反者道动章（传世本第40章）

反者道之动，弱者道之用。
天下万物生于有，有生于无。

今译

返回循环是天道的运动方式，削弱强者是天道的作用方式。

天下万物生于人类拥有的太一常道，人类拥有的太一常道生于人类不拥有的无极恒道。

演义

●《老子》初始本第3章要义

《老子》初始本第3《反者道动章》，提出道论总纲："反者道之动，弱者道之用。"

"反者道之动"，即天道之动，必向反面而动。故下德侯王的一切有为，最终均将走向反面。

"弱者道之用"，即天道之用，无不削弱强者。故下德侯王的一切逞强，最终均将自我削弱。

《老子》初始本第3《反者道动章》，又提出宇宙生成论："天下万物生于有，有生于无。"

"有"指人类可有的浑天说范畴的宇宙局部太阳系规律"太一常道"，"无"指人类不能拥有的宣夜说范畴的宇宙总体规律"无极恒道"，故曰"有生于无"。

●老子弟子范蠡演义"反者道之动"

范蠡曰："天道皇皇，日月以为常，明者以为法，微者则是行。阳至而阴，阴至而阳。日困而还，月盈而匡。"

（《国语·越语下》）

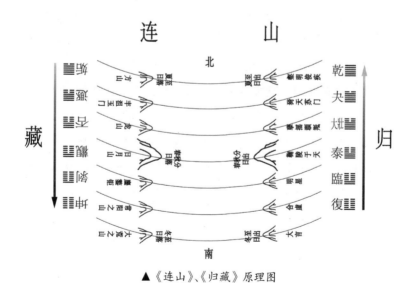

▲《连山》、《归藏》原理图

《老子》反对周《周易》，故以夏《连山》、商《归藏》传承之伏羲易原理言天道。老子弟子范蠡（前536—前448）遂言"天道皇皇，日月以为常，明者以为法，微者则是行"。

范蠡所言"阳至而阴，阴至而阳。日困而还，月盈而匡"，演义《老子》初始本第3《反者道动章》"反者道之动"。"阳至"即夏至乾卦，"阴至"即冬至坤卦；夏至乾卦以后开始阴剥，冬至坤卦以后开始阳复。此即所谓"复极必剥，剥极必复"。

●司马谈《论六家要旨》演义"反者道之动，弱者道之用"

> 道家使人精神专一，动合无形，赡足万物。其为术也，因阴阳之大顺，采儒墨之善，撮名法之要，与时迁移，应物变化，立俗施事，无所不宜，指约而易操，事少而功多。
>
> ……
>
> 道家无为，又曰无不为，其实易行，其辞难知。其术以虚无为本，以因循为用。无成埶，无常形，故能究万物之情。不为物先，不为物后，故能为万物主。有法无法，因时为业；有度无度，因物与合。故曰"圣人不朽，时变是守。虚者道之常也，因者君之纲"也。君臣并至，使各自明也。其实中其声者谓之端，实不中其声者谓之窾。窾言不听，奸乃不生，贤不肖自分，白黑乃形。在所欲用耳，何事不成。乃合大道，混混冥冥。光耀天下，复反无名。凡人所生者神也，所托者形也。神大用则竭，形大劳则敝，形神离则死。死者不可复生，离者不可复反，故圣人重之。由是观之，神者生之本也，形者生之具也。先定其神形，而曰"我有以治天下"，何由哉？
>
> （《史记·太史公自序》）

西汉司马谈《论六家要旨》，列举阴阳家、儒家、墨家、名家、法家、道家，对前五家有褒有贬，独对道家有褒无贬。称颂其"因阴阳之大顺，采儒墨之善，撮名法之要，与时迁移，应物变化，立俗施事，无所不宜，指约而易操，事少而功多"。"因阴阳之大顺"，演义《老子》初始本第3《反者道动章》"反者道之动，弱者道之用"，故曰"乃合大道，混混冥冥。光耀天下，复反无名"。

● 《汉书·艺文志》演义"弱者道之用"

> 道家者流，盖出于史官，历记成败存亡祸福古今之道，然后知秉要执本，清虚以自守，卑弱以自持，此君人南面之术也。合于尧之克攘，《易》之嗛嗛，一谦而四益，此其所长也。及放者为之，则欲绝去礼学，兼弃仁义，曰独任清虚可以为治。

东汉班固《汉书·艺文志》，以"清虚以自守，卑弱以自持"演义《老子》初始本第3《反者道动章》"弱者道之用"，并点破《老子》初始本的宗旨是"君人南面之术"。

"及放者为之，则欲绝去礼学，兼弃仁义，曰独任清虚可以为治。"放者是指庄子。班固对老子相对肯定，对庄子特别不满，撰有《难庄论》(今佚)。其实"绝去礼学，兼弃仁义"和"独任清虚可以为治"并非庄子偏离老子的自增新义，而是老子固有的基本义理。

4. 上士闻道章（传世本第41章）

上士闻道，勤而行之。中士闻道，若存若亡。下士闻道大笑之，不笑不足以为道。

是以建言有之：明道若昧，进道若退，夷道若纇。上德若谷，大白若辱，广德若不足，建德若偷，质贞若渝。大方无隅，大器免成，大音希声。

天象无形，道隐无名。夫唯道，善始且善成。

今译

上德之士闻道，勤勉遵行。中德之士闻道，时而遵行时而丧亡。下德之士闻道大笑，不笑不足以为道。

所以献策之言如是说：光明之道貌似暗昧，前进之道貌似后退，平坦之道貌似不平。至上之德虚怀若谷，至白之德如有污垢，至广之德如同不足，建设之德如同窃取，质贞之德如同有变。至大之方没有四隅，至大之器免于成形，至大之音不闻其声。

天象永无定形，天道隐遁无名。唯有天道，善于创始善于守成。

演义

●《庄子》演义《老子》初始本之真经文"大器免成"

匠石之齐，至于曲辕，见栎社树。其大蔽数千牛，絜之百围；其高临山，十仞而后有枝，其可以为舟者旁十数。观者如市。匠石不顾，遂行不辍。

弟子厌观之，走及匠石曰："自吾执斧斤以随夫子，未尝见材如此其美也。先生不肯观，行不辍，何邪？"

曰："已矣，勿言之矣。散木也！以为舟则沉，以为棺椁则速腐，以为器则速毁，以为门户则液樠，以为柱则蠹。是不材之木也，无所可用，故能若是之寿。"

匠石归，栎社见梦曰："汝将恶乎比予哉？若将比予于文木邪？夫柤梨橘柚，果蓏之属，实熟则剥，剥则辱；大枝折，小枝泄。此以其能苦其生者也，故不终其天年而中道夭，自掊击于世俗者也。物莫不若是。且予求无所可用久矣，几死，乃今得之，为予大用。使予也而有用，且得有此大也邪？且也，若与予也皆物也，奈何哉其相物也？尔几死之散人，又恶知散木？"

匠石觉而诊其梦。

弟子曰："趣取无用，则为社何邪？"

曰："密！若无言！彼亦直寄焉，以为不知己者诟厉也。不为社者，且几有剪乎？且也，彼其所保与众异，尔以义誉之，不亦远乎？"

南伯子綦游乎商之丘，见大木焉有异，结驷千乘，将隐庇其所藾。

子綦曰："此何木也哉？此必有异材夫！"

仰而视其细枝，则拳曲而不可以为栋梁；俯而视其大根，则轴解而不可以为棺椁；舐其叶，则口烂而为伤；嗅之，则使人狂酲三日而不已。

子綦曰："此果不材之木也，以至于此其大也。嗟乎神人，以此不材。"

宋有荆氏者，宜楸柏桑。其拱把而上者，求狙猴之杙者斩之。三围四围，求高名之丽者斩之。七围八围，贵人富商之家求禅傍者斩之。故未终其天年，而中道夭于斧斤，此材之患也。故解之以牛之白颡者，与豚之亢鼻者，与人有痔病者，不可以适河。此皆巫祝已知之矣，所以为不祥也。此乃神人之所以为大祥也。

支离疏者，颐隐于脐，肩高于顶，会撮指天，五管在上，两髀为胁。挫针治繲，足以糊口；鼓筴播精，足以食十人。上征武士，则支离攘臂而游于其间；上有大役，则支离以有常疾不受功；上与病者粟，则受三钟与十束薪。夫支离其形者，犹足以养其身，终其天年，又况支离其德者乎？

（《庄子·人间世》）

《庄子·人间世》连讲四个"大器不材"故事，演义《老子》初始本第

4《上士闻道章》的真经文"大器免成"。

第一个故事，栎社树"其大蔽数千牛，絜之百围；其高临山，十仞而后有枝"，演义《老子》"大器"。"以为舟则沉，以为棺椁则速腐，以为器则速毁，以为门户则液樠，以为柱则蠹。是不材之木也，无所可用"，演义《老子》"免成"。"散木不材"，是《老子》"大器免成"的变文。

第二个故事，商丘大木"结驷千乘，将隐庇其所藾"，演义《老子》"大器"。细枝"拳曲而不可以为栋梁"，大根"轴解而不可以为棺椁"，演义《老子》"免成"。"神人不材"，是《老子》"大器免成"的变文。

第三个故事，荆氏所种楸树、柏树、桑树，都是文木，所以三个阶段都被"斩之"。这是以文木成材，必将"未终其天年，而中道夭于斧斤"，反证"散木不材"，演义《老子》"大器免成"。

第四个故事，支离疏天生残疾，却足以养身，终其天年，演义《老子》"大器免成"。

前三个故事，二为正例，一为反例，全都取譬于木，第四个故事落实到人。《庄子·人间世》的四个故事，把《老子》初始本"大器免成"的深刻道理，演义得淋漓尽致。庄子作为道家集大成者，是《老子》初始本的最佳演义者，所以道家之道即老庄之道。

西汉早期帛乙本《老子》作"大器免成"，战国中期楚简本《老子》作"大器曼成"，西汉中期汉简本《老子》作"大器勉成"，"曼"和"勉"均通"免"。考古出土的《老子》初始本三大版本共同证明："大器免成"是《老子》初始本的真经文，"大器晚成"是《老子》传世本的伪经文。

●《韩非子》演义《老子》传世本之伪经文"大器晚成"

楚庄王莅政三年，无令发，无政为也。

右司马御座，而与王隐曰："有鸟止南方之阜，三年不翅，不飞不鸣，嘿然无声，此为何名？"

王曰："三年不翅，将以长羽翼。不飞不鸣，将以观民则。虽无飞，飞必冲天；虽无鸣，鸣必惊人。子释之，不穀知之矣。"

处半年，乃自听政。所废者十，所起者九，诛大臣五，举处士六，而邦大治。举兵诛齐，败之徐州，胜晋于河雍，合诸侯于宋，遂霸天下。

庄王不为小害善，故有大名；不蚤见示，故有大功。故曰："大器晚成，大音希声。"

（《韩非子·喻老》十六）

庄子（前369—前286）处于战国中期，韩非（前280—前233）处于战国晚期。庄子死后六年，韩非出生。《庄子·人间世》以四个故事演义《老子》初始本的真经文"大器免成"之后，《韩非子·喻老》则以一个故事演义《老子》传世本的伪经文"大器晚成"。

《韩非子·喻老》所述楚庄王"三年不飞，一飞冲天"故事，符合其所演义的《老子》伪经文"大器晚成"；证明《韩非子·喻老》所引《老子》伪经文，不是后人根据《老子》传世本的伪经文倒改《韩非子·喻老》，而是《老子》传世本的伪经文源于《韩非子·喻老》，所以韩非是把"大器免成"篡改为"大器晚成"的始作俑者。

西汉早期帛乙本《老子》作"大器免成"，西汉中期汉简本《老子》作"大器勉成"，均未采纳《韩非子·喻老》的篡改。西汉晚期的刘向版《老子》传世本，采纳了《韩非子·喻老》的篡改，严遵、河上公、王弼、傅奕等人承之，均作"大器晚成"，于是积非成是，伪经取代真经。

5.道生一章（传世本第42章）

道生一，一生二，二生三，三生万物。
万物负阴而抱阳，冲气以为和。
人之所恶，唯孤、寡、不穀，而王公以自名也。是故物或损之而益，或益之而损。

人之所教，亦我而教人。故"强梁者不得其死"，吾将以为教父。

今译

无极恒道生成太一常道，太一常道生成阴阳二气，阴阳二气生成三爻八卦，三爻八卦生成万物。

万物生成于负阴抱阳的泰卦☷☰，阴阳二气上下对冲达致和谐。

人类厌恶的，唯有孤家、寡人、不善，然而王公对位泰卦上卦谦称自损。所以上德侯王自损而获益，下德侯王自益而受损。

古人如此教我，我也如此教人。因此太一上帝神谕说"强挺脊梁者不得好死"，吾人将以太一上帝为教父。

演义

●张伯端《悟真篇》演义"道生一，一生二，二生三，三生万物"

道自虚无生一气，
便从一气产阴阳，
阴阳再合成三体，
三体重生万物昌。

北宋道士张伯端《悟真篇》用四句诗，解说《老子》初始本第5《道生一章》四句，逐句对应，字字精确。

"道自虚无生一气"，解说"道生一"，亦即"无生有"，"无极而太极"。

"便从一气产阴阳"，解说"一生二"。

"阴阳再合成三体"，解说"二生三"。

"三体重生万物昌"，解说"三生万物"。即三爻八卦相"重"，"生"六爻六十四卦。伏羲六十四卦揭示的"太一常道"，导致"万物昌"。

张伯端用伏羲卦象解说《道生一章》，证明这是道教内部传承的《老子》真义。

●《庄子》演义"万物负阴而抱阳，冲气以为和"

孔子见老聃。

老聃新沐，方将披发而干，慹然似非人。孔子便而侍之，少焉见，曰："丘也眩欤？其信然欤？向者先生，形体掘若槁木，似遗物离人，而立于独也。"

老聃曰："吾游心于物之初。"

孔子曰："何谓邪？"

曰："心困焉，而不能知；口辟焉，而不能言。尝为汝议乎其将：至阴肃肃，至阳赫赫；肃肃出乎天，赫赫发乎地；两者交通成和，而物生焉；或为之纪，而莫见其形。消息盈虚，一晦一明；日改月化，日有所为，而莫见其功。生有所乎萌，死有所乎归，始终相返乎无端，而莫知乎其所穷。非是也，且孰为之宗？"

孔子曰："请问游是。"

老聃曰："夫得是，至美至乐也。得至美，而游乎至乐，谓之至人。"

孔子曰："愿闻其方。"

曰："草食之兽，不疾易薮；水生之虫，不疾易水。行小变而不失其大常也，喜怒哀乐不入于胸次。夫天下也者，万物之所一也。得其所一而同焉，则四肢百体将为尘垢，而死生终始将为昼夜，而莫之能滑，而况得丧祸福之所介乎？弃隶者，若弃泥涂，知身贵于隶也。贵在于我，而不失于变。且万化而未始有极也，夫孰足以患心？已为道者，解乎此。"

孔子曰："夫子德配天地，而犹假至言以修心。古之君子，孰能脱焉？"

老聃曰："不然。夫水之于汋也，无为而才自然矣。至人之于德也，不修而物不能离焉。若天之自高，地之自厚，日月之自明，夫何修焉？"

孔子出，以告颜回，曰："丘之于道也，其犹醯鸡欤？微夫子之发吾覆也，吾不知天地之大全也！"

（《庄子·田子方》）

《庄子·田子方》讲了一个孔子见老聃的故事。老聃向孔子解释了《老子》初始本第5《道生一章》两句经文："万物负阴而抱阳，冲气以为和。"

老聃对孔子所言"至阴肃肃，至阳赫赫；肃肃出乎天，赫赫发乎地"，对应《老子》初始本第5《道生一章》经文"负阴而抱阳"，指春分泰卦的卦象☰☷：上负三阴，下抱三阳。

老聃对孔子所言"两者交通成和，而物生焉"，对应《老子》初始本第5《道生一章》经文"冲气以为和"，指春分泰卦的卦义：阴气下行，阳气上行，阴阳二气相冲而和，春气生物。

伏羲太极图的正东泰卦，是春分之卦。东岳对位正东的春分泰卦，故名泰山。

难以判断《庄子·田子方》所述孔子见老聃故事，是史实还是寓言。但是撰写《庄子·田子方》的庄子再传弟子魏牟，让老聃本人用伏羲卦象阐释《老子》唯一提及阴阳的两句名言，证明这是庄子、庄门弟子、道家内部传承的《老子》真义。

● 《淮南子》演义 "万物负阴而抱阳，冲气以为和"

古未有天地之时，惟象无形，窈窈冥冥，芒芠漠闵，澒蒙鸿洞，莫知其门。有二神混生，经天营地，孔乎莫知其所终极，滔乎莫知其所止息，于是乃别为阴阳，离为八极，刚柔相成，万物乃形，烦气为虫，精气为人。是故精神，天之有也；而骨骸者，地之有也。精神入其门，而骨骸反其根，我尚何存？是故圣人法天顺情，不拘于俗，不诱于人，以天为父，以地为母，阴阳

为纲，四时为纪。天静以清，地定以宁，万物失之者死，法之者
生。夫静漠者，神明之宅也；虚无者，道之所居也。是故或求之
于外者，失之于内；有守之于内者，失之于外。譬犹本与末也，
从本引之，千枝万叶莫不随也。夫精神者，所受于天也；而形体
者，所禀于地也。故曰："一生二，二生三，三生万物。万物背阴
而抱阳，冲气以为和。"

（《淮南子·精神训》）

国得道而存，失道而亡。所谓道者，体圆而法方，背阴而抱
阳，左柔而右刚，履幽而戴明，变化无常，得一之原，以应无
方，是谓神明。

（《淮南子·兵略训》，《文子·上德》略同）

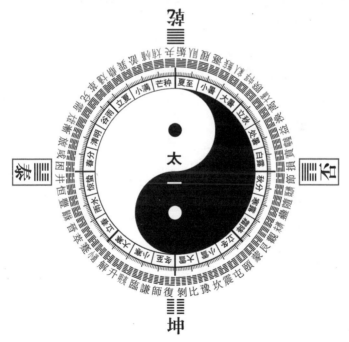

▲太一历法图：泰卦居左而柔，否卦居右而刚

《淮南子·精神训》开篇一大段，演义《老子》初始本第5《道生一章》"负阴而抱阳，冲气以为和"的泰道，所言全部符合夏商周太一历法图。因为淮南王刘安有精通伏羲易的九位门客，九位门客所著《淮南道训》又称《九师易》(今已亡佚，但有佚文若干，参看《伏羲之道》)。

《淮南子·精神训》和《淮南子·兵略训》所言"背阴而抱阳"，即《老子》初始本第5《道生一章》"负阴而抱阳"。三者均指夏商周太一历法图左面的春分泰卦☷☰："背阴"即泰卦上卦三阴，"抱阳"即泰卦下卦三阳。"左柔"，即泰卦居"左"而"柔"。"右刚"，即否卦居"右"而"刚"。"履幽而戴明"，即夏商周太一历法图右面的秋分否卦☰☷："戴明"即否卦上卦三阳，"履幽"即否卦下卦三阴。"变化无常，得一之原，以应无方，是谓神明"，即言得到"变化无常"的太一历法图之原理，即可因应无方，上应神明之道。

《淮南子·精神训》专言"背阴抱阳"、"以正治国"之泰道，《淮南子·兵略训》专言"履幽戴明"、"以奇治兵"之否术，深明《老子》初始本的"扬泰抑否"宗旨。

●《庄子》演义"或损之而益，或益之而损"

颜回曰："回益矣。"

仲尼曰："何谓也?"

曰："回忘礼乐矣。"

曰："可矣，犹未也。"

他日复见曰："回益矣。"

曰："何谓也?"

曰："回忘仁义矣。"

曰："可矣，犹未也。"

他日复见曰："回益矣。"

曰："何谓也?"

曰："回坐忘矣。"

仲尼蹴然曰："何谓坐忘？"

　　颜回曰："堕其肢体，黜其聪明；离形去知，同于大通。此谓坐忘。"

　　仲尼曰："同则无好也，化则无常也。尔果其贤乎？丘也请从而后也。"

（《庄子·大宗师》）

　　《庄子·大宗师》讲了一个颜回见孔子的故事。颜回向孔子汇报了学习《老子》初始本"益之而损，损之而益"的实操体会。

　　颜回三次进益，都是"损之而益"。

　　自损方法，见于《老子》初始本第11《为学日益章》："为学者日益，为道者日损，损之又损之。"

　　自损顺序，见于《老子》初始本第1《上德不德章》："失道而后德，失德而后仁，失仁而后义，失义而后礼。"

　　按照以上方法和顺序，从价值五阶"道—德—仁—义—礼"末端，开始三次"损之而益"：

　　第一次进益，损礼乐。价值五阶尚余四阶：道—德—仁—义。

　　第二次进益，损仁义。价值五阶尚余二阶：道—德。

　　第三次进益，损自德。价值五阶仅余终极价值：道。于是"堕其肢体，黜其聪明；离形去知，同于大通"，人与道合一，道与人同在。以此演义《老子》初始本第5《道生一章》"或损之而益，或益之而损"。

6.天下至柔章（传世本第43章）

　　天下之至柔，驰骋于天下之至坚。

　　无有入于无间，吾是以知无为之有益也。

　　不言之教，无为之益，天下希及之矣。

今译

天下的至柔之物，驰骋于天下的至坚之物。

无有之物方能进入无间之处，吾人因此知晓无为之有益。

少发政令之教化，为于无为之有益，天下侯王鲜有企及。

演义

●叔向评论《老子》初始本二章

韩平子问于叔向曰："刚与柔孰坚？"

对曰："臣年八十矣，齿再堕而舌尚存。老聃有言曰：'天下之至柔，驰骋乎天下之至坚。'又曰：'人之生也柔弱，其死也刚强；万物草木之生也柔脆，其死也枯槁。'因此观之，'柔弱者生之徒也，刚强者死之徒也。'夫生者毁而必复，死者破而愈亡，吾是以知柔之坚于刚也。"

平子曰："善哉！然则子之行何从？"

叔向曰："臣亦柔耳，何以刚为？"

平子曰："柔无乃脆乎？"

叔向曰："柔者纽而不折，廉而不缺，何为脆也？天之道，微者胜，是以两军相加，而柔者克之；两仇争利，而弱者得焉。《易》曰：'天道亏满而益谦，地道变满而流谦，鬼神害满而福谦，人道恶满而好谦。'夫怀谦不足之柔弱，而四道者助之，则安往而不得其志乎？"

平子曰："善！"

（《说苑·敬慎》）

此事发生于叔向（约前590—约前500）八十岁，即韩平子（前513—前456在位）二十五岁，时当周敬王九年、晋定公元年、韩平子三年（前511），老子（前570—前470）六十岁。距离老子九十三岁（前478）出关尚有三十多年，证明老子并非出关之时才应关尹之请即兴撰著《老子》。

叔向所引老聃之言，涉及《老子》初始本二章。"天下之至柔，驰骋乎天下之至坚"，见于《老子》初始本第6《天下至柔章》。"人之生也柔弱，其死也刚强；万物草木之生也柔脆，其死也枯槁"，"柔弱者生之徒也，刚强者死之徒也"，见于《老子》初始本第40《生也柔弱章》。均属《老子》初始本上经《德经》。

陈撄宁（1880—1969）《史记老子传问题考证》说："叔向即羊舌肸，春秋时晋国人，与郑国子产同时。在那个时候，他也引证《道德经》上的成语，认为是老聃之言，可知老聃著书时还在叔向和子产以前，假使在他们以后，他就无从引证了。因此可以断定著《道德经》者确是春秋时代的老聃。《说苑》是西汉刘向所校。刘向是公元以前的人，在当时最称博学，他既采录了叔向引证老聃这几句话，可知他对于老聃著《道德经》这件事没有什么怀疑。"

●《淮南子》演义《天下至柔章》

罔两问于景曰："昭昭者，神明也？"

景曰："非也。"

罔两曰："子何以知之？"

景曰："扶桑受谢，日照宇宙，昭昭之光，辉烛四海。阖户塞牖，则无由入矣。若神明，四通并流，无所不及，上际于天，下蟠于地，化育万物而不可为象，俛仰之间而抚四海之外。昭昭何足以明之！"

故《老子》曰："天下之至柔，驰骋天下之至坚。"

（《淮南子·道应训》四四）

光耀问于无有曰："子果有乎？其果无有乎？"

无有弗应也。

光耀不得问，而熟视其状貌，冥然忽然，视之不见其形，听之不闻其声，搏之不可得，望之不可极也。

光耀曰："贵矣哉！孰能至于此乎？予能有无矣，未能无无也。及其为无无，又何从至于此哉？"

故《老子》曰："无有入于无间，吾是以知无为之有益也。"

（《淮南子·道应训》四五）

《淮南子·道应训》第四十四章"罔两问影"寓言，综合《庄子·齐物论》、《庄子·寓言》的"罔两问影"寓言，文字小异。

《淮南子·道应训》第四十五章"光耀问于无有"寓言，抄自《庄子·知北游》，实未懂《庄》。《知北游》"及其为无，有矣，又何从至于此哉？"意为"无"是至高境界，"为无"是向往至高境界的努力，仍然属"有"，所以结论是"又何从至于此哉"。《道应训》撰者未明《庄》义，修改为"及其为无无，又何从至于此哉"，"为无无"不通。东晋张湛伪造《列子》之时，又被《道应训》误导，也把"无无"视为庄学术语，误导后世一千余年。

后世学者又被《淮南子·道应训》和伪《列子》共同误导，于是把郭象版《庄子·天地》（原在刘安版《庄子·泰初》）的"泰初有无，无有无名"，误断为"泰初有无无，有无名"。原本不存在的"无无"观念，遂被视为先秦道家的基础观念和重要名相，淆乱了先秦道家的观念体系和名相体系。

以上六章，是《老子》初始本上经《德经》的绪论六章，涵盖了《老子》初始本的所有核心思想。透彻理解以上六章，即可透彻理解《老子》初始本的每章每句每字。

侯王正道十三章 (7—19)：
侯王无为，百姓无不为

7.名身孰亲章 (传世本第44章)

名与身孰亲？身与货孰多？得与亡孰病？

是故甚爱必大费，多藏必厚亡。故知足不辱，知止不殆，可以长久。

今译

身外之名与身内之德，何者更为亲近？身内之德与身外之货，何者更为重要？得到身外之物与丧亡身内之德，何者更是大病？

所以侯王深爱声名必有巨大花费，多藏财货必有重大损失。因此侯王知足即不受辱，知止即无危殆，可以国祚长久。

演义

● 《庄子》演义"甚爱必大费，多藏必厚亡"

将为胠箧探囊发匮之盗而为守备，则必摄缄縢，固扃鐍，此世俗之所谓知也。然而巨盗至，则负匮揭箧担囊而趋，唯恐缄縢扃鐍之不固也。然则向之所谓知者，不乃为大盗积者也？

（《庄子·胠箧》）

《庄子·胠箧》之"大盗"，乃指"窃国大盗"，故其批评侯王妄求"难得之货"，是为"窃国大盗"作"守备"，演义《老子》初始本第7《名身孰亲章》"多藏必厚亡"。合于《老子》初始本专言"君人南面之术"，不合《老子》传世本所言"养生修仙之术"。

●《吕览》演义"甚爱必大费，多藏必厚亡"

武王胜殷，入殷，未下舆，命封黄帝之后于铸，封帝尧之后于黎，封帝舜之后于陈。下舆，命封夏后之后于杞，立成汤之后于宋以奉桑林。武王乃恐惧，太息流涕，命周公旦进殷之遗老，而问殷之亡故，又问众之所说、民之所欲。殷之遗老对曰："欲复盘庚之政。"武王于是复盘庚之政，发巨桥之粟，赋鹿台之钱，以示民无私；出拘救罪，分财弃责，以振穷困；封比干之墓，靖箕子之宫，表商容之闾，徒过者趋，车过者下；三日之内，与谋之士封为诸侯，诸大夫赏以书社，庶士施政去赋，然后济于河，西归报于庙；乃税马于华山，税牛于桃林，马弗复乘，牛弗复服；釁鼓旗甲兵，藏之府库，终身不复用。此武王之德也。故周明堂外户不闭，示天下不藏也。唯不藏也，可以守至藏。

（《吕览·慎大》）

《吕览·慎大》以武王伐商故事，"周明堂外户不闭，示天下不藏也。唯不藏也，可以守至藏"，演义《老子》初始本第7《名身孰亲章》"多藏必厚亡"。合于《老子》初始本专言"君人南面之术"，不合《老子》传世本所言"养生修仙之术"。

公仪休相鲁，而嗜鱼。一国献鱼，公仪子弗受。

其弟子谏曰："夫子嗜鱼，弗受何也？"

答曰："夫唯嗜鱼，故弗受。夫受鱼而免于相，虽嗜鱼，不能自给鱼。毋受鱼而不免于相，则能长自给鱼。"

此明于为人为己者也。故《老子》曰："后其身而身先，外其身而身存。非以其无私邪？故能成其私。"一曰："知足不辱。"

（《淮南子·道应训》二九）

《淮南子·道应训》第二十九章，以公仪休相鲁故事，"毋受鱼而不免于相，则能长自给鱼"，演义《老子》初始本第7《名身孰亲章》"知足不辱，知止不殆，可以长久"。

8.大成若缺章（传世本第45章）

大成若缺，其用不敝。大盈若冲，其用不穷。

大直若屈，大巧若拙，大盛若绌。

躁胜寒，静胜热，清静为天下正。

今译

大成如同缺损，其用永无敝坏。大盈如同冲和，其用永无穷尽。

大直如同屈折，大巧如同笨拙，大盛如同不足。

阳躁胜过阴寒属于一偏，阴静胜过阳热属于一偏，阴阳平衡清静无为才是侯王治理天下的正道。

演义

●《庄子》演义 "大巧若拙"

仲尼适楚，出游林中，见佝偻者承蜩，犹掇之也。

仲尼曰："子巧乎！有道邪？"

曰："我有道也。五六月，累二丸而不坠，则失者锱铢；累三而不坠，则失者十一；累五而不坠，犹掇之也。吾处身也，若橛株之拘；吾执臂也，若槁木之枝；虽天地之大，万物之多，而唯蜩翼之知。吾不反不侧，不以万物易蜩之翼，何为而不得？"

孔子顾谓弟子曰："用志不分，乃凝于神，其佝偻丈人之谓乎？"

丈人曰："汝逢衣徒也，亦何知问是乎？修汝所以，而后载言其上！"

（《庄子·达生》）

梓庆削木为鐻，鐻成，见者惊犹鬼神。

鲁侯见而问焉，曰："子何术以为焉？"

对曰："臣工人，何术之有？虽然，有一焉。臣将为鐻，未尝敢以耗气也，必斋以静心。斋三日，而不敢怀庆赏爵禄；斋五日，不敢怀非誉巧拙；斋七日，辄然忘吾有四肢形体也。当是时也，无公朝，其巧专，而外滑消；然后入山林，观天性，形躯至矣。然后成见鐻，然后加手焉。不然则已。则以天合天，器之所以凝神者，其由是欤？"

（《庄子·达生》）

吴王浮于江，登乎狙之山。众狙见之，恂然弃而走，逃于深榛。有一狙焉，委蛇攫搔，见巧乎王。王射之。敏给搏捷矢。王命相者趋射之。

狙既死，王顾谓其友颜不疑曰："之狙也，伐其巧，恃其便，以傲予，以至此殛也。戒之哉！嗟乎！无以汝色骄人哉！"

颜不疑归而师董梧，以锄其色，去乐辞显，三年而国人称之。

（《庄子·管仲》）

《庄子》寓言三则，演义《老子》初始本第8《大成若缺章》"大巧若拙"。

《庄子·达生》孔子问佝偻丈人："子巧乎！有道邪？"佝偻丈人曰："吾处身也，若橛株之枸；吾执臂也，若槁木之枝。"演义《老子》"大巧若拙"，又曰"用志不分，乃凝于神"。

鲁侯问梓庆："子何术以为焉？"梓庆曰："不敢怀非誉巧拙。"演义《老子》"大巧若拙"，又曰"以天合天，器之所以凝神"。

《庄子·管仲》（郭象拼接于《徐无鬼》）一狙"伐其巧，恃其便"，"见巧乎王"，死于其巧。演义《老子》"大巧若拙"，又曰"以锄其色，去乐辞显"。

《庄子·大宗师》："（道）覆载天地、刻雕众形而不为巧。"《庄子·天下》："（老聃）无为也，而笑巧。"《庄子·人间世》："以巧斗力者，始乎阳，常卒乎阴，泰至则多奇巧。"《庄子·胠箧》："毁绝钩绳，而弃规矩，攦工倕之指，而天下始人含其巧矣。故曰：'大巧若拙。'"《庄子·徐无鬼》："无以巧胜人。"《庄子·列御寇》："巧者劳而知者忧，无能者无所求，饱食而遨游，泛若不系之舟，虚而遨游者也。"《庄子·列御寇》："朱泙漫学屠龙于支离益，殚千金之家，三年技成，而无所用其巧。"无不演义《老子》"大巧若拙"。

《老子》初始本本章末句"清静为天下正"，上扣《老子》初始本第2章"侯王得一以为天下正"，即"侯王得一"以后必须"清静"无为，方为治理天下之正道；侯王不可把"得一"视为"得道"而有为妄作，因为任何人只可能"得一"（浑天说范畴的宇宙局部太阳系规律"太一常道"），不可能"得道"（宣夜说范畴的宇宙总体规律"无极恒道"）。任何人自恃"得一"之巧，不知人不可能"得道"之拙，即为自恃"前识"而"妄作"，必将失败。

●《淮南子》演义"大直若屈，大巧若拙"

秦穆公谓伯乐曰："子之年长矣。子姓有可使求马者乎？"

对曰："良马者，可以形容筋骨相也。相天下之马者，若灭若失，若亡其一。若此马者，绝尘弭辙。臣之子，皆下材也，可告以良马，而不可告以天下之马。臣有所与供儋缠采薪者九方堙，此其于马，非臣之下也。请见之！"

穆公见之，使之求马。三月而反报曰："已得马矣，在于沙丘。"

穆公曰："何马也？"

对曰："牡而黄。"

使人往取之，牝而骊。

穆公不说，召伯乐而问之曰："败矣！子之所使求者，毛物、牝牡弗能知，又何马之能知？"

伯乐喟然大息曰："一至此乎？是乃其所以千万臣而无数者也！若堙之所观者天机也，得其精而忘其粗，在其内而忘其外，见其所见而不见其所不见，视其所视而遗其所不视。若彼之所相者，乃有贵乎马者。"

马至，而果千里之马。故《老子》曰："大直若屈，大巧若拙。"

（《淮南子·道应训》二五，《列子·说符》抄之）

《淮南子·道应训》第二十五章，以九方堙相马故事，演义《老子》初始本第8《大成若缺章》"大直若屈，大巧若拙"。《列子·说符》抄引《淮南子·道应训》这一故事，但是未引《老子》。

9. 天下有道章（传世本第46章）

天下有道，却走马以粪。天下无道，戎马生于郊。

故罪莫大于可欲，祸莫大于不知足，咎莫憯于欲得。

故知足之足，恒足矣。

今译

天下有道，退役的战马用于粪田。天下无道，豢养的战马陈于城郊。

所以侯王的莫大罪过是欲求声名，侯王的莫大祸患是财货不知足，侯王的莫大过错是拔高己德。

因此知足的富足，才是恒久的富足。

演义

●《韩非子》逐句演义《天下有道章》

"天下有道"，无急患则曰静，遽传不用。故曰："却走马以粪。"

"天下无道"，攻击不休，相守数年不已，甲胄生虮虱，燕雀处帷幄，而兵不归。故曰："戎马生于郊。"

翟人有献丰狐、玄豹之皮于晋文公。文公受客皮而叹曰："此以皮之美自为罪。"夫治国者以名号为罪，徐偃王是也；以城与地为罪，虞、虢是也。故曰："罪莫大于可欲。"

智伯兼范、中行而攻赵不已，韩、魏反之，军败晋阳，身死高梁之东，地卒被分，漆其首以为溲器。故曰："祸莫大于不知足。"

虞君欲屈产之乘与垂棘之璧，不听宫之奇，故邦亡身死。故曰："咎莫憯于欲得。"

邦以存为常，霸王其可也；身以生为常，富贵其可也。不以欲自害，则邦不亡，身不死。故曰："知足之为足矣。"

（《韩非子·喻老》一）

《韩非子·解老》用五章（二二至二六）逐句解说了《天下有道章》，《韩非子·喻老》首章又逐句演义了《天下有道章》，可见韩非十分重视《天下有道章》。因为韩非《解老》、《喻老》的宗旨是借"道"言"法"，故借《天下有道章》之"天下有道"、"天下无道"，以言"天下有法"、"天下无法"。

侯王最惨的"欲得"，即"得一"而不知足，妄想"得道"；"得邦"而不知足，妄想"得天下"。

10. 不出于户章（传世本第47章）

不出于户，以知天下；不窥于牖，以知天道。
其出弥远，其知弥少。
是以圣人不行而知，不见而明，不为而成。

今译

圣君不出明堂之门，即知天下民心；不窥明堂之窗，即知天道节令。
俗君出门越远，所知天道民心越少。
所以圣君不必远行即知天下民心，不见星象即明天道节令，不事有为即能事遂功成。

演义

●《吕览》演义《不出于户章》

　　得道者必静，静者无知，知乃无知，可以言君道也。故曰中欲不出谓之扃，外欲不入谓之闭。既扃而又闭，天之用密。有准不以平，有绳不以正，天之大静。既静而又宁，可以为天下正。身以盛心，心以盛智，智乎深藏，而实莫得窥乎！《鸿范》曰："惟天阴骘下民。"阴之者，所以发之也。故曰："不出于户，而知天下，不窥于牖，而知天道。其出弥远者，其知弥少。"

　　故博闻之人、强识之士阙矣，事耳目、深思虑之务败矣，坚白之察、无厚之辩外矣。不出者，所以出之也；不为者，所以为之也。此之谓以阳召阳、以阴召阴。东海之极，水至而反；夏热之下，化而为寒。故曰天无形，而万物以成；至精无象，而万物以化；大圣无事，而千官尽能。此乃谓不教之教，无言之诏。故有以知君之狂也，以其言之当也；有以知君之惑也，以其言之得也。君也者，以无当为当，以无得为得者也。当与得不在于君，而在于臣。故善为君者无识，其次无事；有识则有不备矣，有事则有不恢矣。不备不恢，此官之所以疑，而邪之所从来也。今之为车者，数官然后成。夫国岂特为车哉？众智众能之所持也，不可以一物一方安车也。夫一能应万，无方而出之务者，唯有道者能之。

　　　　　　　　　　　　　　　　　（《吕览·君守》）

　　《吕览·君守》二节，演义《老子》初始本本章。

　　第一节末，暗引《老子》初始本第10《不出于户章》："故曰：'不出于户，而知天下，不窥于牖，而知天道。其出弥远者，其知弥少。'"

　　第二节，"不为者，所以为之也。……故曰天无形，而万物以成"，演义《老子》初始本第10《不出于户章》："是以圣人不行而知，不见而明，

二　侯王正道十三章（7—19）：侯王无为，百姓无不为　　35

不为而成。"

又曰："君也者，以无当为当，以无得为得者也。……善为君者无识，其次无事；有识则有不备矣，有事则有不恢矣。"深合《老子》初始本宗旨。

●《韩非子》《淮南子》演义《不出于户章》

空窍者，神明之户牖也。耳目竭于声色，精神竭于外貌，故中无主。中无主，则祸福虽如丘山，无从识之。故曰："不出于户，可以知天下；不窥于牖，可以知天道。"此言神明之不离其实也。

（《韩非子·喻老》十四）

赵襄主学御于王子于期，俄而与于期逐，三易马而三后。襄主曰："子之教我御，术未尽也？"对曰："术已尽，用之则过也。凡御之所贵：马体安于车，人心调于马，而后可以进速致远。今君后则欲逮臣，先则恐逮于臣。夫诱道争远，非先则后也，而先后心皆在于臣，上何以调于马？此君之所以后也。"

白公胜虑乱，罢朝，倒杖而策锐贯颐，血流至于地而不知。郑人闻之曰："颐之忘，将何不忘哉！"故曰："其出弥远者，其智弥少。"此言智周乎远，则所遗在近也。是以圣人无常行也。能并智，故曰："不行而知。"能并视，故曰："不见而明。"随时以举事，因资而立功，用万物之能而获利其上，故曰："不为而成。"

（《韩非子·喻老》十五）

白公胜虑乱，罢朝而立，倒杖策，錣上贯颐，血流至地而弗知也。郑人闻之曰："颐之忘，将何不忘哉！"此言精神之越于外，智虑之荡于内，则不能漏理其形也。是故神之所用者远，则所遗者近也。故《老子》曰："不出户，以知天下；不窥牖，以见天道。其出弥远，其知弥少。"此之谓也。

（《淮南子·道应训》四六）

《韩非子·喻老》第十四、十五章，逐句演义《老子》初始本第10《不出于户章》，但不确切。

《老子》初始本经文"不出于户，以知天下；不窥于牖，以知天道"，意为侯王居于北斗斗柄所指的明堂十二室之一，与北斗七星同步旋转，一年一循环，每月在其所居之室，发布合于天道的"月令"。所以侯王不出明堂之户，即知天下节令；不窥明堂之牖，即知天道旋转。

夏商周明堂仅为天子所居，诸侯不得僭居，韩非所处战国时代，东周天子已无发布明堂"月令"号令天下之权威，而战国诸侯全都不居明堂，所以韩非已经不知《老子》本章真义。

《喻老》第十四章，把《老子》本章第一节所言明堂之户牖，妄解为"空窍者，神明之户牖也"，误导后世两千年。

《喻老》第十五章，以两个故事演义《老子》本章第二节，同样不得要领。

《淮南子·道应训》第四十六章，袭用《喻老》第十五章，也未理解《老子》本章。

博学如韩非、刘安，由于不了解《老子》的知识背景，仍然不明《老子》真义。

其他先秦古籍，也多演义《老子》本章。比如《文子·下德》曰："夫人君不出户，以知天下者，因物以识物，因人以知人。"《文子·道原》曰："大道坦坦，去身不远，求诸远者，往而复返。"《吕览·论人》曰："太上反诸己，其次求诸人；其索之弥远者，推之弥疏，其求之弥强者，失之弥远。"全都不得要领。

唯有战国中期鲁国儒生尸佼（前390—前330）所著《尸子·处道》曰："仲尼曰：'不出于户，而知天下；不下其堂，而治四方。'"这是孔子三十一岁（前521，周景王二十四年、鲁昭公二十一年）时，自鲁至周问礼老子，在老子引领下参观东周明堂，得之于老子的当面教诲，符合《老子》本章真义。参看《孔子家语·观周》："孔子观乎明堂，睹四门墉。"

11. 为学日益章（传世本第48章）

为学者日益，为道者日损。

损之又损之，以至于无为。无为而无不为。

取天下也，恒以无事。及其有事，不足以取天下。

今译

志于学的俗君日日增益仁义礼，志于道的圣君日日减损仁义礼。

圣君减损又减损仁义礼，直至尊道贵德而无为。圣君顺道无为，百姓循德无不为。

圣君治理天下，恒常不事有为。一旦从事有为，不足以治理天下。

演义

●《庄子》演义《为学日益章》第一节

知北游于玄水之北，登隐弅之丘，而适遭无为谓焉。

知谓无为谓曰："予欲有问乎若：何思何虑则知道？何处何服则安道？何从何道则得道？"三问而无为谓不答也。非不答，不知答也。

知不得问，返于白水之南，登狐阕之上，而睹狂屈焉。知以之言也问乎狂屈。

狂屈曰："唉！予知之，将语若。"中欲言，而忘其所欲言。

知不得问，返于帝宫，见黄帝而问焉。

黄帝曰："无思无虑始知道，无处无服始安道，无从无道始得道。"

知问黄帝曰："我与若知之，彼与彼不知也，其孰是邪？"

黄帝曰："彼无为谓真是也，狂屈似之，我与汝终不近也。夫'知者不言，言者不知'，故'圣人行不言之教'。道不可致，德不可至，仁可为也，义可亏也，礼相伪也。故曰：'失道而后德，失德而后仁，失仁而后义，失义而后礼。礼者，道之华而乱之首也。'故曰：'为道者日损，损之又损之，以至于无为，无为而无不为也。'"

（《庄子·知北游》）

《庄子·知北游》这一寓言，演义《老子》初始本第11《为学日益章》第一节，以"知"演义"为学者日益"，以"无为谓"演义"为道者日损"，以"狂屈"演义两者之间。黄帝最后作出评判，认为"知"与道"不近"，"狂屈"与道"似之"，"无为谓"才是"真是"。

黄帝暗引了《老子》初始本四章。首先暗引《老子》初始本第19《知者不言章》，"故曰：知者不言，言者不知"。其次暗引《老子》初始本第46《天下知美章》，"故'圣人行不言之教'"。然后暗引《老子》初始本第1《上德不德章》，"故曰：'失道而后德，失德而后仁，失仁而后义，失义而后礼。礼者，道之华而乱之首也。'"最后暗引《老子》初始本第11《为学日益章》第一节，"故曰：为道者日损，损之又损之，以至于无为。无为而无不为也"。

《庄子》内七篇从未直接引用《老子》经文，《庄子》外杂篇经常引用《老子》经文（尽管多为暗引），这是《庄子》内七篇、外杂篇的重大不同。旧称《庄子》是《老子》之注疏，主要是指《庄子》外杂篇。

●《庄子》演义《为学日益章》第二节

门无鬼与赤张满稽观于武王之师。

赤张满稽曰："不及有虞氏乎！故离此患也。"

门无鬼曰："天下均治而有虞氏治之邪？其乱而后治之欤？"

赤张满稽曰："天下均治之为愿，而何计以有虞氏为？有虞氏之药疡也，秃而施髢，病而求医。孝子操药以修慈父，其色燋然，圣人羞之。"

（《庄子·泰初》）

《庄子·泰初》（郭象拼接于《天地》）这一寓言，演义《老子》初始本第11《为学日益章》第二节，批评世人盛赞的周武王和有虞氏。

门无鬼首先批评世人盛赞的周武王伐纣，认为周武王"不及有虞氏乎！故罹此患也"，因为有虞氏（虞舜）无患，周武王有患。

赤张满稽进而批评世人盛赞的有虞氏有为而治，认为"有虞氏不及泰氏"（《庄子·应帝王》）。因为有虞氏有患，才需要有为而"治"，才需要"病而求医"；泰氏（伏羲氏）无患，所以无病不必求医，无病不必求治。正如"孝子操药以修慈父，其色燋然，圣人羞之"，因为圣人能使慈父无病，无须燋然操药。以此演义《老子》初始本第11《为学日益章》第二节："取天下也，恒以无事。及其有事，不足以取天下。"

12.圣人无心章（传世本第49章）

圣人恒无心，以百姓之心为心。

善者善之，不善者亦善之，德善也。信者信之，不信者亦信之，德信也。

圣人之在天下也，歙歙焉，为天下浑其心。百姓皆属其耳目焉，圣人皆孩之。

今译

圣君永无前识成心，仅以百姓之心为心。

圣君既善待善良的百姓，又善待不善良的百姓，所以被百姓视为善良之君。圣君既相信忠信的百姓，又相信不忠信的百姓，所以被百姓视为忠信之君。

圣君存在于天下的作用，就是合通万物，使天下百姓浑一其心。百姓专注耳目视听，圣君使之永葆婴儿真德。

演义

●《庄子》演义"圣人恒无心，以百姓之心为心"

鲁有兀者王骀，从之游者，与仲尼相若。

常季问于仲尼曰："王骀，兀者也。从之游者，与夫子中分鲁。立不教，坐不议。虚而往，实而归。固有不言之教，无形而心成者邪？是何人也？"

仲尼曰："夫子，圣人也。丘也直后而未往耳。丘将以为师，而况不若丘者乎？奚假鲁国？丘将引天下而与从之。"

常季曰："彼兀者也，而王先生，其与庸亦远矣。若然者，其用心也，独若之何？"

仲尼曰："死生亦大矣，而不得与之变。虽天地覆坠，亦将不与之遗。审乎无假而不与物迁，命物之化而守其宗者也。"

常季曰："何谓也？"

仲尼曰："自其异者视之，肝胆胡越也；自其同者视之，万物皆一也。夫若然者，且不知耳目之所宜，而游心乎德之和；物视其所一，而不见其所丧；视丧其足，犹遗土也。"

常季曰："彼为己，以其知得其心，以其心得其常心，物何为聚之哉？"

仲尼曰："人莫鉴于流水，而鉴于止水。唯止，能止众止。受命于地，唯松柏独也正，在冬夏青青；受命于天，唯尧舜独也正，在万物之首。幸能正生，以正众生。夫葆始之征，不惧之实。勇士一人，雄入于九军。将求名而能自要者，而犹若是；而况官天地，府万物，直寓六骸，象耳目，一知之所不知，而心未尝死者乎？彼且择日而登假，人则从是也。彼且何肯以物为事乎？"

（《庄子·德充符》）

《庄子·德充符》"以其知得其心，以其心得其常心"，演义《老子》初始本第12《圣人无心章》"圣人恒无心，以百姓之心为心"。

"自其异者视之，肝胆胡越也；自其同者视之，万物皆一也"，演义《老子》初始本第12《圣人无心章》"善者善之，不善者亦善之，德善也。信者信之，不信者亦信之，德信也"。百姓之善者、不善者，百姓之信者、不信者，均属"自其异者视之"，未得百姓之"常心"。侯王若能"自其同者视之"，而得百姓之"常心"，则百姓无善者、不善者之异，亦无信者、不信者之别。

"幸能正生，以正众生"，演义《老子》初始本第12《圣人无心章》"圣人之在天下也，歙歙焉，为天下浑其心"。侯王唯有自正己生，"以百姓之心为心"，方能"以正众生"，"为天下浑其心"。

"官天地，府万物，直寓六骸，象耳目，一知之所不知"，演义《老子》初始本第12《圣人无心章》"百姓皆属其耳目焉，圣人皆孩之"。圣君"以百姓之心为心"，则百姓之耳目，即侯王之耳目，故侯王与百姓均葆孩童赤子之天赋真德，天下同心同德，因为"人莫鉴于流水，而鉴于止水。唯止，能止众止"。

●《庄子》演义"为天下浑其心"

鹬鹞子见许由。

许由曰："尧何以资汝？"

鹬鹞子曰："尧谓我：'汝必躬服仁义，而明言是非。'"

许由曰："尔奚来为只？夫尧既黥汝以仁义，而劓汝以是非矣，汝将何以游夫遥荡恣睢转徙之途乎？"

鹬鹞子曰："虽然，吾愿游于其藩。"

许由曰："不然。夫盲者无以与乎眉目颜色之好，瞽者无以与乎青黄黼黻之观。”

鹙鸸子曰:“夫无庄之失其美,据梁之失其力,黄帝之亡其知,皆在炉锤之间耳。庸讵知夫造物者之不息我黥而补我劓,使我乘成以随先生邪?”

许由曰:“噫!未可知也!我为汝言其大略:吾师乎!吾师乎!齑万物而不为义,泽及万世而不为仁;长于上古而不为老,覆载天地、刻雕众形而不为巧。此所游矣。”

(《庄子·大宗师》)

唐尧教导鹙鸸子“汝必躬服仁义,而明言是非”,导致天下不能“浑其心”,许由斥为“尧既黥汝以仁义,而劓汝以是非矣”。这是《老子》初始本第12《圣人无心章》“为天下浑其心”之反例。

鹙鸸子请求许由“息我黥而补我劓”,亦即请求许由为他“浑其心”,去除后天伪德,恢复先天真德。这是《老子》初始本第12《圣人无心章》“为天下浑其心”之正例。

南海之帝为儵,北海之帝为忽,中央之帝为浑沌。

儵与忽时相与遇于浑沌之地,浑沌待之甚厚。

儵与忽谋报浑沌之德,曰:“人皆有七窍以视听食息,此独无有,尝试凿之。”

日凿一窍,七日而浑沌死。

(《庄子·应帝王》)

中央之帝浑沌没有七窍,却有厚德,隐喻《老子》所言“浑其心”。

南海之帝儵、北海之帝忽,为浑沌开七窍,导致“浑沌死”,隐喻侯王有为而治,导致后天伪德盛行天下,天下尽失先天真德。这是《老子》“为天下浑其心”之反例。

“儵与忽谋报浑沌之德”,是以“为你好”的名义祸害天下。根据《老子》初始本第1《上德不德章》之侯王四境,“上仁为之而无以为”的第二境侯王，其有为而治是"好心办坏事"；"上义为之而有以为"的第三境侯王，"上礼为之而莫之应"的第四境侯王，其有为而治是存心做坏事。

13. 出生入死章（传世本第50章）

出生入死。

生之徒，十有三。死之徒，十有三。民之生生而动，动皆之死地，亦十有三。

夫何故也？以其生生之厚也。

盖闻善摄生者，陆行不避兕虎，入军不被甲兵。兕无所投其角，虎无所措其爪，兵无所容其刃。

夫何故也？以其无死地焉。

今译

人类出道而生，入道而死。

俗君不善统摄民生，亏生的民众，十成中有三成。被诛的民众，十成中有三成。民众为了维生而动，动辄蹈于死地，十成中也有三成。

民众为何忍受俗君？因为民众的维生本能非常深厚。

尝闻圣君善于统摄民生，民众陆行不须躲避犀虎，入军不会承受兵刃。犀牛之角无处可顶，老虎之爪无处抓取，甲兵之刃无处容刀。

民众为何爱戴圣君？因为圣君不让民众蹈于死地。

演义

●《子华子》《吕览》演义"侯王摄生四境"

子华子曰："全生为上，亏生次之，死次之，迫生为下。"

故所谓尊生者，全生之谓。所谓全生者，六欲皆得其宜也。所谓亏生者，六欲分得其宜也。亏生则于其尊之者薄矣，其亏弥甚者也，其尊弥薄。所谓死者，无有所以知，复其未生也。所谓迫生者，六欲莫得其宜也，皆获其所甚恶者。服是也，辱是也。辱莫大于不义，故不义，迫生也。而迫生非独不义也，故曰迫生不若死。奚以知其然也？耳闻所恶，不若无闻；目见所恶，不若无见。故雷则掩耳，电则掩目，此其比也。凡六欲者，皆知其所甚恶，而必不得免，不若无有所以知。无有所以知者，死之谓也，故迫生不若死。嗜肉者，非腐鼠之谓也；嗜酒者，非败酒之谓也；尊生者，非迫生之谓也。

（《吕览·贵生》）

子华子（前380—前320）是杨朱（前395—前335）弟子，得到老学真传。其书《子华子》汉后亡佚，幸得《吕览·贵生》引用而略存精髓，有助于理解《老子》本章。

《子华子》"人生四境"，对应《老子》初始本第13《出生入死章》"侯王摄生四境"。而《老子》初始本第13《出生入死章》"侯王摄生四境"，源于《老子》初始本第1《上德不德章》："上德无为而无以为，上仁为之而无以为，上义为之而有以为，上礼为之而莫之应，则攘臂而扔之。"又见于《老子》初始本第60《太上不知章》："太上，不知有之。其次，亲而誉之。其次，畏之。其下，侮之。"

《太上不知章》"太上，不知有之"之圣君，即《上德不德章》"上德无为而无以为"之圣君，《出生入死章》谓之"善摄生者……无死地"，《子华子》谓之"全生为上"，《吕览·贵生》谓之"所谓全生者，六欲皆得其宜也"。

《太上不知章》"其次，亲而誉之"之贤君，即《上德不德章》"上仁为之而无以为"之贤君，《出生入死章》谓之"生之徒，十有三"，《子华子》谓之"亏生次之"，《吕览·贵生》谓之"所谓亏生者，六欲分得其宜也。亏生则于其尊之者薄矣。其亏弥甚者也，其尊弥薄"。

《太上不知章》"其次，畏之"之暴君，即《上德不德章》"上义为之而有以为"之暴君，《出生入死章》谓之"死之徒，十有三"，《子华子》谓之

"死次之"，《吕览·贵生》谓之"所谓死者，无有所以知，复其未生也"。

《太上不知章》"其下，侮之"之昏君，即《上德不德章》"上礼为之而莫之应，则攘臂而扔之"之昏君，《出生入死章》谓之"民之生生而动，动皆之死地，亦十有三"，《子华子》谓之"迫生为下"，《吕览·贵生》谓之"迫生不若死"。

人类最早的"不自由，毋宁死"思想，源于老子开其端、庄子集其成的道家。庄子把自由称为"逍遥"和"自适其适"。道家是中国自由思想的终极源头。

14. 道生德畜章（传世本第51章）

> 道生之，德畜之，物形之，器成之，是以万物尊道而贵德。
> 道之尊也，德之贵也，夫莫之爵而恒自然。故道生之畜之，长之育之，成之熟之，养之覆之；生而不有，为而不恃，长而不宰，是谓玄德。

今译

天道创生万物，真德畜养万物，物类形成万物，器形成就万物，所以万物尊崇天道而贵重真德。

天道之至尊，真德之至贵，无须爵位加持而恒久自然。所以天道创生、孕畜万物，长养、培育万物，完成、养熟万物，颐养、覆载万物；创生万物而不占有，畜养万物而不控制，高于万物而不主宰，这是至上之德。

演义

●《庄子》《吕览》《列子》演义"生而不有，为而不恃，长而不宰，是谓玄德"

海上之人好鸥者，每旦之海上，从鸥游，鸥之至者，数百而不止。

其父曰："吾闻鸥鸟从汝游，取来玩之。"

明日之海上，鸥舞而不下。

（《世说新语·言语》刘孝标注、

《文选·江文通〈杂体诗〉》李善注引《庄子》）

圣人相谕不待言，有先言言者也。

海上之人有好蜻者，每居海上，从蜻游。蜻之至者百数而不止，前后左右尽蜻也。终日玩之而不去。

其父告之曰："闻蜻皆从女居，取而来，吾将玩之。"

明日之海上，而蜻无至者矣。

（《吕览·精谕》）

海上之人有好沤鸟者，每旦之海上，从沤鸟游，沤鸟之至者百住而不止。

其父曰："吾闻沤鸟皆从汝游，汝取来，吾玩之。"

明日之海上，沤鸟舞而不下也。

故曰："至言去言，至为无为。齐智之所知，则浅矣。"

（《列子·黄帝》）

《庄子》这一寓言，原在成书于战国中晚期的魏牟版《庄子》初始本二十九篇之中，也在成书于西汉早期的刘安版《庄子》大全本五十二篇之中，但是不在成书于西晋早期的郭象版《庄子》删残本三十三篇之中，而在郭象所删十九篇之中。

战国晚期的《吕览·精谕》化用了魏牟版《庄子》初始本这一寓言，前缀二句："圣人相谕不待言，有先言言者也。"点明《庄子》这一寓言的意旨。

东晋张湛的《列子·黄帝》抄引了刘安版《庄子》大全本这一寓言，

最后"故曰"数句，出自《庄子·知北游》："至言去言，至为去为。齐知之所知，则浅矣。"进一步证明这一寓言出自《庄子》。

两者命意相同，认为《庄子》这一寓言的意旨是"圣人相谕不待言"，"至言去言"，亦即《老子》初始本第46《天下知美章》"圣人居无为之事，行不言之教"。

东晋谢灵运《山居赋》自注曰："庄周云：海人有机心，鸥鸟舞而不下。"后人根据谢灵运之意，把《庄子》这一寓言概括为"鸥鹭忘机"。"忘机"二字，源于刘安版《庄子》大全本之杂篇《泰初》(郭象拼接于外篇《天地》)："有机械者必有机事，有机事者必有机心。机心存于胸中，则纯白不备；纯白不备，则神性不定；神性不定者，道之所不载也。"

《庄子》寓言"鸥鹭忘机"，演义《老子》初始本第14《道生德畜章》"生而不有，为而不持，长而不宰，是谓玄德"。

起初好鸥者在海边游玩，海鸥与之游，百数而不止。因为好鸥者不存机心，心无杀气，"生而不有，为而不持，长而不宰"，拥有"玄德"。

后来其父命其捕捉海鸥，好鸥者再至海边游玩，海鸥舞而不下。因为好鸥者已存机心，心有杀气，生而欲有，为而欲持，长而欲宰，已失"玄德"。

所以《老子》初始本第14《道生德畜章》续曰："万物尊道而贵德。道之尊也，德之贵也，夫莫之爵而恒自然。"万物"尊道"就不会害物，万物"贵德"则无杀气，所以鸥鸟与之游；一有害物之心，无须言语，已有先于言语之机心和杀气，所以鸥鸟避之。道生万物无不有德，故而万物有灵，鸥鸟亦然。人类作为觉解能力至高的万物之灵长，更宜尊道贵德。

15. 天下有始章（传世本第52章）

天下有始，以为天下母。

既得其母，以知其子。既知其子，复守其母，殁身不殆。

塞其兑，闭其门，终身不勤。启其兑，济其事，终身不棘。

见小曰明，守柔曰强。用其光，复归其明。毋遗身殃，是谓袭常。

今译

天下始于太一常道，圣君以太一常道为治理天下之母本。

圣君既得常道为母，即知泰道为子。既知常道之子（泰道），复守泰道之母（常道），终身没有危殆。

圣君堵塞耳目感官，关闭外通之门，终身不必勤政。开启真德之心，以德治理国事，终身不必劳神。

圣君见小悟道叫作灵明，守柔行泰叫作强大。运用德心之光，复归天道之明，不留自身祸殃，这叫因袭太一常道。

演义

●《庄子》《韩非子》《淮南子》演义"见小曰明"

东郭子问于庄子曰："所谓道，恶乎在？"

庄子曰："无所不在。"

东郭子曰："期而后可。"

庄子曰："在蝼蚁。"

曰："何其下邪？"

曰："在稊稗。"

曰："何其愈下邪？"

曰："在瓦甓。"

曰："何其愈甚邪？"

曰："在屎尿。"

东郭子不应。

庄子曰："夫子之问也，固不及质。正获之问于监市，履狶也，每下愈况。汝唯莫必，无乎逃物。至道若是，言大亦然。周、遍、咸三者，异名同实，其指一也。"

（《庄子·外物》）

昔者纣为象箸而箕子怖，以为象箸必不加于土铏，必将犀玉之杯。象箸玉杯必不羹菽藿，则必旄象豹胎。旄象豹胎必不衣短褐而食于茅屋之下，则锦衣九重，广室高台。吾畏其卒，故怖其始。

居五年，纣为肉圃，设炮烙，登糟丘，临酒池，纣遂以亡。

故箕子见象箸以知天下之祸。故曰："见小曰明。"

（《韩非子·喻老》八）

鲁国之法，鲁人为人妾于诸侯，有能赎之者，取金于府。子赣赎鲁人于诸侯，来而辞不受金。孔子曰："赐失之矣！夫圣人之举事也，可以移风易俗，而教顺可施后世，非独以适身之行也。今国之富者寡而贫者众，赎而受金则为不廉，不受金则不复赎人。自今以来，鲁人不复赎人于诸侯矣。"

孔子亦可谓知礼矣，故《老子》曰："见小曰明。"

（《淮南子·道应训》十二，抄自《吕览·察微》）

以上《庄子》、《韩非子》、《淮南子》三个故事，都是演义《老子》初始本第15《天下有始章》"见小曰明"。

《庄子·外物》的道在屎尿故事，是《天下有始章》"见小曰明"之正解，即从微小事物中，窥见遍在永在的天道。

《韩非子·喻老》的纣为象箸故事，《淮南子·道应训》的子贡赎人故事（抄自《吕览·察微》），都把《天下有始章》"见小曰明"释为"见微知著"，亦即甫见前因，即知后果，均属误释。《天下有始章》首言"天下有始，以为天下母"，继言"见小曰明"，都是言道，均非言物。

天道是"天下母"，万物是"天下母"所生天道之"子"。天道如同太阳，是普照万物之"光"。万物如同月亮，是被天道之"光"照亮之"明"。

所以《韩非子·喻老》、《淮南子·道应训》言"物"，乃是言"子"、言"明"，不合《老子》初始本真义。《庄子·外物》言"道"，乃是言"母"、言"光"，合于《老子》初始本真义。明乎"道/物"、"母/子"、"光/明"之异，方能确解《天下有始章》所言："既得其母，以知其子。既知其子，复守其母，殁身不殆。"方能确解《天下有始章》所言："见小曰明，守柔曰强。用其光，复归其明。"即用天道之"光"，照亮后天伪德之"暗"，使之复归先天真德之澄明。

●《韩非子》演义"守柔曰强"

　　勾践入宦于吴，身执干戈为吴王洗马，故能杀夫差于姑苏。

　　文王见詈于王门，颜色不变，而武王擒纣于牧野。

　　故曰："守柔曰强。"

（《韩非子·喻老》九）

　　《韩非子·喻老》第九章，用勾践忍耻、文王含诟两个故事，演义《老子》初始本第15《天下有始章》"守柔曰强"，不合《老子》初始本真义。

　　"守柔曰强"乃言侯王恪守泰道之柔，才是真正强大。韩非阐释为侯王含诟忍耻，不惧民众唾骂，颠倒了《老子》初始本真义。

●《淮南子》演义"塞其兑，闭其门，终身不勤"

　　齐王后死，王欲置后而未定，使群臣议。

　　薛公欲中王之意，因献十珥而美其一。旦日因问美珥之所在，因劝立以为王后。

　　齐王大说，遂重薛公。

　　故人主之意欲见于外，则为人臣之所制。故《老子》曰："塞其兑，闭其门，终身不勤。"

（《淮南子·道应训》四一）

《淮南子·道应训》第十二章演义《老子》初始本第15《天下有始章》"见小曰明"之后，第四十一章继续演义《老子》初始本第15《天下有始章》"塞其兑，闭其门，终身不勤"。此事又见《韩非子·外储说右上》,《战国策·齐策三》二，但是二书并未用于演义《老子》。

此为齐宣王、孟尝君事。《淮南子·道应训》许慎注，误以为是齐威王、田婴事，后人多被许慎误导。田婴封地在薛，故称"薛公"，但其封号是"靖郭君"。田婴之子田文继承封地薛邑，仍称"薛公"，但其封号是"孟尝君"。许慎不辨薛公一世、二世，以为"薛公"即田婴，更不明白两"薛公"与两"齐王"关系迥然不同。

齐魏桂陵之战（前341）以后，齐相邹忌设计陷害齐将田忌，齐威王罢免邹忌，转命庶子田婴担任齐相，并且信任田婴直至齐威王死，所以田婴无须通过册立新王后取悦齐威王。齐宣王则因自己是齐威王太子而不能干政，遂对齐威王庶子田婴屡立大功而拜相封君极为不满，即位以后立刻罢免田婴，后因有人说情而让田婴复相。田婴后来反对齐宣王伐燕，终被罢免，储子继相。齐宣王伐燕失败之后，不得不命田婴之子田文担任齐相，但是信任程度不高，所以孟尝君田文必须通过册立新王后取悦齐宣王。事详拙著《寓言的密码》"孟尝献佩"和《庄子传》第五十八章。

16. 挈然有知章（传世本第53章）

使我挈然有知，行于大道，唯迆是畏。

大道甚夷，人甚好径。

朝甚除，田甚芜，仓甚虚。服文采，带利剑，厌饮食，而资货有余，是谓盗竽，非道也。

今译

假使寡人拥有提纲挈领的真知，躬行治国大道，最怕误入歧途。

大道（泰道）甚为平直，然而俗君甚为喜好捷径（否术）。

假如讼狱甚为繁多，田地甚为荒芜，仓廪甚为空虚。侯王却服饰华丽，佩戴利剑，餍饱饮食，而且财货有余，这是盗窃君位，乃是无道之君。

演义

●《庄子》演义"盗竽"

> 田成子一旦杀齐君而盗其国，所盗者岂独其国邪？并与其圣知之法而盗之。故田成子有乎盗贼之名，而身处尧舜之安；小国不敢非，大国不敢诛，十二世有齐国。则是不乃窃齐国并与其圣知之法，以守其盗贼之身乎？……彼窃钩者诛，窃国者为诸侯。
>
> （《庄子·胠箧》）

成书于战国中晚期的魏牟版《庄子》初始本，其中的外篇《胠箧》，以"田成子一旦杀齐君而盗其国"为喻，演义《老子》初始本第16《挈然有知章》"盗竽"。"彼窃钩者诛，窃国者为诸侯"，点破《挈然有知章》之"盗竽"，是盗窃君长之位的窃国大盗。

●《韩非子》演义"盗竽"

> 《书》之所谓"大道"也者，端道也。所谓"貌施"也者，邪道也。所谓"径大"也者，佳丽也。佳丽也者，邪道之分也。"朝甚除"也者，狱讼繁也。狱讼繁则田荒，田荒则府仓虚，府仓虚则国贫，国贫而民俗淫侈，民俗淫侈则衣食之业绝，衣食之业绝则民不得无饰巧诈，饰巧诈则知采文，知采文之谓"服文采"。
>
> 狱讼繁，仓廪虚，而有以淫侈为俗，则国之伤也，若以利剑刺之，故曰："带利剑。"
>
> 诸夫饰智故，以至于伤国者，其私家必富；私家必富，故曰：

"资货有余。"

国有若是者，则愚民不得无术而效之，效之则小盗生。由是观之，大奸作则小盗随，大奸唱则小盗和。竽也者，五声之长者也，故竽先则钟瑟皆随，竽唱则诸乐皆和。今大奸作则俗之民唱，俗之民唱则小盗必和。故"服文采，带利剑，厌饮食，而资货有余"者，是之谓"盗竽"矣。

（《韩非子·解老》三五）

成书于战国晚期的《韩非子·解老》第三十五章，承于《庄子·胠箧》，其言曰："竽也者，五声之长者也。"也点破《老子》初始本第16《挈然有知章》之"盗竽"，是盗窃君长之位的窃国大盗。

《庄子·胠箧》、《韩非子·解老》共同证明，西汉晚期刘向之前的《老子》初始本之《挈然有知章》，原文均作"盗竽"。西汉晚期刘向之后的《老子》传世本，把"盗竽"篡改为"盗夸"，再予曲解反注，彻底遮蔽了《老子》初始本真义。

明末黄宗羲《明夷待访录》曰："秦以来之君，正所谓大盗窃国者耳。"清末谭嗣同《仁学》曰："二千年来之政，秦政也，皆大盗也。"全都源于《老子》初始本《挈然有知章》之"盗竽"，又都合于《庄子·胠箧》、《韩非子·解老》对《老子》初始本"盗竽"的阐释。

17.善建不拔章（传世本第54章）

善建者不拔，善抱者不脱，子孙以其祭祀不绝。

修之于身，其德乃贞；修之于家，其德乃余；修之于乡，其德乃长；修之于国，其德乃丰；修之天下，其德乃博。

以身观身，以家观家，以乡观乡，以国观国，以天下观天下。

吾何以知天下之然哉？以此。

今译

圣君善建真德而不拔真德，善抱真德而不离真德，子孙凭其真德而祭祀不绝。

圣君修德于身，德乃贞洁；修德于家，德乃富余；修德于乡，德乃优长；修德于国，德乃丰厚；修德于天下，德乃博大。

圣君以自身真德洞观他人真德，以自家真德洞观别家真德，以本乡真德洞观异乡真德，以本国真德洞观邻国真德，以天下真德洞观天下真德。

吾人如何知晓天下之本然？凭借天道分施万物之真德。

演义

● 《韩非子》《列子》演义 "善建者不拔，善抱者不脱，子孙以其祭祀不绝"

> 楚庄王既胜，狩于河雍，归而赏孙叔敖。孙叔敖请汉间之地，沙石之处。楚邦之法，禄臣再世而收地，唯孙叔敖独在。此不以其邦为收者，瘠也，故九世而祀不绝。故曰："善建不拔，善抱不脱，子孙以其祭祀世世不辍。"孙叔敖之谓也。
>
> （《韩非子·喻老》二）

> 孙叔敖疾，将死，戒其子曰："王亟封我矣，吾不受也。为我死，王则封汝。汝必无受利地！楚越之间有寝丘者，此地不利而名甚恶。楚人鬼而越人机，可长有者唯此也。"
>
> 孙叔敖死，王果以美地封其子。子辞而不受，请寝丘，与之，至今不失。
>
> （《列子·说符》）

楚庄王封赏楚国贤相孙叔敖。肥沃之地，争之者多；贫瘠之地，争之者少；孙叔敖请封贫瘠之地，符合《老子》所言"夫唯不争"。九世无人争之，符合《老子》所言"故莫能与之争"。孙叔敖选择贫瘠之地，得以子孙长保，"九世而祀不绝"，避免了"君子之泽，五世而斩"。

《韩非子·喻老》第二章，以孙叔敖事演义《老子》，同时明引《老子》经文："善建者不拔，善抱者不脱，子孙以其祭祀不绝"。

东晋张湛伪造《列子》，因为列子是老子之徒，所以抄录《韩非子·喻老》此事而变其文辞。张湛可能知道，明引《老子》的解经体，由《韩非子》的《解老》《喻老》首创，而战国早期的列子（前450—前375）早于战国晚期的韩非（前280—前233），所以《列子·说符》仅抄《韩非子·喻老》故事，没有明引《老子》经文。

●《吕览》演义"修之于身"

> 楚王问为国于詹子，詹子对曰："何闻为身，不闻为国。"
>
> 詹子岂以国可无为哉？以为为国之本，在于为身。身为而家为，家为而国为，国为而天下为。故曰以身为家，以家为国，以国为天下。此四者，异位同本。故圣人之事，广之则极宇宙，穷日月，约之则无出乎身者也。慈亲不能传于子，忠臣不能入于君，唯有其材者为近之。
>
> （《吕览·执一》）

《吕览·执一》此节，节题"执一"，源于《老子》初始本第63《曲则全章》"圣人执一以为天下牧"，所以这一故事尽管未引《老子》，其实是演义《老子》初始本第63《曲则全章》"圣人执一以为天下牧"和第17《善建不拔章》"修之于身，其德乃贞"；但其认为"执一"就是"执身"，不合《老子》初始本真义。

《老子》初始本第63《曲则全章》"圣人执一以为天下牧"之"执一"，义同第57《执今之道章》"执今之道"，即执守今人可知、可得、可执的宇宙局部太阳系规律"太一常道",无为治国,顺应民心,牧民如同牧马。《吕览·执一》撰者却把"执一"误释为第17《善建不拔章》"修之于身",认为"执身"是治国第一事,侯王只要以"身"作"则",就能"身为而家为,家为而国为,国为而天下为",达到天下大治。

●《淮南子》演义"修之于身,其德乃贞"

楚庄王问詹何曰:"治国奈何?"

对曰:"何明于治身,而不明于治国。"

楚王曰:"寡人得立宗庙社稷,愿学所以守之。"

詹何对曰:"臣未尝闻身治而国乱者也,未尝闻身乱而国治者也。故本任于身,不敢对以末。"

楚王曰:"善。"

故《老子》曰"修之身,其德乃真"也。

(《淮南子·道应训》十七)

《吕览·执一》已载此事,但未明引其所演义的《老子》初始本经文。《淮南子·道应训》第十七章抄引《吕览·执一》此事,并且明引其所演义的《老子》初始本经文。《吕览·执一》把《老子》"执一"误释为"执身",《淮南子·道应训》承之,不合《老子》"执一"真义"执太一常道"。

●《战国策》演义"善建者不拔"

田需贵于魏王。

惠子曰:"子必善左右。今夫杨,横树之则生,倒树之则生,折而树之也生。然使十人树杨,一人拔之,则无生杨矣。故以十人之众,树易生之物,然而不胜一人者,何也?树之难而去之易也。今子虽自树于王,而欲去子者众,则子必危矣。"

(《战国策·魏策二》十三)

此事发生于魏襄王二年（前317），宋人惠施（前380—前300）时年六十四岁，不再担任魏相，转任客卿。

魏襄王元年（前318），罢免兼任魏相的秦相张仪，驱逐返秦，改命公孙衍为相。公孙衍随即发动魏、韩、赵、燕、楚五国伐秦，大败。魏襄王罢免公孙衍，改命田需为相。

田需鉴于惠施在魏惠王时期相魏长达十九年（前340—前322），公孙衍相魏一年（前318）即被罢相，遂向惠施请教为相之道。

惠施与庄子为友，而且学富五车，老学修养深厚，遂以杨柳易生，拔者众多，隐喻"子虽自树于王，而欲去子者众"，演义《老子》初始本第17《善建不拔章》"善建者不拔"。

18.含德之厚章（传世本第55章）

含德之厚者，比于赤子；蜂虿虺蛇不螫，攫鸟猛兽不搏。

骨弱筋柔而握固，未知牝牡之合而朘怒，精之至也。终日号而不嘎，和之至也。

和曰常，知和曰明。益生曰祥，心使气曰强。物壮则老，谓之不道，不道早已。

今译

圣君永葆厚德，如同赤身婴儿；蜂虫毒蛇不螫，猛禽猛兽不扑。

婴儿筋骨柔弱却抓握牢固，不知男女交合却男根怒立，因为精气充沛之至。婴儿终日号哭却嗓子不哑，因为泰和之至。

泰和谓之常道，知晓泰和谓之圣明。俗君却把追求益生视为吉祥，把逞心使气视为强大。万物强壮即趋衰老，这叫不合泰道，不合泰道必定早死。

演义

●《庄子》演义《含德之厚章》第一节

　　夫醉者之坠车，虽疾不死。骨节与人同，而犯害与人异，其神全也。乘亦不知也，坠亦不知也，死生惊惧不入乎其胸中，是故忤物而不慑。彼得全于酒而犹若是，而况得全于天乎？圣人藏于天，故物莫之能伤也。

　　　　　　　　　　　　　　　　　　　　　　（《庄子·达生》）

　　《庄子·达生》以醉者神全，坠车不死，演义《老子》初始本第18《含德之厚章》第一节："含德之厚者，比于赤子；蜂虿虺蛇不螫，攫鸟猛兽不搏。"阐明成年人想要长葆赤子厚德，不是借助于醉酒，而是"圣人藏于天，故物莫之能伤也"，方能"蜂虿虺蛇不螫，攫鸟猛兽不搏"。

●《庄子》演义《含德之厚章》第二节

　　南荣趎曰："里人有病，里人问之。病者能言其病，病者犹未病也。若趎之闻大道，譬犹饮药以加病也。趎愿闻卫生之经而已矣。"

　　老子曰："卫生之经？能抱一乎？能勿失乎？能无卜筮而知吉凶乎？能止乎？能已乎？能舍诸人而求诸已乎？能翛然乎？能侗然乎？能儿子乎？儿子终日嗥，而不嗌不嗄，和之至也；终日握，而手不掜，共其德也；终日视，而目不瞬，偏不在外也。行不知所之，居不知所为，与物委蛇而同其波，是卫生之经矣。"

　　南荣趎曰："然则是至人之德已乎？"

　　曰："非也。是乃所谓冰解冻释者，能乎？夫至人者，相与交食乎地，而交乐乎天，不以人物利害相撄，不相与为怪，不相与为谋，不相与为事。翛然而往，侗然而来，是谓卫生之经矣。"

曰："然则是至乎？"

　　曰："未也。吾固告汝曰：'能儿子乎？'儿子动不知所为，行不知所之，身若槁木之枝，而心若死灰。若是者，祸亦不至，福亦不来。祸福无有，恶有人灾也？"

（《庄子·庚桑楚》）

　　《庄子·庚桑楚》以庚桑楚弟子南荣趎向老子请教"卫生之经"，演义《老子》初始本第18《含德之厚章》第二节："骨弱筋柔而握固，未知牝牡之合而朘怒，精之至也。终日号而不嗄，和之至也。"阐明"卫生之经"仅能用于保身，尚未达至葆德。

●《淮南子》演义《含德之厚章》第三节

　　中山公子牟谓詹子曰："身处江海之上，心在魏阙之下。为之奈何？"

　　詹子曰："重生。重生则轻利。"

　　中山公子牟曰："虽知之，犹不能自胜。"

　　詹子曰："不能自胜则从之。从之，神无怨乎？不能自胜而强弗从者，此之谓重伤。重伤之人，无寿类矣！"

　　故《老子》曰："知和曰常，知常曰明。益生曰祥，心使气曰强。"是故"用其光，复归其明"也。

（《淮南子·道应训》十六）

　　《淮南子·道应训》第十六章，以《庄子·让王》所载中山公子魏牟在魏属中山亡国之后，向楚国道家詹何请教如何既保身，又葆德，演义《老子》初始本第18《含德之厚章》第三节，所引经文："知和曰常，知常曰明。"异于《老子》初始本经文："和曰常，知和曰明。"

　　《道应训》所引"用其光，复归其明"，则是《老子》初始本第15《天下有始章》经文。

19.知者不言章（传世本第56章）

知者不言，言者不知。

塞其兑，闭其门；和其光，同其尘；挫其锐，解其纷。是谓玄同。

故不可得而亲，亦不可得而疏；不可得而利，亦不可得而害；不可得而贵，亦不可得而贱。故为天下贵。

今译

圣君知晓泰道而少发政令，俗君不知泰道而多发政令。

圣君堵塞耳目感官，关闭外通之门；和合物德之光，浑同万物之尘；钝挫各方尖锐，化解各方纷争。这叫天下同心同德。

所以圣君不可得而亲近，也不可得而疏远；不可得而谋利，也不可得而谋害；不可得而尊贵，也不可得而卑贱。所以圣君是天下至贵。

演义

●《庄子》演义"知者不言，言者不知"

知北游于玄水之北，登隐弅之丘，而适遭无为谓焉。

知谓无为谓曰："予欲有问乎若：何思何虑则知道？何处何服则安道？何从何道则得道？"三问而无为谓不答也。非不答，不知答也。

知不得问，返于白水之南，登狐阕之上，而睹狂屈焉。知以之言也问乎狂屈。

狂屈曰："唉！予知之，将语若。"中欲言，而忘其所欲言。

知不得问，返于帝宫，见黄帝而问焉。

黄帝曰："无思无虑始知道，无处无服始安道，无从无道始得道。"

知问黄帝曰："我与若知之，彼与彼不知也，其孰是邪？"

黄帝曰："彼无为谓真是也，狂屈似之，我与汝终不近也。夫'知者不言，言者不知'，故'圣人行不言之教'。"

（《庄子·知北游》）

《庄子·知北游》这一寓言，演义《老子》初始本第19《知者不言章》"知者不言，言者不知"。

"知"以三问："何思何虑则知道？何处何服则安道？何从何道则得道？"请教无为谓、狂屈、黄帝三人。

无为谓是自知无知的至人，所以不答三问。此即"知者不言"，《老子》初始本第35《知不知章》谓之"知不知，上矣"。

狂屈是一知半解的大知，准备回答三问，但他自知自己一知半解，所以及时住嘴。

黄帝是自居全知的小知，于是回答三问："无思无虑始知道，无处无服始安道，无从无道始得道。"此即"言者不知"，《老子》初始本第35《知不知章》谓之"不知不知，病矣"。

泰否正奇五章（20—24）：
泰道治国，否术用兵

20. 以正治国章（传世本第57章）

以正治国，以奇用兵，以无事取天下。

吾何以知其然也？夫天下多忌讳而民弥叛，民多利器而国家滋昏，人多知而苛物滋起，法令滋彰而盗贼多有。

是以圣人之言曰："我无为而民自为，我好静而民自正，我无事而民自富，我欲不欲而民自朴。"

今译

圣君以泰道为治国正道，以否术为用兵奇术，以不生事治理天下。

吾人为何知晓圣君如此？因为天下多有忌讳民众必将反叛，民众多有利器国家必将昏乱，侯王多知末度必将苛政增加，法令多有禁止必将盗贼遍地。

所以圣君有言曰："寡人顺道无为则民众循德自为，寡人喜好清静则民众自正德心，寡人事于无事则民众自致富足，寡人追求寡欲则民众自归素朴。"

演义

●《吕览》演义"苛物"

晋太史屠黍见晋之乱也，见晋（幽）公之骄而无德义也，以其图法归周（前414）。

（西）周威公见而问焉，曰："天下之国孰先亡？"

对曰："晋先亡。"

（西周）威公问其故。

对曰："臣比在晋也，不敢直言，示晋（幽）公以天妖，日月星辰之行多以不当。（晋幽公）曰：'是何能为？'又示以人事多不义，百姓皆郁怨。（晋幽公）曰：'是何能伤？'又示以邻国不服，贤良不举。（晋幽公）曰：'是何能害？'如是，是不知所以亡也，故臣曰晋先亡也。"

居三年（前411），晋果亡。

（西周）威公又见屠黍而问焉，曰："孰次之？"

对曰："（白狄）中山次之。"

（西周）威公问其故。

对曰："天生民而令有别。有别，人之义也，所异于禽兽麋鹿也，君臣上下之所以立也。中山之俗，以昼为夜，以夜继日。男女切倚，固无休息。康乐歌谣好悲，其主弗知恶，此亡国之风也。臣故曰中山次之。"

居三年（前408），中山果亡。

（西周）威公又见屠黍而问焉，曰："孰次之？"

屠黍不对。

（西周）威公固问焉。

对曰："君次之。"

（西周）威公乃惧，求国之长者，得义莳、田邑而礼之，得史骈、赵骈以为谏臣，去苛令三十九物，以告屠黍。

（《吕览·先识》，《说苑·权谋》抄之）

《吕览·先识》晋太史屠黍答西周威公问，所言"去苛令三十九物"，可明《老子》初始本第20《以正治国章》"人多知而苛物滋起，法令滋彰而盗贼多有"之"苛物"，义同"苛令"、"苛法"、"苛政"。参看孔子"苛政猛于虎"（《礼记·檀弓下》）。

●《淮南子》演义"天下多忌讳而民弥叛"，"法令滋彰而盗贼多有"

> 惠子为惠王为国法，已成而示诸先生，先生皆善之。奏之惠王，惠王甚说之，以示翟煎，曰："善!"
> 惠王曰："善，可行乎?"
> 翟煎曰："不可。"
> 惠王曰："善而不可行，何也?"
> 翟煎对曰："今夫举大木者，前呼邪许，后亦应之，此举重劝力之歌也。岂无郑、卫激楚之音哉? 然而不用者，不若此其宜也。治国在礼，不在文辩。"
> 故《老子》曰："法令滋彰，盗贼多有。"此之谓也。
>
> （《淮南子·道应训》三）

宋人惠施相魏十九年（前340—前322），辅佐魏惠王成功称王，于是魏惠王命其制定魏国"王法"。其他魏臣无不称善，唯有翟煎认为不可，理由是"治国在礼，不在文辩"。

《淮南子·道应训》以此演义《老子》初始本第20《以正治国章》"法令滋彰而盗贼多有"，很不恰当，因为翟煎是按照儒家价值观"崇礼贬法"，然而道家始祖老子不可能按照儒家价值观"崇礼贬法"。

周景王九年（前536），郑相子产铸刑鼎，老子（前570—前470）三十五岁，孔子（前551—前479）十六岁。五十五岁的叔向（前590—前500）反对曰："民知有辟，则不忌于上。"（《左传·昭公六年》）

周敬王七年（前513），晋卿赵鞅（即赵简子）铸刑鼎，老子五十八岁。三十九岁的孔子反对曰："民在鼎矣，何以尊贵?"（《左传·昭公

二十九年》）

史籍虽未记载老子如何评价子产、赵鞅铸刑鼎，但是根据《老子》初始本第1《上德不德章》："失道而后德，失德而后仁，失仁而后义，失义而后礼。夫礼者，忠信之薄，而乱之首也。"可知老子必然反对子产、赵鞅铸刑鼎，因为"礼"已是"乱之首"，"法"更下之。所以叔向反对子产铸刑鼎，孔子反对赵鞅铸刑鼎，都是按照儒家价值观"崇礼贬法"；老子反对铸刑鼎，不是按照儒家价值观崇"礼"贬"法"，而是按照道家价值观"尊道贵德"（第14《道生德畜章》）。

尊道贵德属于"以正治国"，崇礼崇法属于"以奇用兵"，即以用兵治敌之法治民，埋下了"天下多忌讳而民弥叛"的祸根。

《老子》初始本第20《以正治国章》之"民弥叛"，被西汉晚期刘向以后的《老子》传世本篡改为"民弥贫"，斩断了"民弥叛"与"盗贼多有"的关联，遮蔽了《老子》初始本真义。

●《老子》传世本把"我无为而民自为"篡改为"我无为而民自化"

《老子》初始本共有两处"自为"，即第20《以正治国章》"我（君）无为而民自为"，第77《道恒无为章》"道恒无为，侯王若能守之，万物将自为。为而欲作，（道）将镇之以无名之朴"。

《老子》初始本两处"自为"，《老子》传世本均篡改为"自化"，即第37章："道常无为而无不为，侯王若能守之，万物将自化。化而欲作，吾（君）将镇之以无名之朴。"第57章"我（君）无为而民自化"。

这一重大篡改，并非始于颠倒《老子》上下经的西汉晚期刘向，而是始于战国中期齐国稷下学宫的黄老学派。齐国稷下学宫的黄老学派对《老子》的重大改造，就是把《老子》宗旨"道无为，物自为；君无为，民自为"，改造为"道无为，物自化；君无为，民自化"。证见战国中期齐国稷下学士集体编纂的黄老学派第一经典《管子》："夫学者所以自化。"

春秋晚期《老子》初始本的两处"自为"，意为万物遵循天道而"自我作为"。战国中期黄老学派篡改为"自化"，意为民众迎合人道而"自我教化"。一字之改，彻底遮蔽了《老子》初始本真义，彻底反转了《老子》初始本宗旨。

战国中期的《庄子》内七篇，把《老子》初始本宗旨"道无为，民自为"升格为"造化论"；而战国晚期的《庄子》外杂篇以《老》演《庄》，也受到了战国中期黄老学派的影响而多言"无为自化"，比如《庄子·秋水》曰："何为乎？何不为乎？夫固将自化！"又如《庄子·在宥》曰："汝徒处无为，而物自化。"

《史记·老子韩非列传》之所以把道家的老子、庄子与法家的申不害、韩非合于一传，是因为此传实为"黄老学派合传"，故其两次点题曰："申子之学，本于黄老而主刑名"，"韩非喜刑名法术之学，而其归本于黄老"。《史记·老子韩非列传》曰："李耳无为自化，清静自正。"《史记·太史公自序》又曰："李耳无为自化，清净自正；韩非揣事理，循势理。作《老子韩非列传》。"《史记》把《老子》宗旨概括为"无为自化"，正是源于战国中期的黄老学派。

战国中期黄老学派把《老子》初始本之"自为论"改造为"自化论"，是《老子》宗旨的重大降维。战国晚期《庄子》外杂篇用战国中期黄老学派之"自化论"，演义战国中期《庄子》内七篇之"造化论"，是《庄子》宗旨的重大偏移。《史记》把《老子》宗旨概括为"无为自化"，是误将战国中期黄老学派之宗旨，视为春秋晚期《老子》初始本之宗旨。

西晋郭象借用战国中期黄老学派、战国晚期《庄子》外杂篇、西汉早期《史记·老子韩非列传》、西汉晚期《老子》传世本的"自化论"，把战国中期《庄子》内七篇之"造化论"改造为"独化论"，则是《庄子》宗旨的重大降维。

《老子》初始本之"自为论"，被西汉晚期刘向以后的《老子》传世本改造为"自化论"，《庄子》内七篇之"造化论"，被西晋早期郭象以后的《庄子》传世本改造为"独化论"，真《老子》、真《庄子》遂成伪《老子》、伪《庄子》，真老学、真庄学遂成伪老学、伪庄学。

21.其政闷闷章（传世本第58章）

其政闷闷，其民淳淳。其政察察，其民缺缺。
祸兮福之所倚，福兮祸之所伏，夫孰知其极？
其无正也，正复为奇，善复为妖。人之迷也，其日固久矣。
是以圣人方而不割，廉而不刿，直而不肆，光而不耀。

今译

圣君施政闷然无言，民众持守淳朴厚德。俗君施政明察秋毫，民众趋于狡诈缺德。

祸事是福事的倚待，福事是祸事的预伏，谁能知晓何时至极反转？

俗君不行正道，必将放弃正道采用奇术，必将放弃善政采用妖政。俗君迷恋奇术，时日业已甚久。

所以圣君执守大方而不予割裂，保持锋利而不伤民众，正道直行而不入歧途，永葆德光而决不炫耀。

演义

● 《淮南子》演义"其政闷闷，其民淳淳。其政察察，其民缺缺"

昔赵文子问于叔向曰："晋六将军，其孰先亡乎？"

对曰："中行、知氏。"

文子曰："何乎？"

对曰："其为政也，以苛为察，以切为明，以刻下为忠，以计多为功。譬之犹廓革者也，廓之，大则大矣，裂之道也。"

故《老子》曰："其政闷闷，其民纯纯。其政察察，其民缺缺。"

（《淮南子·道应训》五二）

赵文子即"赵氏孤儿"赵武（前591—前541），赵朔之子，赵盾之孙，与老子（前570—前470）同时代。

赵文子死前某年，即晋平公十七年（前541）之前某年，叔向（前590—前500）五十岁之前某年，晋卿赵文子向晋平公太傅叔向请教：晋国六卿谁先亡？叔向预言：中行、知氏先亡。

赵文子死后两年，即晋平公十九年（前539），叔向五十二岁之时，齐相晏婴使晋，谓叔向曰："齐之政后卒归田氏。"叔向曰："晋国之政将归六卿。"

晏婴使晋之后二十八年，即晋定公元年（前511），叔向八十岁，向晋卿韩平子评论、推崇了问世不久的《老子》初始本（详见第6《天下至柔章》）。韩平子是韩宣子之子。

《淮南子·道应训》撰者或许明白叔向推崇老子其人、《老子》其书，故以叔向之事演义《老子》初始本第21《其政闷闷章》。

后来赵文子之孙赵简子伐灭范氏、中行氏（前458），赵简子之子赵襄子伐灭知氏（前453），晋国六卿仅剩魏、赵、韩三氏，最终魏、赵、韩三家分晋（前403），证实了叔向的惊人预见。

春秋晚期智者辈出，叔向之智又是其中翘楚，所以齐人晏婴、鲁人孔子、吴人季札无不礼敬叔向，赵国先君赵文子、韩国先君韩平子也无不请教叔向。然而名重天下的叔向却推崇老子其人、《老子》其书，创立儒家的孔子也多次问道老子，足证老子之智冠绝一时，当时即已天下皆知，并非汉后道教神化所致。若非如此，西汉中期的《史记·老子韩非列传》就不可能记载"老子两百余岁"的神奇传说，东汉以后的道教也不可能奉老子为道教教祖。

●《淮南子》演义"方而不割，廉而不刿"

景公谓太卜曰："子之道何能？"对曰："能动地。"

晏子往见公。公曰："寡人问太卜曰：'子之道何能？'对曰：'能动地。'地可动乎？"

晏子默然不对，出见太卜曰："昔吾见句星在房、心之间，地其动乎？"太卜曰："然。"晏子出。

太卜走往见公曰："臣非能动地，地固将动也。"

田子阳闻之曰："晏子默然不对者，不欲太卜之死。往见太卜者，恐公之欺也。晏子可谓忠于上而惠于下矣。"

故《老子》曰："方而不割，廉而不刿。"

（《淮南子·道应训》五三）

齐国太卜欲自神其能，妄称自己有能力发动地震。齐景公（前547—前490在位）闻之而疑，遂问齐相晏婴（前578—前500）。

晏婴往问太卜，微讽其妄言可能招祸。

太卜惧祸，往见齐景公，辨明人力不能导致地动，地乃自动。

田子阳认为，晏婴既避免了齐景公被愚弄，又挽救了太卜妄言招祸。

《淮南子·道应训》第五十三章，演义《老子》初始本第21《其政闷闷章》"方而不割，廉而不刿"，关系较为曲折，不易理解。其大意是，即使齐国太卜确有能力发动地震，也应该"方而不割，廉而不刿"，亦即不逞其能，藏其锋芒。有此能力尚且不应自逞其能，无此能力更不应妄称其能，否则必将招祸。常人逞能，祸害自己。侯王逞能，祸害民众。天子逞能，祸害天下。

● 《淮南子》《列子》演义 "祸兮福之所倚，福兮祸之所伏"

近塞上之人有善术者，马无故亡而入胡，人皆吊之。

其父曰："此何遽不为福乎？"

居数月，其马将胡骏马而归，人皆贺之。

其父曰："此何遽不能为祸乎？"

家富良马，其子好骑，堕而折其髀，人皆吊之。

其父曰："此何遽不为福乎？"

居一年，胡人大入塞，丁壮者引弦而战。近塞之人，死者十九。此独以跛之故，父子相保。

故福之为祸，祸之为福，化不可极，深不可测也。

（《淮南子·人间训》）

宋人有好行仁义者，三世不懈。家无故黑牛生白犊，以问孔子。

孔子曰："此吉祥也，以荐上帝。"

居一年，其父无故而盲。其牛又复生白犊，其父又复令其子问孔子。

其子曰："前问之而失明，又何问乎？"

父曰："圣人之言先迕后合。其事未究，姑复问之。"

其子又复问孔子。

孔子曰："吉祥也。"复教以祭。

其子归致命。

其父曰："行孔子之言也。"

居一年，其子又无故而盲。

其后楚攻宋，围其城；民易子而食之，析骸而炊之；丁壮者皆乘城而战，死者太半。此人以父子有疾皆免。及围解而疾俱复。

（《列子·说符》）

《淮南子·人间训》以"塞翁失马，焉知非福"寓言，演义《老子》初始本第21《其政闷闷章》"祸兮福之所倚，福兮祸之所伏"，是影响深广的经典寓言。

《列子·说符》仿照《淮南子》"塞翁失马，焉知非福"寓言，杜撰了孔子寓言，从而把《淮南子》推崇老子，转为推崇孔子。因为编纂伪《列子》的东晋张湛并非真道家，而是冒充道家的伪道家。

22.治人事天章（传世本第59章）

治人事天莫若啬。夫唯啬，是以早服。早服是谓重积德，重积德则无不克，无不克则莫知其极，莫知其极则可以有国。

有国之母，可以长久，是谓深根固柢、长生久视之道也。

今译

侯王治理人间，事奉天道，莫若俭啬。侯王唯有俭啬，才会早日顺服泰道。早日顺服泰道就会重视积德，重视积德就会无事不能，无事不能就会不近极点，不近极点就会长久有国。

侯王顺服泰道是拥有邦国之母，可以国祚长久，这是深固国本、长久视事的治国正道。

演义

●《韩非子》演义《治人事天章》

聪明睿智，天也；动静思虑，人也。人也者，乘于天明以视，寄于天聪以听，托于天智以思虑。故视强，则目不明；听甚，则耳不聪；思虑过度，则智识乱。目不明，则不能决黑白之分；耳不聪，则不能别清浊之声；智识乱，则不能审得失之地。目不能决黑白之色，则谓之盲；耳不能别清浊之声，则谓之聋；心不能审得失之地，则谓之狂。盲则不能避昼日之险，聋则不能知雷霆之害，狂则不能免人间法令之祸。

《书》之所谓"治人"者，适动静之节，省思虑之费也。所谓"事天"者，不极聪明之力，不尽智识之任。苟极尽，则费神多；费神多，则盲聋悖狂之祸至，是以啬之。啬之者，爱其精神，啬其智识也。故曰："治人事天莫如啬。"

（《韩非子·解老》十五）

众人之用神也躁，躁则多费，多费之谓侈。圣人之用神也静，静则少费，少费之谓啬。啬之谓术也，生于道理。夫能啬也，是从于道而服于理者也。众人离于患，陷于祸，犹未知退，而不服从道理。圣人虽未见祸患之形，虚无服从于道理，以称"蚤服"。故曰："夫谓啬，是以蚤服。"

（《韩非子·解老》十六）

知"治人"者，其思虑静；知"事天"者，其孔窍虚。思虑静，则故德不去；孔窍虚，则和气日入，故曰"重积德"。夫能令故德不去，新和气日至者，蚤服者也，故曰"蚤服是谓重积德"。积德而后神静，神静而后和多，和多而后计得，计得而后能御万物，能御万物则战易胜敌，战易胜敌而论必盖世，论必盖世故曰"无不克"。无不克本于重积德，故曰"重积德则无不克"。战易胜敌则兼有天下，论必盖世则民人从。进兼天下而退从民人，其术远，则众人莫见其端末。莫见其端末，是以莫知其极，故曰："无不克，则莫知其极。"

（《韩非子·解老》十七）

凡有国而后亡之，有身而后殃之，不可谓能有其国、能保其身。夫能有其国，必能安其社稷；能保其身，必能终其天年；而后可谓能有其国、能保其身矣。夫能有其国、保其身者，必且体道；体道则其智深，其智深则其会远。其会远，众人莫能见其所极。唯夫能令人不见其事极，不见其事极者，为保其身、有其国，故曰"莫知其极"。莫知其极，则"可以有国"。

（《韩非子·解老》十八）

所谓"有国之母"：母者，道也。道也者，生于所以有国之术。所以有国之术，故谓之"有国之母"。

夫道，以与世周旋者，其建生也长，持禄也久。故曰："有国之母，可以长久。"

树木有曼根，有直根。直根者，《书》之所谓"柢"也。柢也者，木之所以建生也；曼根者，木之所以持生也。德也者，人之所以建生也；禄也者，人之所以持生也。今建于理者，其持禄也久，故曰"深其根"。体其道者，其生日长，故曰"固其柢"。柢固则生长，根深则视久，故曰："深其根，固其柢，长生久视之道也。"

（《韩非子·解老》十九）

《韩非子·解老》用九章（一至九）解说《老子》初始本第1《上德不德章》，用五章（十至十四）解说《老子》初始本第21《其政闷闷章》之后，又用五章（十五至十九）解说《老子》初始本第22《治人事天章》，进一步证明韩非深知《老子》初始本的宗旨是"君人南面之术"。

《韩非子·解老》常称《老子》为《书》，引用《老子》常言"《书》之所谓"，比如"《书》之所谓'治人'者"（《解老》十五），"《书》之所谓'柢'也"（《解老》十九），"《书》之所谓'大道'也者"（《解老》三五）。

韩非常言"道理"，《解老》十六主张"从于道而服于理"，源于《庄子·则阳》所言"万物同道殊理"。

韩非的解说，尽管过于质实，也有可取之处，比如以"曼根"释"根"，以"直根"释"柢"，对理解"深根固柢"颇有助益。

23. 大国小鲜章（传世本第60章）

治大国若烹小鲜。

以道莅天下，其鬼不神。非其鬼不神也，其神不伤人也。非其神不伤人也，圣人亦不伤民也。

夫两不相伤，则德交归焉。

今译

圣君治理大国，如同烹饪小鱼，不宜扰动。

圣君遵循泰道莅临天下，鬼神就不会发威。鬼神不仅不发威，而且不伤人。不仅鬼神不伤人，而且圣君也不伤民。

一旦鬼神、圣君两不伤民，那么民众的德心就会交相归依邦国。

演义

●《无能子》演义"治大国若烹小鲜"

孔子定礼乐，明旧章，删《诗》《书》，修《春秋》，将以正人伦之序，杜乱臣贼子之心，往告于老聃。

老聃曰："夫治大国者若烹小鲜，躁于刀几则烂矣。自昔圣人创物立事，诱动人情，人情失于自然，而夭其性命者纷然矣。今汝又文而缚之，以繁人情。人情繁则怠，怠则诈，诈则益乱。所谓伐天真而矜已者也，天祸必及！"

孔子惧，然亦不能遂已。既而削迹于卫，伐树于宋，饥于陈蔡，围于匡，皇皇汲汲，几于不免。孔子顾谓颜回曰："老聃之言，岂是谓乎？"

（《无能子·卷中·老君说第三》）

《无能子》此章，仿照《庄子》外杂篇，以孔子问道老聃的寓言，演义《老子》"治大国若烹小鲜"。

"昔圣人创物立事"，乃言尧舜有为，首创仁义，周公继创礼制，其结果是"诱动人情，人情失于自然，而夭其性命者纷然矣"。

"今汝又文而缛之，以繁人情"，乃言孔子推崇周公礼制，其结果是"人情繁则怠，怠则诈，诈则益乱。所谓伐天真而矜己者也，天祸必及！"

所以应该按照《老子》初始本第1《上德不德章》所言"失道而后德，失德而后仁，失仁而后义，失义而后礼。……故去彼取此"，去彼"仁义礼"，取此"道德"，亦即"治大国若烹小鲜"，尊道贵德，无为而治。因为只有侯王"无为"，民众才能"自为"。

24.大国下流章（传世本第61章）

大国者下流也，天下之牝也。天下之交也，牝恒以静胜牡。以其静也，故宜为下。

故大国以下小国，则取小国；小国以下大国，则取于大国。故或下以取，或下而取。故大国不过欲兼畜人，小国不过欲入事人。夫各得其欲，则大者宜为下。

今译

大国如同江河下游，处于天下之牝位。天下的男女交媾，女子恒常以静处取胜男子。女子因为静处，所以宜处下位。

所以大国以泰道之谦下对待小国，就能取信小国；小国以泰道之谦下对待大国，就能取悦大国。所以或以泰道之谦下取信，或以泰道之谦下取悦。所以大国不过是想兼并小国，小国不过是想入事大国。若欲各遂所愿，那么大国宜于谦下。

演义

● 《庄子》演义"大国以下小国"

楚王与凡君坐。少焉，楚王左右曰凡亡者三。

凡君曰："凡之亡也，不足以丧吾存。夫凡之亡不足以丧吾存，则楚之存不足以存存。由是观之，则凡未始亡，而楚未始存也。"

（《庄子·百里奚》）

楚国是大国，对待小国凡国，宜行泰道之上位怀柔，然而楚王三次威胁凡国将亡，结果未能得逞。

凡国是小国，对待大国楚国，宜行泰道之下位取刚，所以楚王三次威胁凡国将亡，凡国国君奋起反抗。

《庄子·百里奚》（郭象拼接于《田子方》）以此演义《老子》初始本第24《大国下流章》"大国以下小国，则取小国；小国以下大国，则取于大国"。

●卫君遵循"小国以下大国"两次贬号

成侯十一年（前361），公孙鞅入秦。十六年（前356），卫更贬号曰侯。二十九年（前343），成侯卒，子平侯立。

平侯八年卒（前335），子嗣君立。【索隐】嗣君五年，更贬号曰君，独有濮阳。

（嗣君）四十二年卒（前273），子怀君立。

怀君三十一年（当作十八年，前255），朝魏，魏囚杀怀君。魏更立嗣君弟，是为元君。

元君为魏婿，故魏立之。元君十四年（前241），秦拔魏东地，秦初置东郡，更徙卫野王县，而并濮阳为东郡。二十五年（前230），元君卒，子君角立。

君角九年（前221），秦并天下，立为始皇帝。二十一年（前209），二世废君角为庶人，卫绝祀。

（《史记·卫世家》）

西周以降，卫国国君一向称"公"，比如孔子之时有卫灵公、卫出公、卫庄公等。

卫成公十六年（前356），卫成公因朝魏而贬号称"侯"，史称"卫成侯"。卫嗣侯五年（前310），卫嗣侯因朝魏而贬号称"君"，史称"卫嗣君"。因此卫国国君从"公"一贬为"侯"，再贬为"君"。

据《竹书纪年》,《史记·卫世家》于卫平侯（前342—前335）之后，脱漏卫孝襄侯，其后才是卫嗣君。卫成侯在位二十九年（前371—前343），卫平侯在位八年（前342—前335），卫孝襄侯在位二十年（前334—前315），卫嗣君在位四十二年（前314—前273），卫怀君在位十八年（前272—前255），卫元君在位二十五年（前254—前230），卫君角在位二十一年（前229—前209）。秦二世元年（前209），即卫君角二十一年，秦二世把卫君角废为庶人，卫国绝祀。

卫成公以降，卫国国君遵循《老子》初始本第24《大国下流章》"小国以下大国，则取于大国"，两次贬号，保持中立，不卷入战争，躲过了战国中晚期的百余年（前356—前221）战乱。所以秦始皇统一天下之时（前221），也未灭卫。直到秦二世元年（前209）才废除卫国国号，卫遂成亡国最晚的周封诸侯。这是小国遵循《老子》初始本教导，以泰道事奉大国，保境安民，"可以长久"的经典史实。

道主万物五章（25—29）：
道主万物，侯王无为

25.道主万物章（传世本第62章）

道者万物之主也，善人之葆也，不善人之所葆也。人之不善，何弃之有？

美言可以市尊，美行可以加人。故立天子，置三公，虽有拱璧，以先驷马，不如坐而进此。

古之所以贵此者何也？不谓求以得，有罪以免钦？故为天下贵。

今译

天道是万物的宗主，既保佑善人，也保佑不善人。国人若有不善，侯王怎能弃之？

美好的建言可以进献尊者，美好的行为可以加持他人。所以除了设立天子，还要设置三公，三公与其向天子进献拱把的玉璧，驷马的车舆，不如进献泰道。

古人为何看重进献泰道？不是因为进献泰道可以求取所得，有罪可以赦免吗？所以泰道是天下至贵。

演义

●《淮南子》演义"美言可以市尊，美行可以加人"

　　晋文公伐原，与大夫期三日。

　　三日而原不降，文公令去之。

　　军吏曰："原不过一二日将降矣。"

　　君曰："吾不知原三日而不可得下也，以与大夫期。尽而不罢，失信得原，吾弗为也。"

　　原人闻之曰："有君若此，可弗降也？"

　　遂降。温人闻，亦请降。

　　故《老子》曰："窈兮冥兮，其中有精。其精甚真，其中有信。"故"美言可以市尊，美行可以加人"。

（《淮南子·道应训》三一）

　　事见《左传》，又见《国语·晋语》、《韩非子·外储说左上》、《吕览·为欲》、《新序·杂事四》。

　　《淮南子·道应训》第三十一章，演义《老子》初始本第25《道主万物章》"美言可以市尊，美行可以加人"，其义易明。《老子》传世本"市"后脱"尊"，作"美言可以市，美行可以加人"，义遂难明。

　　此事本以晋文公之不失信，演义《老子》初始本第62《唯道是从章》之"其中有信"。又因晋文公之不失信"美行"，导致原邑民众主动请降，于是进而演义《老子》初始本第25《道主万物章》之"美行可以加人"。

●《庄子》演义"坐而进此"

　　孔子行年五十有一而不闻道，乃南之沛见老聃。

　　老聃曰："子来乎？吾闻子，北方之贤者也，子亦得道乎？"

　　孔子曰："未得也。"

老子曰："子恶乎求之哉？"

曰："吾求之于度数，五年而未得也。"

老子曰："子又恶乎求之哉？"

曰："吾求之于阴阳，十有二年而未得也。"

老子曰："然。使道而可献，则人莫不献之于其君；使道而可进，则人莫不进之于其亲；使道而可以告人，则人莫不告其兄弟；使道而可以与人，则人莫不与其子孙。然而不可者，无它也，中无主而不止，外无征而不行。由中出者，不受于外，圣人不出；由外入者，无主于中，圣人不隐。名者，公器也，不可多取。仁义者，先王之蘧庐也，止可以一宿，而不可久处，觏而多责。

"古之至人，假道于仁，托宿于义，以游逍遥之墟，食于苟简之田，立于不贷之圃。逍遥，无为也；苟简，易养也；不贷，无出也。古者谓是采真之游。以富为是者不能让禄，以显为是者不能让名，亲权者不能与人柄；操之则慄，舍之则悲。尔一无所鉴，以窥其所不休者，是天之戮民也！

"怨恩、取与、谏教、生杀，八者正之器也，唯循大变无所湮者，为能用之。故曰：正者，正也。其心以为不然者，天门弗开矣。"

（《庄子·天运》）

《老子》初始本第25《道主万物章》认为，道术可以进献给天子、三公，这是老子撰著《老子》详言"君人南面之术"的原因。《庄子·天运》认为，道术不可进献给天子、三公，这是庄子撰著《庄子》不言"君人南面之术"而改言"自适其适之道"的原因。由于老子、庄子的这一重要差异，所以《庄子》演义《老子》也不完全符合《老子》真义。

其他诸子演义《老子》不忠于《老子》真义，主要原因是不懂《老子》真义，次要原因是虽懂《老子》真义而故意违背《老子》真义。《庄子》演义《老子》，基本忠于《老子》真义，偶尔不符合《老子》真义，并非不懂《老子》真义，更不会故意违背《老子》真义，而是发展《老子》未尽之义，庄子由此成为道家集大成者。所以老子是道家祖师，庄子是道家宗师，道家之道即老庄之道。

南朝著名道士陶弘景《诏问山中何所有赋诗以答》曰："山中何所有？岭上多白云。只可自怡悦，不堪持赠君。"不取老学义理，采用庄学义理。

26.为无为章（传世本第63章）

为无为，事无事，味无味。

大小多少，报怨以德。

图难于其易，为大于其细。天下难事必作于易，天下大事必作于细。是以圣人终不为大，故能成其大。

夫轻诺者必寡信，多易者必多难。是以圣人犹难之，故终无难。

今译

圣君为无为之政，事无事之业，味无味之味。

民怨无论大小多少，圣君均以德政回报民怨。

圣君处理民怨难事从易处入手，处理民怨大事从细事入手。因为天下难事必须运作于易处，天下大事必须运作于细事。所以圣君始终不敢自大，故能成就其大。

俗君轻率承诺必定寡信，自居容易必定多难。所以圣君把处理民怨视为最大的难事，故能最终无难。

演义

●孔子与弟子讨论"报怨以德"

或曰："'以德报怨'，何如？"

子曰："何以报德？以直报怨，以德报德。"

（《论语·宪问》）

孔子弟子阅读《老子》初始本，读到"报怨以德"，很不理解，于是请教孔子。

　　孔子反对"以德报怨"，主张"以直报怨，以德报德"。

　　由于《论语·宪问》记载极简，后人无法确知提问者是否说明此语来自《老子》初始本，后人也无法确知孔子是否明白提问者此语来自《老子》初始本。唯一可以肯定的是，《老子》所言"报怨以德"属于特殊的君民关系，孔子所言"以直报怨，以德报德"属于普通的人际关系，两者不属同一层面。

　　《老子》初始本的全书宗旨都是"君人南面之术"，从未涉及普通的人际关系，所以"报怨以德"是说侯王对民众之怨，必须报以德政，不能报以暴政，此即第12《圣人无心章》所言"善者善之，不善者亦善之，德善也。信者信之，不信者亦信之，德信也"；亦即第25《道主万物章》所言："道者万物之主也，善人之葆也，不善人之所葆也。人之不善，何弃之有？"无论民众是怨者还是不怨者，是善者还是不善者，侯王均应报以德政，不能报以暴政。

　　天道作为"万物之主"，包容善人和不善人；侯王作为"社稷之主"，也必须包容善人和不善人。所以第42《柔之胜刚章》曰："受国之诟，是谓社稷之主；受国之不祥，是谓天下之王。"内涵等价于"报怨以德"。

　　《老子》主张"报怨以德"，乃言侯王对待有怨、无怨的民众必须一视同仁，不能打击有怨的民众，否则民众就会不敢抱怨，侯王就会听不到真话而不了解实情，治理国家就会举措失当，最终导致治理国家失败。孔子主张"以直报怨，以德报德"，乃言对待有怨、有德的朋友不能一视同仁，否则有德的朋友就会寒心。两者不属同一层面，所以不能简单认为孔子不赞成老子的"报怨以德"。

● 《新序》演义"报怨以德"

　　梁大夫有宋就者，尝为边县令，与楚邻界。梁之边亭，与楚之边亭，皆种瓜，各有数。

　　梁之边亭人，劬力数灌其瓜，瓜美。楚人窳而稀灌其瓜，瓜恶。楚令因以梁瓜之美，怒其亭瓜之恶也。楚亭人心恶梁亭之贤己，因往夜窃搔梁亭之瓜，皆有死焦者矣。

梁亭觉之，因请其尉，亦欲窃往报搔楚亭之瓜，尉以请宋就。

就曰："恶是！何可构怨？祸之道也！人恶亦恶，何偏之甚也！若我教子，必每暮令人往，窃为楚亭夜善灌其瓜，勿令知也。"

于是梁亭乃每暮夜窃灌楚亭之瓜，楚亭旦而行瓜，则又皆以灌矣，瓜日以美，楚亭怪而察之，则乃梁亭之为也。

楚令闻之大悦，因具以闻楚王。

楚王闻之，怃然愧以意自闵也，告吏曰："微搔瓜者，得无有他罪乎？此梁之阴让也。"乃谢以重币，而请交于梁王。楚王时则称说，梁王以为信。故梁、楚之欢，由宋就始。

语曰："转败而为功，因祸而为福。"《老子》曰："报怨以德。"此之谓也。夫人既不善，胡足效哉！

（《新序·杂事》）

楚、魏边境之县，楚民种瓜，懒于浇灌而瓜恶，魏民种瓜，勤于浇灌而瓜美。

楚国县令责罚楚民，楚民迁怒于魏民，每夜越境至魏，拔出魏地瓜秧，导致魏瓜枯死。

魏民请示魏国亭尉，打算夜间越境至楚，拔出楚地瓜秧。

魏国亭尉请示魏国县令宋就。宋就说："不可！怎么可以构怨？这是取祸之道啊！他人行恶，我也行恶，何其偏狭之甚啊！依我之见，最好每夜派人越境至楚，浇灌楚瓜，勿让楚民知道。"

于是魏民夜间越境浇灌楚瓜，楚民白天又浇灌楚瓜，楚瓜越来越美。楚民十分奇怪，发现是魏民夜灌所致。

楚国县令闻之大悦，派遣小吏报告楚王。

楚王闻之，深感惭愧而怜悯楚民，对小吏说："楚民不再越境偷拔魏瓜了吧？这是魏民的阴德逊让啊！"

楚王遣使携带重币，请求与魏王交好。楚王常常称说魏国民风淳厚，魏王则对楚日益信任。所以魏、楚从交战转为交好，始于宋就。

《新序·杂事》以此故事和谚语"转败而为功，因祸而为福"，演义《老子》初始本第26《为无为章》"报怨以德"，最后评议说，他人不善，岂足效法！但是《新序·杂事》以楚民行恶构怨，魏民报之以德，演义《老子》"报怨以德"并不确切，因为《老子》"报怨以德"乃言国家内部的君民关系，非言两个国家的外交关系。

● 《韩非子》演义"天下难事必作于易，天下大事必作于细"

有形之类，大必起于小；行久之物，族必起于少。故曰："天下之难事必作于易，天下之大事必作于细。"是以欲制物者，于其细也，故曰"图难于其易"也，"为大于其细"也。千丈之堤，以蝼蚁之穴溃；百步之室，以突隙之烟焚。故白圭之行堤也，塞其穴；丈人之慎火也，涂其隙。是以白圭无水难，丈人无火患。此皆慎易以避难，敬细以远大者也。

扁鹊见蔡桓公，立有间。扁鹊曰："君有疾在腠理，不治将恐深。"桓侯曰："寡人无疾。"扁鹊出。桓侯曰："医之好治不病以为功。"

居十日，扁鹊复见曰："君之病在肌肤，不治将益深。"桓侯不应。扁鹊出。桓侯又不悦。

居十日，扁鹊复见曰："君之病在肠胃，不治将益深。"桓侯又不应。扁鹊出。桓侯又不悦。

居十日，扁鹊望桓侯而还走，桓侯故使人问之。扁鹊曰："病在腠理，汤熨之所及也；在肌肤，针石之所及也；在肠胃，火剂之所及也；在骨髓，司命之所属，无奈何也。今在骨髓，臣是以无请也。"

居五日，桓侯体痛，使人索扁鹊，已逃秦矣。桓侯遂死。

故良医之治病也，攻之于腠理，此皆争之于小者也。夫事之祸福亦有腠理之地，故曰"圣人蚤从事"焉。

（《韩非子·喻老》六）

扁鹊（前407—前310）是战国中期人，蔡桓侯（前714—前695在位）是春秋早期人，两者相差三百年，所以"扁鹊见蔡桓公"是韩非的寓言。

《史记·扁鹊仓公列传》记载此事曰："扁鹊过齐，齐桓侯客之。"有人以为"齐桓侯"即田齐桓公田午，因以上蔡为都，遂称"蔡桓公"。其说无据。上蔡今属河南驻马店，战国时期始终属于楚地，从未属于齐地，更未做过齐都。从西周姜齐、战国田齐到秦始皇灭齐，齐国从未迁都，始终以临淄（山东淄博）为都，只是姜齐名为"营丘"，田齐改名"临淄"。

《庄子·胠箧》曰："田成子有乎盗贼之名，而身处尧舜之安；小国不敢非，大国不敢诛，十二世有齐国。"所言田齐十二世如下：一世田成子田恒（前481—前454在位），汉后避汉文帝刘恒讳，改称"田常"；二世田襄子田盘（前453—？在位）；三世田庄子田白（？—前411在位）；四世田悼子（前410—前401在位）；五世田齐太公田和（前400—前379在位），周安王二十年（前380）册封田和为诸侯，田齐正式取代姜齐，田和把姜齐旧都营丘改名临淄，仍都临淄；六世田侯剡（前378—前375在位四年，实记三年）；七世田齐桓公田午（前375—前358在位，弑兄篡位，当年改元）；八世齐威王田因齐（前357—前319），齐威王元年弑杀姜齐幽公（前374—前357在位），姜齐绝祀；九世齐宣王田辟疆（前319—前301在位，当年改元）；十世齐湣王田地（前300—前284在位）；十一世齐襄王田法章（前283—前265在位）；十二世齐王建（前264—前221在位），齐王建四十四年秦始皇攻破齐都临淄灭齐，天下一统。

田齐第七世田齐桓公田午的在位期（前375—前358），确与扁鹊在世时间（前407—前310）相值，但是田齐桓公不可能称为"蔡桓公"。中学教材采信《韩非子·喻老》，不采信《史记·扁鹊仓公列传》，弃取得当。中学教材选入以后，这一寓言广为人知。

韩非以"扁鹊见蔡桓公"寓言，演义《老子》初始本第26《为无为章》"图难于其易，为大于其细。天下难事必作于易，天下大事必作于细"，形象生动，启人心智。

27.其安易持章（传世本第64章上半）

其安，易持也。其未兆，易谋也。其脆，易泮也。其微，易散也。

为之于未有也，治之于未乱也。

合抱之木，作于毫末。九成之台，作于垒土。百仞之高，始于足下。

今译

国泰民安，易于维持。祸兆未显，易于图谋。矛盾初萌，易于化解。民怨隐微，易于消散。

圣君在祸事未有之时顺道而为，在政事未乱之时无为而治。

合抱大木，生于微末的种子。九层高台，成于细小的土块。百仞高墙，始于脚下的地面。

演义

● 《韩非子》演义"其安，易持也。其未兆，易谋也"

昔晋公子重耳出亡过郑，郑君不礼。

叔瞻谏曰："此贤公子也，君厚待之，可以积德。"

郑君不听。

叔瞻又谏曰："不厚待之，不若杀之，无令有后患。"

郑君又不听。

及公子返晋邦，举兵伐郑，大破之，取八城焉。

晋献公以垂棘之璧假道于虞而伐虢，大夫宫之奇谏曰："不可。唇亡而齿寒，虞、虢相救，非相德也。今日晋灭虢，明日虞必随之亡。"

虞君不听，受其璧而假之道。晋已取虢，还反灭虞。

此二臣者，皆争于腠理者也，而二君不用也。然则叔瞻、宫之奇，亦郑、虞之扁鹊也。而二君不听，故郑以破，虞以亡。

故曰："其安，易持也。其未兆，易谋也。"

（《韩非子·喻老》七）

《韩非子·喻老》第六章，以"扁鹊见蔡桓公"寓言，演义《老子》初始本第26《为无为章》。《韩非子·喻老》第七章，又以晋文公破郑、晋献公假虞伐虢返而灭虞二事，演义《老子》初始本第27《其安易持章》，并称郑国谏臣叔瞻、虞国谏臣宫之奇为"郑、虞之扁鹊"。证明《老子》初始本具有固定的章序结构，并非杂乱无章的格言集锦。

28.为者败之章（传世本第64章下半）

为之者败之，执之者失之。是以圣人无为，故无败；无执，故无失。

人之败也，恒于其且成也败之。故慎终如始，则无败事。

是以圣人欲不欲，不贵难得之货；学不学，复众人之所过；以辅万物之自然，而不敢为。

今译

俗君悖道有为必将失败，有此执念必有过失。因此圣君顺道无为，所以不会失败；无此执念，所以没有过失。

侯王的失败，常在即将成功之时发生。所以审慎至终一如初始，即无败事。

因此圣君追求寡欲，不贵难得的财货；追求不学，修复众多俗君的过失；以此辅助万物保持自然，不敢悖道有为。

演义

●《庄子》《荀子》演义《为者败之章》前二节

东野稷以御见庄公，进退中绳，左右旋中规。庄公以为造父弗过也，使之钩百而返。

颜阖遇之，入见曰："稷之马将败。"

公密而不应。

少焉，果败而返。

公曰："子何以知之？"

曰："其马力竭矣，而犹求焉，故曰败。"

（《庄子·达生》）

定公问于颜渊曰："东野毕之善驭乎？"

颜渊对曰："善则善矣。虽然，其马将失。"

定公不悦，入谓左右曰："君子固谗人乎？"

三日而校来谒曰："东野毕之马失。两骖列，两服入厩。"

定公越席而起曰："趋驾召颜渊！"

颜渊至，定公曰："前日寡人问吾子，吾子曰：'东野毕之驭，善则善矣。虽然，其马将失。'不识吾子何以知之？"

颜渊对曰："臣以政知之。昔舜巧于使民，而造父巧于使马。舜不穷其民，造父不穷其马，是舜无失民，造父无失马也。今东野毕之驭，上车执辔衔，体正矣；步骤驰骋，朝礼毕矣；历险致远，马力尽矣。然犹求马不已，是以知之也。"

定公曰："善！可得少进乎？"

颜渊对曰："臣闻之：鸟穷则啄，兽穷则攫，人穷则诈。自古及今，未有穷其下而能无危者也。"

（《荀子·哀公》）

荀子尽管抨击庄子"蔽于天而不知人"（《荀子·解蔽》），但他擅长说理，不擅长讲故事，看见《庄子》的美妙寓言，忍不住手痒而大量抄录，这是其中一例。

《荀子·哀公》把《庄子·达生》的"东野稷以御见卫庄公"寓言，改编为"东野毕以御见鲁定公"寓言，把进谏的卫庄公太傅颜阖（见《庄子·人间世》），改编为孔子弟子颜渊，亦即颜回。两者都是演义《老子》初始本第28《为者败之章》前二节："为之者败之，执之者失之。是以圣人无为，故无败；无执，故无失。人之败也，恒于其且成也败之。故慎终如始，则无败事。"

●《韩非子》演义《为者败之章》第三节

宋之鄙人得璞玉，而献之子罕。子罕不受。

鄙人曰："此宝也，宜为君子器，不宜为细人用。"

子罕曰："尔以玉为宝，我以不受子玉为宝。"

是鄙人欲玉，而子罕不欲玉。故曰："欲不欲，而不贵难得之货。"

（《韩非子·喻老》十一）

王寿负书而行，见徐冯于周途。

冯曰："事者为也，为生于时，知者无常事。书者言也，言生于知，知者不藏书。今子何独负之而行？"

于是王寿因焚其书而舞之。

故知者不以言谈教，而慧者不以藏书箧。此世之所过也，而王寿复之，是学不学也。故曰"学不学，复归众人之所过"也。

（《韩非子·喻老》十二）

夫物有常容，因乘以导之，因随物之容，故静则建乎德，动则顺乎道。

宋人有为其君以象为楮叶者，三年而成。丰杀茎柯，毫芒繁泽，乱之楮叶之中而不可别也。此人遂以功，食禄于宋邦。

列子闻之曰："使天地三年而成一叶，则物之有叶者寡矣。"

故不乘天地之资，而载一人之身；不随道理之数，而学一人之智；此皆一叶之行也。故冬耕之稼，后稷不能美也；丰年大禾，臧获不能恶也。以一人之力，则后稷不足；随自然，则臧获有余。故曰"恃万物之自然，而不敢为"也。

（《韩非子·喻老》十三）

《韩非子·喻老》连续三章（十一至十三），分别演义《老子》初始本第28《为者败之章》第三节的三句。

《韩非子·喻老》第十一章，以司城子罕故事，演义第一句"是以圣人欲不欲，不贵难得之货"。司城子罕，即戴剔成，此事发生于戴剔成担任宋国司城期间。筑城者在修建城墙时挖到宝玉，献给戴剔成。戴剔成说"尔以玉为宝，我以不受子玉为宝"，其实是伪装清廉，后来戴剔成弑宋桓侯（前380—前340在位），篡位自立，史称宋剔成君（前340—前338在位）。所以韩非用戴剔成伪装清廉的故事，演义"圣人欲不欲，不贵难得之货"，不太恰当。

《韩非子·喻老》第十二章，演义第二句"学不学，复众人之所过"，但是韩非妄增"归"字，变成了"学不学，复归众人之所过"。增字解经，经文、故事都不合《老子》真义。王寿负书而行，被徐冯所言"知者不藏书"蛊惑，于是自焚其书。韩非认为，世人之过是"以言谈教"，即学习书籍；王寿自焚其书，不学书籍，就是"学不学"。不合《老子》真义。《老子》所谓"圣人学不学"，"圣人"指圣君。俗君不尊道，不贵德，都学"仁义礼"；圣君尊道贵德，不学"仁义礼"，才是"圣人学不学"真义。

《韩非子·喻老》第十三章，以宋人三年为楮叶，演义第三句"以辅万物之自然，而不敢为"，韩非又妄改为"恃万物之自然，而不敢为"。"辅"

是辅佐自然，改"辅"为"恃"，不合《老子》真义。

韩非青出于蓝而胜于蓝，既像其师荀子那样擅长说理，又像庄子那样擅长讲故事，但他酷爱《老子》，痛恨《庄子》，基本不抄《庄子》。目前所知，韩非仅仅抄录了《庄子》的"自相矛盾"寓言。但是《庄子》的"自相矛盾"寓言，在西晋郭象所删《庄子》十九篇之中，所以"自相矛盾"寓言长期被误视为韩非的原创寓言。

29. 古之为道章（传世本第65章）

古之为道者，非以明民也，将以愚之也。

民之难治，以其知也。故以知治国，国之贼也；不以知治国，国之德也。

恒知此两者，亦稽式也。恒知稽式，是谓玄德。玄德深矣，远矣，与物反矣，乃至大顺。

今译

古之尊道圣君，不欲使民聪明，而欲使民愚朴。

民众之所以难治，是因为有限之知过多。因此俗君以有限之知冒充全知而治国，是国之盗贼；圣君不以有限之知冒充全知而治国，是国之福德。

侯王始终知晓两者之异，就会尊奉泰道为法式。侯王始终知晓以泰道为法式，就会拥有玄德。玄德深邃啊，遥远啊，与万物表象相反啊，所以诸事顺遂。

演义

● 《荀子》演义"古之为道者，非以明民也，将以愚之也"

子路曰："敢问持满有道乎？"

孔子曰："聪明圣知，守之以愚；功被天下，守之以让；勇力抚世，守之以怯；富有四海，守之以谦。此所谓挹而损之之道也。"

（《荀子·宥坐》）

《荀子·宥坐》以孔子对子路所言"聪明圣知，守之以愚"，演义《老子》初始本第29《古之为道章》"古之为道者，非以明民，将以愚之"。在使民愚朴这一点上，孔子与老子确有相近之处，所以不少现代学者认为道家祖师老子、儒家祖师孔子全都鼓吹"愚民政策"。虽不确切，然而情有可原。因为汉代刘向至今的《老子》，都是被篡改而儒化的《老子》传世本，历代儒生又以儒义注释《老子》传世本，认为老子、孔子基本相同，同时老子不如孔子。

现代学者批判孔子鼓吹"愚民政策"，不算冤案，因为除了《荀子·宥坐》所引孔子名言"聪明圣知，守之以愚"，另有《论语·泰伯》所引孔子名言"民可使由之，不可使知之"。

现代学者批判老子鼓吹"愚民政策"，则是冤案，因为孔子仅仅愚民，并不愚君，而老子首先主张"愚君"，其次主张"愚民"。而且老子主张的"先愚君，再愚民"，"愚"字义同"朴"字，"愚君"是为了使君"尊道贵德"，不学"仁义礼"；"愚民"也是为了使民"尊道贵德"，不学"仁义礼"。而孔子则是主张君王"聪明圣知"，民众"守之以愚"，亦即民众只需要学习、遵守"仁义礼"，不需要知道为什么必须学习、遵守"仁义礼"。所以按照道家的"君民皆愚"，民风就会趋于愚朴淳厚，按照儒家的"君圣民愚"，民风就会趋于虚伪狡诈。

●《吕览》演义"以知治国，国之贼也"

郑国多相县以书者，子产令无县书，邓析致之。子产令无致书，邓析倚之。令无穷，则邓析应之亦无穷矣。是可不可无辩也。可不可无辩，而以赏罚，其罚愈疾，其乱愈疾。此为国之禁也。故辩而不当理则伪，知而不当理则诈。诈伪之民，先王之所诛也。理也者，是非之宗也。

（《吕览·离谓》）

郑相子产（？—前522），与陈国老子（前570—前470）、鲁国孔子（前551—前479）同处春秋晚期，子产、老子都是孔子之师。《史记·孔子世家》曰："孔子之所严事：于周，则老子；于卫，蘧伯玉；于齐，晏平仲；于楚，老莱子；于郑，子产。"

《吕览》是《管子》之后的战国黄老学派第二部经典，所以推崇老子超过推崇孔子。

《吕览·离谓》以子产、邓析的故事，演义《老子》经义，有助于读者理解《老子》并非脱离时代的空论，既有超越时代的哲学智慧，也有直面时代的政治关切。

周景王九年（前536），郑相子产第一个铸造刑鼎，属于"以知治国"，遭到晋臣叔向反对："民知有辟，则不忌于上。"（《左传·昭公六年》）周敬王七年（前513），晋卿赵鞅第二个铸造刑鼎，也属于"以知治国"，遭到鲁人孔子反对："民在鼎矣，何以尊贵？"（《左传·昭公二十九年》）邓析在子产铸造刑鼎以后，频频捣乱，则是属于"以知乱国"。

《吕览·离谓》这一故事，旧多以为是批评"以知乱国"的郑人邓析，不知实为批评"以知治国"的郑相子产。叔向首先反对的是"以知治国"的子产，并非"以知乱国"的邓析。老子同样如此。

《吕览·离谓》以此故事，演义《老子》初始本第29《古之为道章》"以知治国，国之贼也"，相当准确。认为子产"以知治国"种下的恶因，必然导致邓析"以知乱国"的恶果。所以《吕览·离谓》说："（子产）令无穷，则邓析应之亦无穷矣。……其（子产）罚愈疾，其（邓析）乱愈疾。"此义承于《庄子·齐物论》："是亦一无穷，非亦一无穷。故曰莫若以明。"

《古之为道章》第二节："民之难治，以其知也。故以知治国，国之贼也；不以知治国，国之德也。"承于第一节："古之为道者，非以明民也，将以愚之也。"由此可知，《老子》初始本的真义是：首先侯王"知不知"，认知自己之愚，于是谨守愚朴，不以知治国；然后民众"知不知"，认知自己之愚，于是不以知乱国。因为侯王像子产一样不可能全知，"以知治国"就是以一知半解冒充全知，国必不治；民众像邓析一样不可能全知，"以知乱国"也是以一知半解冒充全知，国必大乱。

●《吕览》演义"不以知治国，国之德也"

　　管子复于桓公曰："垦田大邑，辟土艺粟，尽地力之利，臣不若宁速。请置以为大田。登降辞让，进退闲习，臣不若隰朋，请置以为大行。蚤入晏出，犯君颜色，进谏必忠，不辟死亡，不重贵富，臣不如东郭牙，请置以为大谏臣。平原广城，车不结轨，士不旋踵，鼓之，三军之士视死如归，臣不若王子城父，请置以为大司马。决狱折中，不杀不辜，不诬无罪，臣不若弦章，请置以为大理。君若欲治国强兵，则五子者足矣；君欲霸王，则夷吾在此。"

　　桓公曰："善。"

　　令五子皆任其事，以受令于管子。十年，九合诸侯，一匡天下，皆夷吾与五子之能也。管子，人臣也，不任己之不能，而以尽五子之能，况于人主乎？人主知能不能之可以君民也，则幽诡愚险之言无不职矣，百官有司之事毕力竭智矣。五帝三王之君民也，下固不过毕力竭智也。夫君人而知无恃其能勇力诚信，则近之矣。

　　　　　　　　　　　　　　　　　　　（《吕览·勿躬》）

　　《吕览·勿躬》以管仲自知不知、不自居全知，演义《老子》初始本第29《古之为道章》"不以知治国，国之德也"，相当准确。节题"勿躬"，是后世反对君王事必躬亲的常用语，正是源于《老子》初始本第29《古之为道章》"不以知治国，国之德也"。

　　《吕览·知度》总结："人主自智而愚人，自巧而拙人，若此则愚拙者请矣，巧智者诏矣。诏多则请者愈多矣，请者愈多，且无不请也。主虽巧智，未无不知也。以未无不知，应无不请，其道固穷。为人主而数穷于其下，将何以君人乎？穷而不知其穷，其患又将反以自多，是之谓重塞之主，无存国矣。故有道之主，因而不为，责而不诏，去想去意，静虚以待，不伐之言，不夺之事，督名审实，官使自司，以不知为道，以奈何为实。"明确反对"人主自智而愚人，自巧而拙人"，主张"夫君人而知无恃其能勇力诚信，则近之矣"，又主张君人者"以不知为道"，正是《老子》初始本所言"君人南面之术"：侯王自知不知而先守愚朴，民众自知不知而后守愚朴。

五

泰道三宝四章（30—33）：
泰道不争，莫能与争

30.江海百谷章（传世本第66章）

江海之所以能为百谷王者，以其善下之也，故能为百谷王。

是以圣人之欲上民也，必以其言下之；其欲先民也，必以其身后之。

故居上而民不重也，居前而民不害也，天下乐推而不厌也。

以其不争也，故天下莫能与之争。

今译

江海之所以能做百谷之王，是因为水性趋下，所以能做百谷之王。

因此圣君欲居民众之上，必定言辞谦下；欲居民众之先，必定谦退于后。

因此圣君居上而民众不视为重负，居先而民众不视为危害，天下乐于推戴而不厌弃。

正因圣君不争，所以天下俗君不能与之争。

演义

●《淮南子》演义"以其不争也，故天下莫能与之争"

赵简子死，未葬，中牟入齐。已葬五日，襄子起兵攻之，围未合而城自坏者十丈，襄子击金而退之。

军吏谏曰："君诛中牟之罪，而城自坏，是天助我，何故去之？"

襄子曰："吾闻之叔向曰：'君子不乘人于利，不迫人于险。'使之治城，城治而后攻之。"

中牟闻其义，乃请降。

故《老子》曰："夫唯不争，故天下莫能与之争。"

（《淮南子·道应训》二四）

叔向（前590—前500）卒年，早于赵简子（前517—前475在位）卒年。此事发生于赵简子卒年，叔向已死二十五年。赵襄子（前474—前425在位）所言"吾闻之叔向"，必非闻于赵简子卒年，而是闻于赵襄子年轻之时。

赵简子与孔子（前551—前479）同时，是春秋晚期人。中牟（河南郑州中牟县）原为卫地，春秋晚期先归齐国，再归赵国。战国早期，赵国名士甯越即为中牟人，仕于西周威公（前414—前367在位）。

叔向晚年亲见《老子》初始本并且评论了其中两章（详见第6《天下至柔章》）。赵襄子所引叔向之言"君子不乘人于利，不迫人于险"，也合于《老子》初始本基本宗旨。

《淮南子·道应训》以春秋晚期之事，演义成书于春秋晚期的《老子》初始本第30《江海百谷章》"以其不争也，故天下莫能与之争"和第63《曲则全章》"夫唯不争，故天下莫能与之争"，又引与老子同时、同调的叔向之言，颇为得宜。也是春秋晚期《老子》初始本已经成书，叔向已经阅读、评论《老子》初始本的重要旁证。

31. 泰道三宝章 （传世本第67章）

天下皆谓我大，大而不宵。夫唯大，故不宵。若宵，久矣其细也夫！

我恒有三宝，持而保之：一曰慈，二曰俭，三曰不敢为天下先。

慈，故能勇；俭，故能广；不敢为天下先，故能为成事长。今舍其慈且勇，舍其俭且广，舍其后且先，则死矣。

夫慈，以战则胜，以守则固。天将建之，以慈卫之。

今译

天下都说寡人已经成大，变大之后不再变小。寡人成大之后继续遵循泰道，所以不再变小。倘若继续遵循泰道可能变小，那么寡人成大之前早已变小了！

寡人能够成大是因为恒常拥有泰道三宝，而且持久保持：其一慈爱民命，其二俭省民力，其三不敢居于天下民众之先。

寡人慈爱民命，所以民众勇敢；寡人俭省民力，所以国土广大；寡人不敢居于天下民众之先，所以能成国事之君长。今之俗君舍弃君慈民勇，舍弃君俭国广，舍弃君后民先，必将死路一条。

侯王只要慈爱，民众战则能胜，守则能固。天道若欲建邦立国，必以侯王慈爱护卫之。

演义

● 《韩非子》演义《泰道三宝章》

爱子者慈于子，重生者慈于身，贵功者慈于事。慈母之于弱子也，务致其福；务致其福，则事除其祸；事除其祸，则思虑熟；思虑熟，则得事理；得事理，则必成功；必成功，则其行之也不疑；不疑之谓勇。圣人之于万事也，尽如慈母之为弱子虑也，故见必行之道。见必行之道则明，其从事亦不疑；不疑之谓勇。不疑生于慈，故曰："慈，故能勇。"

（《韩非子·解老》三一）

周公曰："冬日之闭冻也不固，则春夏之长草木也不茂。"天地不能常侈常费，而况于人乎？故万物必有盛衰，万事必有弛张，国家必有文武，官治必有赏罚。是以智士俭用其财则家富，圣人爱宝其神则精盛，人君重战其卒则民众。民众则国广，是以举之曰："俭，故能广。"

（《韩非子·解老》三二）

凡物之有形者，易裁也，易割也。何以论之？有形，则有短长；有短长，则有小大；有小大，则有方圆；有方圆，则有坚脆；有坚脆，则有轻重；有轻重，则有白黑。短长、大小、方圆、坚脆、轻重、白黑之谓理，理定而物易割也。故议于大庭而后言则立，权议之士知之矣。故欲成方圆而随其规矩，则万事之功形矣，而万物莫不有规矩。议言之士，计会规矩也。圣人尽随于万物之规矩，故曰："不敢为天下先。"不敢为天下先，则事无不事，功无不功，而议必盖世，欲无处大官，其可得乎？处大官之谓为成事长，是以故曰："不敢为天下先，故能为成事长。"

（《韩非子·解老》三三）

慈于子者，不敢绝衣食；慈于身者，不敢离法度；慈于方圆者，不敢舍规矩。故临兵而慈于士吏，则战胜敌；慈于器械，则城坚固。故曰："慈，于战则胜，以守则固。"

夫能自全也而尽随于万物之理者，必且有天生。天生也者，生心也，故天下之道尽之生也，若以慈卫之也。事必万全，而举无不当，则谓之宝矣。故曰："吾有三宝，持而宝之。"

（《韩非子·解老》三四）

《韩非子·解老》连续四章（三一至三四），演义《老子》初始本第31《泰道三宝章》。尽管韩非不知"三宝"是对《道生一章》"负阴而抱阳"之"泰道"的概括，但其解说大致不误。

《泰道三宝章》首句"天下皆谓我大"，"我"是圣君自称，因为泰道"三宝"乃是圣君"三宝"。河上公改为"天下谓我德大"，王弼改为"天下谓我道大"，增字解经，不足为训。但是圣君遵循"泰道三宝"，正是"上德不德"，所以河上公增一"德"字，注曰："天下谓我德大，我则佯愚似不肖。"不违背《老子》初始本真义。王弼增一"道"字，把言君转为言道，违背《老子》初始本真义。唐代官方把王弼版《老子》传世本定为标准本之后，伪经文"我道大"严重误导了后人正确理解《泰道三宝章》。

32. 善为士者章（传世本第68章）

善为士者不武，善战者不怒，善胜敌者不与，善用人者为之下。

是谓不争之德，是谓用人，是谓配天，古之极也。

今译

善于为君的侯王不爱动武，善于战斗的侯王不喜动怒，善于胜敌的侯王不与敌争，善于用人的侯王谦退善下。

这叫不争之德，这叫善用人道，这叫效法天道，是古之圣君的极致境界。

演义

●《庄子》演义"用人配天"

> 尧问于许由曰:"啮缺可以配天乎? 吾藉王倪以要之。"
>
> 许由曰:"殆哉圾乎天下! 啮缺之为人也,聪明睿知,给数以敏,其性过人,而又乃以人受天。彼审乎禁过,而不知过之所由生。与之配天乎? 彼且乘人而无天,方且本身而异形,方且尊知而北驰,方且为绪使,方且为物绞,方且四顾而物应,方且应众宜,方且与物化而未始有恒。夫何足以配天乎? 虽然,有族,有祖,可以为众父,而不可以为众父父。治,乱之率也,北面之祸也,南面之贼也。"

(《庄子·天地》)

啮缺被庄学四境定位于"小知",相当于《老子》"侯王四境"第三境"上义为之而有以为"的下德之君,所以《庄子·天地》斥之为"北面之祸也,南面之贼也"。庄子及其弟子,深知《老子》初始本的宗旨是"君人南面之术"。

尧问许由"啮缺可以配天乎?"意为:啮缺治理邦国的"人之道",能否匹配"天之道"?

许由否定之。因为啮缺治理邦国的"人之道",并非"以人合天"的"泰道",而是"以人受天"、"乘人无天"的"否术"。

《老子》初始本第32《善为士者章》"是谓用人,是谓配天","用人配天"宜连读,意为"以人配天",亦即"以人合天",所以《庄子·天地》批评啮缺"乘人无天",义同"以人灭天"。参看《庄子·秋水》:"无以人灭天,无以故灭命,无以德殉名。谨守而勿失,是谓返其真。"

《庄子·天地》所言"可以为众父,而不可以为众父父",演义《老子》初始本第62《唯道是从章》"众父",详见该章。

33.用兵有言章（传世本第69章）

用兵有言曰："吾不敢为主而为客，不敢进寸而退尺。"是谓行无行，攘无臂，执无兵，扔无敌。

祸莫大于无敌，无敌近亡吾宝矣。故抗兵相若，则哀者胜矣。

今译

兵家有言曰："我不敢主动进攻而愿被动应战，不敢前进一寸而愿后退一尺。"这叫以行军致无行军，以战争致无战争，以执兵致无执兵，以御敌致无敌国。

祸患莫大于天下无敌，天下无敌近于丧亡泰道三宝。所以两国对抗兵力相当，侯王慈爱一方必胜。

演义

●《吕览》演义"抗兵相若，则哀者胜矣"

昔赵宣孟将上之绛，见骫桑之下，有饿人卧不能起者，宣孟止车，为之下食，蠲而餔之，再咽而后能视。

宣孟问之曰："女何为而饿若是？"

对曰："臣宦于绛，归而粮绝，羞行乞而憎自取，故至于此。"

宣孟与脯一朐，拜受而弗敢食也。

问其故，对曰："臣有老母，将以遗之。"

宣孟曰："斯食之，吾更与女。"

乃复赐之脯二束，与钱百，而遂去之。

处二年，晋灵公欲杀宣孟，伏士于房中以待之，因发酒于宣孟。

宣孟知之，中饮而出。

灵公令房中之士疾追而杀之。

一人追疾，先及宣孟之面曰："嘻！君舆！吾请为君反死。"

宣孟曰："而名为谁？"

反走对曰："何以名为？臣骫桑下之饿人也。"

还斗而死，宣孟遂活。

此《书》之所谓"德几无小"者也。宣孟德一士，犹活其身，而况德万人乎？故《诗》曰："赳赳武夫，公侯干城。""济济多士，文王以宁。"人主胡可以不务哀士？

（《吕览·报更》）

《老子》初始本第33《用兵有言章》，承于第31《泰道三宝章》，展开"泰道三宝"第一义"慈"，以及"夫慈，以战则胜"。所以"抗兵相若，则哀者胜矣"之"哀"，训慈，即慈爱，指侯王爱护士兵、国民的生命。

《吕览·报更》以赵盾（宣孟）的故事，演义"抗兵相若，则哀者胜矣"，非常准确。结语"人主胡可以不务哀士"，既是点题，又准确阐释了"抗兵相若，则哀者胜矣"之"哀"，训慈爱，专指侯王爱护士兵、国民的生命。

"宣孟德一士，犹活其身，而况德万人乎？"赵盾仅是晋卿，并非侯王，德一士而活身。侯王慈爱民众，德万人而国治。

后世所谓"哀兵必胜"，释"哀兵"为悲哀之兵，不合《老子》初始本真义。悲哀之兵不是常胜之兵，慈悲之兵才是常胜之兵。

六

知其不知二章（34—35）：
闻道宜行，自知不知

34.吾言易知章（传世本第70章）

吾言甚易知，甚易行。而人莫之能知，莫之能行。

言有宗，事有君。夫唯无知，是以不我知。知我者希，则我
贵矣，是以圣人被褐而怀玉。

今译

吾言甚易知晓，甚易践行。然而俗君无人知晓，无人践行。

言语有其宗旨，政事有其君长。只有无知的君长，才会不知吾言宗旨。
知晓吾言宗旨的君长稀少，说明吾言珍贵，所以圣君身披粗衣而怀揣宝玉。

演义

● 《淮南子》演义"言有宗，事有君"

　　白公问于孔子曰："人可以微言？"

　　孔子不应。

白公曰："若以石投水中，何如？"

曰："吴、越之善没者，能取之矣。"

曰："若以水投水，何如？"

孔子曰："菑、渑之水合，易牙尝而知之。"

白公曰："然则人固不可与微言乎？"

孔子曰："何谓不可？唯知言之谓者乎！夫知言之谓者，不以言言也。争鱼者濡，逐兽者趋，非乐之也。故至言去言，至为无为。夫浅知之所争者，末矣！"

白公不得也，故死于浴室。

故《老子》曰"言有宗，事有君。夫唯无知，是以不吾知"也，白公之谓也。

（《淮南子·道应训》二）

白公胜（？—前479），楚平王之孙，芈姓，熊氏，名胜，太子建之子。太子建遭到陷害，出奔郑国被杀，其子熊胜出奔吴国。楚惠王二年（前487），令尹子西召熊胜归楚，封于白县（今河南息县东），史称白公胜。叶公子高（前550—前470）谏阻令尹子西封熊胜，子西不听。楚惠王十年（前479），白公胜作乱入郢，杀令尹子西，劫走楚惠王。楚惠王十一年（前478），叶公子高勤王入郢，击败白公胜，救出楚惠王。白公胜兵败，自缢于浴室。史称"白公之乱"，参看《左传·哀公十六年》、《史记·楚世家》。

孔子周游列国十四年（前497—前484），六十三岁时（楚昭王二十七年，前489）游楚，到过叶公封地叶县。《论语·子路》有孔、叶对话二条，《庄子·人间世》有孔、叶寓言一则。

史籍未载孔子见过白公，此事当属寓言，很有可能出自刘安版《庄子》大全本之郭象所删十九篇外杂篇，故被刘安《淮南子·道应训》录入，其证有四。

其一，故事主体部分，孔子、白公言水，孔子所言"吴、越之善没者，能取之矣"，白公所言"若以水投水，何如"，仿拟魏牟版《庄子》初始本《外篇·达生》之孔子、颜回言水：

颜回问于仲尼曰："回尝济乎觞深之渊，津人操舟若神。吾问焉，曰：'操舟可学邪？'曰：'可。能游者，可教也。善游者，数习而后能也。若乃夫没人，则未尝见舟而便操之也。'吾问焉而不吾告，敢问何谓也？"

仲尼曰："能游者之可教也，轻水故也。善游者之数能也，忘水故也。若乃夫没人之未尝见舟而便操之也，彼视渊若陵，视舟之覆犹其车却也。覆却万物方陈乎前，而不得入其舍，恶往而不暇？以瓦注者巧，以钩注者惮，以黄金注者昏。其巧一也，而有所矜，则重外也。凡外重者，内拙。"

其二，故事最后，孔子总结："故至言去言，至为无为。夫浅知之所争者，末矣！"仿拟魏牟版《庄子》初始本之《外篇·知北游》："至言去言，至为去为。齐知之所知，则浅矣。"

其三，刘安《淮南子·道应训》多以刘安版《庄子》大全本之寓言演义《老子》初始本。所以刘安在《淮南子·要略训》中，自己概括了《道应训》的宗旨："《道应》者，揽掇遂事之踪，追观往古之迹，察祸福利害之反，考验乎老庄之术，而以合得失之势者也。"这是汉语史首见的"老庄"并提。司马迁正是受到刘安首创的"老庄"启发，所以《老子韩非列传》把庄子传附于老子传之后。

其四，旧多认为"《庄子》为《老子》注疏"，原因之一正是刘安《淮南子·道应训》多以刘安版《庄子》大全本之寓言演义《老子》初始本，"考验乎老庄之术，而以合得失之势者也"。

西晋郭象删去刘安版《庄子》大全本五十二篇之十九篇外杂篇，变成郭象版《庄子》删残本三十三篇之后，"《庄子》为《老子》注疏"之证据大为减少，遂有"庄子不宗老子而宗孔子"、"庄子不是道家而是儒家"之类无稽之谈。比如唐代韩愈《送王秀才序》曰："盖子夏之学，其后有田子方，子方之后，流而为庄周，故周之书喜称子方之为人。"明末王夫之《庄子解》曰："庄子自立一宗，而与老子有异焉。"今人郭沫若《十批判书》曰："庄子本颜氏（颜回）之儒。"

经过汉后两千年的系统整容，真《老子》之真老学遂被儒化为伪《老子》之伪老学，真《庄子》之真庄学遂被儒化为伪《庄子》之伪庄学。

刘安《淮南子·道应训》以出于刘安版《庄子》大全本的这一寓言，演义《老子》初始本第34《吾言易知章》"言有宗，事有君。夫唯无知，是以不我知"，正是彰明《庄子》宗于《老子》。

35.知不知章（传世本第71章）

知不知，上矣。不知不知，病矣。
是以圣人之不病，以其病病也，是以不病。

今译

圣君深知自己不知恒道，这是至上之知。俗君不知自己不知恒道，这是至大之病。

因此圣君不病，是因为视病为病，所以不病。

演义

● **《庄子》演义"知不知，上矣。不知不知，病矣"**

啮缺问乎王倪曰："子知物之所同是乎？"

曰："吾恶乎知之？"

"子知子之所不知邪？"

曰："吾恶乎知之？"

"然则物无知邪？"

曰："吾恶乎知之？虽然，尝试言之。庸讵知吾所谓知之非不知邪？庸讵知吾所谓不知之非知邪？且吾尝试问乎汝：民湿寝，则腰疾偏死，鳅然乎哉？木处，则惴慄恂惧，猿猴然乎哉？三者孰知正处？民食刍豢，麋鹿食荐，蝍蛆甘带，鸱鸦嗜鼠。四者孰知正味？猿，猵狙以为雌，麋与鹿交，鳅与鱼游；毛嫱西施，人之所美也，鱼见之深入，鸟见之高飞，麋鹿见之决骤。四者孰知天下之正色哉？自'我'观之，仁义之端，是非之途，樊然淆乱。吾恶能知其变？"

啮缺曰："子不知利害，则至人固不知利害乎？"

王倪曰："至人神矣！大泽焚而不能热，河汉沍而不能寒，疾雷破山而不能伤，飘风振海而不能惊。若然者，乘云气，骑日月，而游乎四海之外。死生无变于己，而况利害之端乎？"

（《庄子·齐物论》）

啮缺问于王倪，四问而四不知。啮缺因跃而大喜，行以告蒲衣子。

蒲衣子曰："尔乃今知之乎？有虞氏不及泰氏。有虞氏，其犹藏仁以要人，亦得人矣，而未始出于非人。泰氏，其卧徐徐，其觉盱盱；一以己为马，一以己为牛；其知情信，其德甚真，而未始入于非人。"

（《庄子·大宗师》）

王倪之"王"，即《庄子·天地》所言"王德之人"。王倪之"倪"，即《庄子·齐物论》所言"和之以天倪"。

王倪尽知天人端倪，《庄子·大宗师》谓之"知天之所为，知人之所为者，至矣"，是抵达庄学至境"自知无知"的至知至人。所以《庄子·齐物论》啮缺三问，王倪均答以"吾恶乎知之？"演义《老子》初始本第35《知不知章》"知不知，上矣"。随后王倪又以无"正处"、无"正味"、无"正色"三喻，演义《老子》初始本《知不知章》"不知不知，病矣"。至人尽管所知甚多，但是自知无知而不自居全知，此即"知不知，上矣"；大知小知尽管所知甚少，但是不自知无知而自居全知，此即"不知不知，病矣"。

王倪以此告诫啮缺：假如泥鳅告诉你湿地是天下"正处"，假如猫头鹰告诉你老鼠是天下"正味"，假如某人告诉你西施是天下"正色"，千万不要上当，因为他们把局部的相对知识拔高为普遍的绝对知识。

《庄子·齐物论》的啮缺问王倪寓言，啮缺明明仅有三问，《庄子·大宗师》的啮缺问王倪续集，为何却说"啮缺问于王倪，四问而四不知"？因为啮缺三问，王倪答以"吾恶乎知之"，是演义《老子》"知不知，上矣"。随后啮缺虽未再问，王倪又以无"正处"、无"正味"、无"正色"三喻，演义《老子》"不知不知，病矣"。合之则为"四问而四不知"。

随后《庄子·大宗师》以"有虞氏不及泰氏"落实于历史人物，泰氏是"知不知，上矣"之例，有虞氏是"不知不知，病矣"之例。

由此可知，《庄子·齐物论》的啮缺问王倪寓言，乃是演义《老子》初始本第35《知不知章》之原理；《庄子·大宗师》的啮缺问王倪续集，是把《老子》初始本第35《知不知章》之原理落实于历史人物。《庄子》为《老子》做注疏，既使抽象原理变得生动形象，又把普遍原理应用于历史情境。

庄子深知《知不知章》是《老子》初始本的根本义理章，所以一方面以《齐物论》、《大宗师》的啮缺问王倪演义《知不知章》，成为庄子亲撰的内七篇之特例；另一方面又把《知不知章》的《老子》根本义理，发展为庄学四境：无知—小知—大知—至知/无知。

●《吕览》演义"知不知，上矣。不知不知，病矣"

> 昔者禹一沐而三捉发，一食而三起，以礼有道之士，通乎己之不足也。通乎己之不足，则不与物争矣。愉易平静以待之，使夫自得之；因然而然之，使夫自言之。亡国之主反此，乃自贤而少人。少人则说者持容而不极，听者自多而不得。虽有天下，何益焉？
>
> 是乃冥之昭，乱之定，毁之成，危之宁。故殷周以亡，比干以死，悖而不足以举。故人主之性，莫过乎所疑，而过于其所不疑；不过乎所不知，而过于其所以知。故虽不疑，虽已知，必察

之以法，揆之以量，验之以数。若此则是非无所失，而举措无所过矣。夫尧恶得贤天下而试舜？舜恶得贤天下而试禹？断之于耳而已矣。耳之可以断也，反性命之情也。今夫惑者，非知反性命之情，其次非知观于五帝三王之所以成也，则奚自知其世之不可也？奚自知其身之不逮也？太上知之，其次知其不知。不知则问，不能则学。《周箴》曰："夫自念斯学，德未暮。"学贤问，三代之所以昌也。不知而自以为知，百祸之宗也。

（《吕览·谨听》）

牛缺居上地，大儒也。下之邯郸，遇盗于耦沙之中。盗求其橐中之载，则与之；求其车马，则与之；求其衣被，则与之。牛缺步而去，盗相谓曰："此天下之显人也，今辱之如此，此必诉我于万乘之主，万乘之主必以国诛我，我必不生。不若相与追而杀之，以灭其迹。"于是相与趋之，行三十里，及而杀之。此以知故也。

孟贲过于河，先其伍，船人怒而以楫敲其头，顾不知其孟贲也。中河，孟贲瞋目而视船人，发植，目裂，鬓指，舟中之人尽扬播入于河。使船人知其孟贲，弗敢直视，涉无先者，又况于辱之乎？此以不知故也。

知与不知，皆不足恃，其惟和调近之。犹未可必，盖有不辨和调者，则和调有不免也。

（《吕览·必己》）

戎人见暴布者而问之曰："何以为之莽莽也？"指麻而示之。怒曰："孰之壤壤也，可以为之莽莽也！"故亡国非无智士也，非无贤者也，其主无由接故也。无由接之患，自以为智，智必不接。今不接而自以为智，悖。若此则国无以存矣，主无以安矣。智无以接，而自知弗智，则不闻亡国，不闻危君。

（《吕览·知接》）

《吕览》作为战国黄老学派第二部经典，同样深知《知不知章》是《老子》初始本的根本义理章，所以多篇反复演义。

《吕览·谨听》曰："亡国之主反此，乃自贤而少人。"又曰："不知而自以为知，百祸之宗也。"《吕览·必己》曰："知与不知，皆不足恃。"《吕览·知接》曰："自以为智，智必不接。……自知弗智，则不闻亡国，不闻危君。"都是演义《老子》初始本第35《知不知章》"知不知，上矣。不知不知，病矣"。

● 《淮南子》演义 "知不知，上矣。不知不知，病矣"

秦穆公兴师，将以袭郑。

蹇叔曰："不可。臣闻袭国者，以车不过百里，以人不过三十里。为其谋未及发泄也，甲兵未及锐弊也，粮食未及乏绝也，人民未及罢病也。皆以其气之高与其力之盛至，是以犯敌能威。今行数千里，又数绝诸侯之地以袭国，臣不知其可也。君重图之！"

穆公不听。蹇叔送师，衰绖而哭之。师遂行，过周而东。郑贾人弦高矫郑伯之命，以十二牛劳秦师而宾之。

三帅乃惧而谋曰："吾行数千里以袭人，未至而人已知之，其备必先成，不可袭也。"还师而去。

当此之时，晋文公适薨，未葬。先轸言于襄公曰："昔吾先君与穆公交，天下莫不闻，诸侯莫不知。今吾君薨未葬，而不吊吾丧，而不假道，是死吾君而弱吾孤也。请击之！"

襄公许诺。先轸举兵而与秦师遇于殽，大破之，擒其三帅以归。

穆公闻之，素服庙临，以说于众。

故《老子》曰："知而不知，尚矣。不知而知，病也。"

（《淮南子·道应训》四〇）

《淮南子》作为黄老学派第三部经典，同样深知《知不知章》是《老子》初始本的根本义理章。但是《淮南子·道应训》第四十章演义的《老子》经文并非原文。前句"知而不知"，误增"而"。后句"不知而知"，"而"是"不"的讹文。《老子》传世本承此之误，删去"不知而知"之"而"，遂成不通的"不知知，病矣"。

● 《韩非子》篡改"圣人之不病，以其病病也，是以不病"

> 勾践入宦于吴，身执干戈为吴王洗马，故能杀夫差于姑苏。
>
> 文王见詈于王门，颜色不变，而武王擒纣于牧野。
>
> 故曰："守柔曰强。"
>
> (《韩非子·喻老》九)

> 越王之霸也不病宦，武王之王也不病詈。故曰："圣人之不病也，以其不病，是以无病也。"
>
> (《韩非子·喻老》十)

《韩非子·喻老》第九、第十章，用勾践忍耻、文王含诟两个故事，演义《老子》初始本第15《天下有始章》"守柔曰强"和第35《知不知章》"圣人之不病，以其病病也，是以不病"。不合《老子》初始本真义。

《老子》初始本第35《知不知章》："知不知，上矣。不知不知，病矣。圣人之不病，以其病病也，是以不病。"乃言圣君深知人类不可能尽知天道，所以自知无知，无为而治；俗君不知人类不可能尽知天道，所以自居全知，有为而治。圣君以俗君之自居全知为病，所以不病。韩非把《老子》初始本第35《知不知章》经文"以其病病"，改为"以其不病"，一字之改，颠倒了《老子》初始本真义。

李劼《中国文化冷风景》第三章《老子〈道德经〉的历史语境和思想底蕴》，一针见血指出：

> 且不说按照当时的人格标准，即便是按照中国人后来的道德观念，句践的如此忍辱负重，也是难以接受的。汪精卫还没有像

句践那样替日本人牵马洗马，在许多中国民众的心目中已经作为一个汉奸遗臭万年，更何况句践式的卑躬屈膝。以这样的手段最后致胜，其心术之阴险，让任何一个赤子之心尚存的人看了，都会感到恶心。韩非子竟然脸不红气不喘地以尽可能优雅的文字，颂赞如此下流的权谋，并且硬扯上老子的《道德经》，为之作注。就好比把权术上的不择手段，说成是释迦牟尼在《金刚经》里所说的不着相一样，韩非子把句践、文王的阴柔心术，说成是老子所推崇的"圣人不病"，以此把那两个猪头安到了大象身上。也许句践、文王确实是韩非子心目中的圣人，但绝对不是老子所说的圣人。[1]

---

[1]　李劼《中国文化冷风景》275—276页，允晨文化实业股份有限公司2013年版。

民不畏威五章（36—40）：
天道大威，侯王小威

36.民不畏威章（传世本第72章）

民不畏威，则大威将至矣。

毋狭其所居，毋厌其所生。夫唯弗厌，是以不厌。

是以圣人自知而不自见也，自爱而不自贵也。故去彼取此。

今译

民众不再畏惧侯王的刑戮小威，即为天道大威将至之时。

侯王不能让民众居处狭小，不能让民众厌恶生活。唯有民众不厌恶生活，民众才会不厌恶侯王。

因此圣君自知无知而不自居全知，自爱己德而不自贵己德。所以摈弃秋气杀物的否术，遵循春气生物的泰道。

演义

● 《淮南子》演义"去彼取此"

宓子治亶父三年，而巫马期絻衣短褐，易容貌，往观化焉。

见得鱼释之，巫马期问焉曰："凡子所为鱼者，欲得也。今得而释之，何也？"

渔者对曰："宓子不欲人取小鱼也。所得者小鱼，是以释之。"

巫马期归以报孔子曰："宓子之德至矣！使人闇行，若有严刑在其侧者。宓子何以至于此？"

孔子曰："丘尝问之以治，言曰：'诚于此者，刑于彼。'宓子必行此术也。"

故《老子》曰："去彼取此。"

（《淮南子·道应训》四三）

《淮南子·道应训》第四十三章，以孔子弟子宓子贱治亶父故事，演义《老子》初始本"去彼取此"。"去彼取此"三见于《老子》初始本，即第1《上德不德章》，第36《民不畏威章》，第55《五色目盲章》。由于"若有严刑在其侧者"，对应《老子》初始本第36《民不畏威章》的"民不畏威"，所以这一故事是演义第36《民不畏威章》。

宓子贱治理亶父，三年有成。于是孔子派遣弟子巫马期前去微服考察，"往观化焉"。"观化"是《庄子》首创的名相，见于魏牟版《庄子》初始本和刘安版《庄子》大全本的《外篇·至乐》："吾与子观化，而化及我。"撰写《淮南子·道应训》的刘安门客，必知"观化"是《庄子》首创的名相，必知《庄子》本义是"观察自然物化"（言万物个体），"观察自然造化"（言万物总体），但是刘安门客故意误用，转义为"观察人文教化"。这一关键转向，与《老子》传世本把《老子》初始本的两处"自为"篡改为"自化"具有相关性：《老子》初始本的"民自为"，本义是民众按照自然天道"循德自为"；《老子》传世本篡改为"民自化"，转义为民众按照名教人道"自我教化"。

故事中孔子转述的宓子贱之言"诚于此者，刑于彼"，对应《论语·尧曰》："不教而杀，谓之虐。"孔子反对"不教而诛"，主张"教而后诛"。《荀子·富国》亦言："不教而诛，则刑繁而邪不胜；教而不诛，则奸民不惩。"

《淮南子·道应训》以此故事，演义《老子》初始本第36《民不畏威章》"去彼取此"，意为去彼"不教而诛"，取此"教而后诛"；有教则民众"畏威"，不教则"民不畏威"。这一演义符合黄老学派宗旨，但不符合《老子》初始本真义。《老子》初始本不仅反对"有言之教"，主张"不言之教"；而且反对"教而后诛"，认为侯王无权诛杀"不善人"，因为侯王诛杀民众属于"代大匠斫"，"夫代大匠斫者，则希不伤其手矣"（第38《民不畏死章》）。

37.勇于不敢章（传世本第73章）

勇于敢者则杀，勇于不敢者则活。此两者，或利或害。

天之所恶，孰知其故？天之道，不争而善胜，不言而善应，不召而自来，默然而善谋。天网恢恢，疏而不失。

今译

敢于加威于民的俗君必遭天降大威而死，不敢加威于民的圣君可免天降大威而活。这两类侯王，俗君认为加威于民于己有利，圣君认为加威于民于己有害。

天道厌恶侯王加威于民，谁能知晓原因？因为天之道，不与物争而善胜万物，不欲倡言而善于回应，不须召唤而自动降临，静默无声而善于谋划。天道之网恢宏疏朗，然而永不失手。

演义

●《淮南子》演义"勇于不敢者则活"

惠盂见宋康王。

宋王蹀足謦欬疾言曰："寡人所说者，勇有力也，不说为仁义者也。客将何以教寡人？"

惠孟对曰："臣有道于此，人虽勇，刺之不入；虽有力，击之不中。大王独无意邪？"

宋王曰："善！此寡人之所欲闻也。"

惠孟曰："夫刺之而不入，击之而不中，此犹辱也。臣有道于此，使人虽有勇弗敢刺，虽有力不敢击。夫不敢刺，不敢击，非无其意也。臣有道于此，使人本无其意也。夫无其意，未有爱利之心也。臣有道于此，使天下丈夫女子莫不欢然皆欲爱利之心。此其贤于勇有力也，四累之上也。大王独无意邪？"

宋王曰："此寡人所欲得也。"

惠孟对曰："孔、墨是已。孔丘、墨翟，无地而为君，无官而为长，天下丈夫女子莫不延颈举踵而愿安利之者。今大王，万乘之主也。诚有其志，则四境之内皆得其利矣。此贤于孔、墨也远矣！"

宋王无以应。

惠孟出，宋王谓左右曰："辩矣，客夫代大匠之以说服寡人也。"

故《老子》曰："勇于不敢则活。"由此观之，大勇反为不勇耳。

（《淮南子・道应训》九）

　　《淮南子・道应训》第九章的惠孟见宋康王，抄自《吕览・顺说》的惠盎见宋康王，"孟"是"盎"的讹文。演义《老子》初始本第37《勇于不敢章》"勇于不敢者则活"，非常准确，深明《老子》初始本的宗旨是"君人南面之术"，深明《老子》初始本的每章每句每字都是教诲侯王，而非教诲民众。《老子》初始本反对侯王加威于民，反对侯王诛杀民众，因为侯王"勇于敢者则杀，勇于不敢者则活"。

　　刘向以后的《老子》传世本注家，多将二句错误阐释为普通人敢于触犯王法就会被侯王诛杀，不敢触犯王法就不会被侯王诛杀；即把《老子》初始本的宗旨"扬泰抑否"，反转为《老子》传世本的宗旨"扬否抑泰"，颠倒了《老子》初始本真义。

38.民不畏死章（传世本第74章）

　　若民恒且不畏死，奈何以杀惧之也？若使民恒且畏死，而为奇者吾得而杀之，夫孰敢矣？

　　若民恒且必畏死，则恒有司杀者。夫代司杀者杀，是代大匠斫也。夫代大匠斫者，则希不伤其手矣。

今译

　　倘若民众恒常厌恶生活而不怕死，侯王怎能以刑杀使之恐惧？倘若侯王让民众恒常安居乐业而怕死，而且诛杀奉行否术的官吏，那么谁敢奉行否术刑杀民众逼民反叛？

　　倘若民众恒常安居乐业而普遍怕死，那么自有天道恒常司杀万物。所以侯王僭代天道刑杀万物，如同拙工僭代大匠斫木。拙工僭代大匠斫木，鲜有不伤其手者。

演义

●《子华子》演义"民恒且不畏死""民恒且畏死"

　　子华子曰："全生为上，亏生次之，死次之，迫生为下。"

　　故所谓尊生者，全生之谓。所谓全生者，六欲皆得其宜也。

　　所谓亏生者，六欲分得其宜也。亏生则于其尊之者薄矣，其亏弥甚者也，其尊弥薄。

　　所谓死者，无有所以知，复其未生也。

　　所谓迫生者，六欲莫得其宜也，皆获其所甚恶者。服是也，辱是也。

辱莫大于不义，故不义，迫生也。而迫生非独不义也，故曰迫生不若死。奚以知其然也？耳闻所恶，不若无闻；目见所恶，不若无见。故雷则掩耳，电则掩目，此其比也。凡六欲者，皆知其所甚恶，而必不得免，不若无有所以知。无有所以知者，死之谓也，故迫生不若死。嗜肉者，非腐鼠之谓也；嗜酒者，非败酒之谓也；尊生者，非迫生之谓也。

（《吕览·贵生》）

子华子是杨朱弟子，杨朱承于《老子》初始本的"扬泰抑否"宗旨，但是"扬泰抑否"过于激进，诸书均不敢引，其书《杨子》全亡，仅传片言只句。子华子承于杨朱，"扬泰抑否"仍很激进，其书《子华子》全亡，幸得《吕览·贵生》引用，留此人生四境金句："全生为上，亏生次之，死次之，迫生为下。"

《子华子》"人生四境"，点破《老子》初始本第38《民不畏死章》"民恒且不畏死"、"民恒且畏死"的原因：

民众乐其所生，即为"全生"。民众所乐不足，即为"亏生"。"全生"、"亏生"高于"死"，所以全生之民乐其所生，亏生之民虽有所亏，仍然生有可恋，故"民恒且畏死"。

民众"厌其所生"，即为"迫生"。"迫生"低于"死"，所以迫生之民已经生无可恋，"恒且不畏死"。

假如侯王不能让民众"毋狭其所居，毋厌其所生"（第36《民不畏威章》），导致大多数"善人"亏生，少数"不善人"迫生，民众就会生无可恋而"恒且不畏死"，侯王"以杀惧之"的逞威就会失效。

假如侯王能让民众"毋狭其所居，毋厌其所生"，导致大多数"善人"全生，少数"不善人"亏生，民众就会生有可恋而"恒且必畏死"，侯王"以杀惧之"的逞威就会有效。

即使民众生有可恋而"恒且必畏死"，侯王"以杀惧之"的逞威有效，除了对极少数"为奇者吾得而杀之"，侯王对违背"仁义礼"的"不善人"仍宜遵循"泰道三宝"而慈爱宽恕，不能肆意诛杀，亦即放弃人君小"威"，付诸天道"大威"，因为"天网恢恢，疏而不失"（第37《勇于不敢章》）。

●《淮南子》演义"夫代大匠斫者，则希不伤其手"

> 昔尧之佐九人，舜之佐七人，武王之佐五人。尧、舜、武王于九七五者，不能一事焉，然而垂拱受成功者，善乘人之资也。
>
> 故人与骥逐走，则不胜骥；托于车上，则骥不能胜人。北方有兽，其名曰蹶，鼠前而兔后，趋则顿，走则颠，常为蛩蛩驱驉取甘草以与之。蹶有患害，蛩蛩驱驉必负而走。此以其能，托其所不能。
>
> 故《老子》曰："夫代大匠斫者，希不伤其手。"
>
> （《淮南子·道应训》十）

黄老学派的基本主张是"侯王无为，臣佐有为"，比如刘安版《庄子》大全本新增外篇《天道》曰："上无为也，下亦无为也，是下与上同德，下与上同德则不臣；下有为也，上亦有为也，是上与下同道，上与下同道则不主。上必无为而用天下，下必有为为天下用，此不易之道也。"

《淮南子·道应训》第十章第一节，以"尧之佐九人，舜之佐七人，武王之佐五人"为例，说明"垂拱受成功者，善乘人之资也"。"善乘人之资"，化用《老子》初始本第68《善行无迹章》："故善人，善人之师也；不善人，善人之资也。"

第二节"人与骥逐走"等语，化用《吕览·审分》："人与骥俱走，则人不胜骥矣；居于车上而任骥，则骥不胜人矣。人主好治人官之事，则是与骥俱走也，必多所不及矣。夫人主亦有居车，无去车，则众善皆尽力竭能矣，谄谀诐贼巧佞之人无所窜其奸矣，坚穷廉直忠敦之士毕竞劝骋骛矣。人主之车，所以乘物也。"末句"人主之车，所以乘物也"，化用《庄子·人间世》："夫乘物以游心，托不得已以养中，至矣。"启发了《淮南子·道应训》"善乘人之资"。

第三节明引《老子》初始本第38《民不畏死章》"夫代大匠斫者，希不伤其手"，很不恰当。《老子》反对侯王"代大匠斫"，是反对侯王僭代天道杀人，《淮南子·道应训》转义为反对侯王代替刑官杀人。天道才配称为"大匠"，刑官岂配称为"大匠"？天道借助于官逼民反的"民恒且不畏死"和"民弥叛"，才有可能对嗜杀的侯王行使"大威"而"伤其手"，刑官怎么可能对嗜杀的侯王行使"大威"而"伤其手"？

39.民饥轻死章（传世本第75章）

民之饥也，以其上取食税之多也，是以饥。
百姓之不治者，以其上之有以为也，是以不治。
民之轻死者，以其求生之厚也，是以轻死。
夫唯无以生为者，是贤于贵生也。

今译

民众之所以饥饿，是因为居于上位的侯王征税太多，所以才会饥饿。
民众之所以不治，是因为居于上位的侯王有为妄作，所以才会不治。
民众之所以轻死反叛，是因为求生的欲望深厚，所以才会轻死反叛。
民众唯因生不如死，才会认为轻死反叛胜于怕死忍受。

演义

● 《庄子》《郁离子》演义"民之饥也，以其上取食税之多也"

狙公赋芧，曰："朝三而暮四！"
众狙皆怒。
曰："然则朝四而暮三？"

众狙皆悦。

名实未亏，而喜怒为用，亦因是因非也。是以圣人和之以是非，而休乎天均。是之谓两行。

（《庄子·齐物论》）

楚有养狙以为生者，楚人谓之狙公，旦日必部分众狙于庭，使老狙率以之山中求草木之实，赋什一以自奉。或不给，则加鞭箠焉。群狙皆畏苦之，弗敢违也。

一日有小狙谓众狙曰："山之果，公所树欤？"

曰："否也，天生也。"

曰："非公不得而取欤？"

曰："否也，皆得而取也。"

曰："然则吾何假于彼而为之役乎？"

言未既，众狙皆悟。

其夕相与伺狙公之寝，破栅毁柙，取其积，相携而入于林中，不复归。

狙公卒馁而死。

（刘基《郁离子》）

《庄子·齐物论》"狙公赋芧"之"赋"，即"赋税"。庄子以此演义《老子》初始本第39《民饥轻死章》"民之饥也，以其上取食税之多也"。但是文字太简，又被西晋郭象篡改反注，所以长期无人明白《庄子》"朝三暮四"寓言是演义《老子》此义，成语"朝三暮四"转义为形容男子见异思迁。

明代刘基《郁离子》窥破《庄子》"朝三暮四"寓言之真义，于是重写寓言，挑明《庄子》"狙公赋芧"之"赋"，乃是侯王"赋什一以自奉"，又点破《庄子》"狙公"是《老子》"侯（猴）王"的变文，于是如同安徒生童话《皇帝的新衣》中说真话的小孩，一只小狙道破了真相，众狙奋起反抗，挣脱了狙公的魔爪。狙公饿死了。

●《吕览》演义"民之饥也，以其上取食税之多也"

卫嗣君欲重税以聚粟，民弗安，以告薄疑曰："民甚愚矣。夫聚粟也，将以为民也。其自藏之与在于上，奚择？"

薄疑曰："不然。其在于民而君弗知，其不如在上也；其在于上而民弗知，其不如在民也。"

凡听，必反诸己，审则令无不听矣。国久则固，固则难亡。今虞、夏、殷、周无存者，皆不知反诸己也。

（《吕览·审应》）

《吕览·审应》以薄疑教导卫嗣君的故事，演义《老子》初始本第39《民饥轻死章》"民之饥也，以其上取食税之多也"。认为财富应该藏之于民，不该藏之于君。批评"虞、夏、殷、周无存者，皆不知反诸己也"，即所有朝代的灭亡，都是因为侯王"赋什一以自奉"（刘基《郁离子》）。这正是《老子》初始本的根本宗旨，所以老子传人杨朱激烈反对"悉天下奉一身"（《列子·杨朱》），黄老经典《吕览·贵公》也明确主张："天下非一人之天下也，天下之天下也。"

●《淮南子》演义"夫唯无以生为者，是贤于贵生"

昔孙叔敖三得令尹无喜志，三去令尹无忧色。延陵季子，吴人愿一以为王而不肯。许由，让天下而弗受。晏子与崔杼盟，临死地不变其仪。此皆有所远通也。精神通于死生，则物孰能惑之？

荆有伙非，得宝剑于干遂。还反度江，至于中流，阳侯之波，两蛟挟绕其船。伙非谓枻船者曰："尝有如此而得活者乎？"对曰："未尝见也。"于是伙非瞋目勃然，攘臂拔剑曰："武士可以仁义之礼说也，不可劫而夺也。此江中之腐肉朽骨，弃剑而已，余有奚爱焉！"赴江刺蛟，遂断其头，船中人尽活，风波毕除，荆爵为执圭。孔子闻之曰："夫善载腐肉朽骨弃剑者，伏非之谓乎？"

故《老子》曰："夫唯无以生为者，是贤于贵生焉。"

（《淮南子·道应训》四九）

楚人伏非，乘船渡江，两条蛟龙（扬子鳄）挟绕其船，遂问船夫，碰到这种情况，有没有人能活下来，船夫说没有。伏非不再抱侥幸心理，跳入江中杀死两条蛟龙，楚王拜为执圭重臣，得到孔子赞扬。

《淮南子·道应训》第四十九章，抄自《吕览·知分》，演义《老子》初始本第39《民饥轻死章》："夫唯无以生为者，是贤于贵生也。"阐释正确，以此隐喻侯王不能让民众"无以生为"即生无可恋，否则就会官逼民反，导致"民恒且不畏死"而"民弥叛"。然而汉后《老子》传世本的历代注家，谁敢正确阐释而触怒君王？

宋人陈象古注曰："无以生为，道之妙也。"侯王把民众逼到生无可恋的绝境，居然是"道之妙也"。

河上公注曰："人民轻犯死者，以其求生活之道太厚，贪利以自危。以求生太厚之故，轻入死地也。夫唯独无以生为务者，爵禄不干于意，财利不入于身，天子不得臣，诸侯不得使，则贤贵生也。"王弼注曰："言民之所以僻，治之所以乱，皆由上，不由下。民从上也。"

两千年反注传统，形成了巨大惯性，导致今人的解释仍不靠谱。比如任继愈《老子新译》译为："不看重生命的人，比过分看重生命的人高明。"陈鼓应《老子注译及评介》译为："只有清静恬淡的人，才胜于奉养奢厚的人。"高明《帛书老子校注》释为："保持清静恬淡之生活，胜过于富贵豪华的厚生。"[1]

根据这些汉后反注，读者怎么可能理解《老子》真义？若以这些汉后反注为《老子》真义，那么《吕览·知分》和《淮南子·道应训》对《老子》初始本的阐释又怎么可能被视为《老子》真义？假如《民饥轻死章》末句

---

[1] 任继愈《老子新译》223页，上海古籍出版社1985年版。陈鼓应《老子注译及评介》340页，中华书局1984年版。高明《帛书老子校注》196页，中华书局1996年版。

"夫唯无以生为者，是贤于贵生也"的真义，是规劝民众清静恬淡，不要追求富贵豪华，那么与《民饥轻死章》章首的"民之饥也，以其上取食税之多也，是以饥。百姓之不治者，以其上之有以为也，是以不治"，有何逻辑关系？持旧说者必曰：《老子》是出关之时应关尹所请而即兴乱写的格言警句，哪有什么上句与下句的逻辑关系？哪有什么上章与下章的逻辑关系？

反《老子》的伪《老子》，反老学的伪老学，就这样蛮不讲理地胡说了两千多年！

40.生也柔弱章 (传世本第76章)

> 人之生也柔弱，其死也坚强。草木之生也柔脆，其死也枯槁。
> 故曰：坚强者，死之徒也。柔弱者，生之徒也。
> 是以兵强则不胜，木强则折。故强大居下，柔弱居上。

今译

人类生存之时柔弱，死亡之后坚强。草木生存之时柔脆，死亡之后枯槁。所以说：坚强的否术，是秋气杀物之术。柔弱的泰道，是春气生物之道。因此兵力强大就会失败，树木强大就会折断。所以民众强大居于下位，侯王柔弱居于上位。

演义

● 《说苑》演义"坚强者，死之徒也。柔弱者，生之徒也"

> 常枞有疾。
> 老子往问焉，曰："先生疾甚矣，无遗教可以语诸弟子者乎？"
> 常枞张其口，而示老子曰："吾舌存乎？"

老子曰："然。"

"吾齿存乎?"

老子曰："亡。"

常枞曰："子知之乎?"

老子曰："夫舌之存也，岂非以其柔耶？齿之亡也，岂非以其刚耶?"

常枞曰："嘻！是矣。天下之事已尽矣，无以复语子哉!"

（《说苑·敬慎》，又见《淮南子·缪称训》、

《慎子·外篇》、《高士传》）

常枞是春秋中晚期宋国人，宋国是商朝遗邦，所以宋又称商，常枞又称商容。《文子·上德》："舌之与齿，孰先弊焉?"亦言常枞舌教。

陈人老子，师从宋人常枞，得传商代《归藏》的伏羲泰道，得传"舌柔而存，齿刚而亡"的舌教，于是"柔/刚"成为《老子》初始本的第一对词，"柔弱"成为《老子》初始本的第一关键词。详见下表——

章序章名	经文
3 反者道动章	反者道之动，弱者道之用。
6 天下至柔章	天下之至柔，驰骋于天下之至坚。
15 天下有始章	守柔曰强。
18 含德之厚章	骨弱筋柔而握固，未知牝牡之合而朘怒，精之至也。
40 生也柔弱章	人之生也柔弱，其死也坚强。草木之生也柔脆，其死也枯槁。故曰：坚强者，死之徒也。柔弱者，生之徒也。是以兵强则不胜，木强则折。故强大居下，柔弱居上。
42 柔之胜刚章	天下莫柔弱于水，而攻坚强者莫之能先也，以其无以易之也。柔之胜刚，弱之胜强，天下莫不知，莫能行。
53 抱一爱民章	抟气致柔，能婴儿乎?
76 柔弱胜刚强章	柔弱胜刚强。

●《列子》演义"兵强则不胜，木强则折""坚强者，死之徒也。柔弱者，生之徒也"

> 天下有常胜之道，有不常胜之道。常胜之道曰柔，常不胜之道曰强。二者亦知，而人未之知。故上古之言：强，先不己若者；柔，先出于己者。先不己若者，至于若己，则殆矣。先出于己者，亡所殆矣。以此胜一身若徒，以此任天下若徒，谓不胜而自胜，不任而自任也。
>
> 鬻子曰："欲刚，必以柔守之；欲强，必以弱保之。积于柔必刚，积于弱必强。观其所积，以知祸福之乡。强胜不若己，至于若己者刚；柔胜出于己者，其力不可量。"
>
> 老聃曰："兵强则灭，木强则折。柔弱者生之徒，坚强者死之徒。"
>
> （《列子·黄帝》）

这是《列子》中少见的明引《老子》之例。所引"木强则折"，证明《老子》传世本的"木强则拱"或"木强则共"，其"拱"其"共"均为讹字，正字是"折"。

《列子·黄帝》以此演义"黄老之学"，认为泰道之"柔"是"常胜之道"，否术之"强"是"不常胜之道"。用否术之"强"者，其强对于不若己者固然是强，一旦遇到强于己者则不再强，所以用强者不能常胜。用泰道之"柔"者，其柔不是与他人比较强弱之后的策略，而是无论他人是强是弱无不守柔，所以用柔者可以常胜。

篇中所引《鬻子》，汉后亡佚。《汉书·艺文志·道家》载《鬻子》二十二篇，《汉书·艺文志·小说家》载《鬻子说》十九篇，均已亡佚。鬻子名叫鬻熊，传为商末周初人，文王、武王之师。《鬻子》是战国黄老学派托名于楚国先祖鬻熊的著作，正如《管子》是黄老学派托名于齐国贤相管仲的著作。黄老之"老"确有其人，黄老之"黄"实无其人，为使"黄老"之学成立，必须代"黄"著书。方法之一是直接托名黄帝，如《黄帝四经》、《黄帝内经》等，方法之二是托名于实有其人的管仲、鬻熊等。

《德经》结论四章（41—44）：
泰道柔弱，否术刚强

41.天道张弓章（传世本第77章）

天之道，犹张弓者也。高者抑之，下者举之。有余者损之，不足者补之。

故天之道，损有余而益不足。人之道不然，损不足而奉有余。

孰能有余而又取奉于天者？唯有道者也。

是以圣人为而不有，成功而不居也，若此其不欲见贤也。

今译

天之道，犹如张弓瞄准目标。瞄准太高必须降低，瞄准太低必须升高。升降有余必须减损升降，升降不足必须补足升降。

所以天之道，减损有余而增益不足。人之道却非如此，减损不足而进奉有余。

谁能有余而供奉天道？唯有遵循泰道的圣君。

因此圣君顺道无为而不占有，治理成功而不居功，如此不欲被人视为贤明。

演义

●《列子》演义 "人之道损不足而奉有余"

杨朱曰："伯成子高不以一毫利物，舍国而隐耕。大禹不以一身自利，一体偏枯。古之人，损一毫利天下，不与也；悉天下奉一身，不取也。人人不损一毫，人人不利天下，天下治矣。"

禽子问杨朱曰："去子体之一毛以济一世，汝为之乎？"

杨子曰："世固非一毛之所济。"

禽子曰："假济，为之乎？"

杨子弗应。

禽子出语孟孙阳。

孟孙阳曰："子不达夫子之心，吾请言之。有侵若肌肤获万金者，若为之乎？"

曰："为之。"

孟孙阳曰："有断若一节得一国，子为之乎？"

禽子默然有间。

孟孙阳曰："一毛微于肌肤，肌肤微于一节，省矣。然则积一毛以成肌肤，积肌肤以成一节。一毛固一体万分中之一物，奈何轻之乎？"

禽子曰："吾不能所以答子。然则以子之言问老聃、关尹，则子言当矣；以吾言问大禹、墨翟，则吾言当矣。"

孟孙阳因顾与其徒说他事。

（《列子·杨朱》）

《孟子·滕文公》曰："圣王不作，诸侯放恣，处士横议。杨朱、墨翟之言盈天下。天下之言，不归杨则归墨。杨氏为我，是无君也。墨氏兼爱，是无父也。无父无君，是禽兽也。"孟子攻击杨朱"为我"是无君，墨子"兼爱"是无父，乃是不择手段的丑化论敌；攻击杨墨"无父无君，是禽兽也"，则是品格卑劣的人身攻击。孟子攻击杨朱"为我",仅及杨朱之学的一面"损一毫利天下,不与也",未及杨朱之学的根本重心"悉天下奉一身,不取也",更是用心险恶的污名化,导致杨朱成了极端自私的代名词。

《列子·杨朱》此章,兼及杨朱之学的两面,就能明白杨朱之学是继承《老子》初始本第41《天道张弓章》批评人之道"损不足而奉有余"。杨朱并非出于一己之私,才主张"损一毫利天下,不与也";而是出于天下至公,反对侯王出于一己之私而要求天下万民"损一毫利天下",满足其"悉天下奉一身"之极端自私。

杨朱之学的重心,不是杨朱本人不愿意"损一毫利天下",而是杨朱反对侯王"悉天下奉一身"。孟子不取杨朱之学的重心,摘取杨朱之学的片言,违背事实、不择手段、品格卑劣、用心险恶地"攻乎异端",才是出于一己之私:为了在君王面前邀宠,自命"当今之世,舍我其谁"的帝王之师。

●《庄子》演义"人之道损不足而奉有余"

徐无鬼见武侯。

武侯曰:"先生居山林,食芋栗,厌葱韭,以摈寡人,久矣夫!今老邪?其欲干酒肉之味邪?其寡人亦有社稷之福邪?"

徐无鬼曰:"无鬼生于贫贱,未尝敢饮食君之酒肉,将来劳君也。"

君曰:"何哉?奚劳寡人?"

曰:"劳君之神与形。"

武侯曰:"何谓邪?"

徐无鬼曰:"天地之养也一,登高不可以为长,居下不可以为短。君独为万乘之主,以苦一国之民,以养耳目鼻口,夫神者不自许也。夫神者,好和而恶奸;夫奸,病也,故劳之。唯君不病之,何也?"

武侯曰:"欲见先生久矣。吾欲爱民,而为义偃兵,其可乎?"

徐无鬼曰:"不可。爱民,害民之始也;为义偃兵,造兵之本也。君自此为之，则殆不成。凡成美，恶器也。君虽为仁义，几且伪哉！形固造形，成固有伐，变固外战。君亦必无盛鹤列于丽谯之间，无行徒骥于锱坛之宫；无藏逆于德，无以巧胜人，无以谋胜人，无以战胜人。夫杀人之士民，兼人之土地，以养吾私与吾神者，其战不知孰善？胜之恶乎在？君勿若已矣，修胸中之诚，以应天地之情，而勿撄。夫民死已脱矣，君将恶乎用夫偃兵哉？"

（《庄子·徐无鬼》）

徐无鬼像杨朱一样批评侯王"悉天下奉一身"，继承了《老子》初始本第41《天道张弓章》对人之道"损不足而奉有余"的批评，所以批评侯王"杀人之士民，兼人之土地，以养吾私与吾神"，"君独为万乘之主，以苦一国之民，以养耳目鼻口"。

42.柔之胜刚章（传世本第78、79章）

天下莫柔弱于水，而攻坚强者莫之能先也，以其无以易之也。

柔之胜刚，弱之胜强，天下莫不知，莫能行。

故圣人之言云："受国之诟，是谓社稷之主；受国之不祥，是谓天下之王。"正言若反。（以上传世本第78章）

和大怨，必有余怨，安可以为善？是以圣人执左契，而不责于人。

故有德司契，无德司彻。"天道无亲，恒与善人。"（以上传世本第79章）

今译

天下柔弱之物莫过于水，然而水能击败一切坚强之物，因为无物能够改变水之柔弱。

柔之胜刚，弱之胜强，天下无人不知，然而无人遵行。

所以圣君有言曰："承受国人的诟病，才能成为社稷的宗主；承担国家的灾难，才能成为天下的君王。"正言如同反言。

圣君和解民众大怨，民众必定仍有余怨，圣君怎么可以自诩善政？因此圣君手执债权人的左契，却不苛责债务人。

所以有德圣君重视君民的契约，无德俗君重视民众的赋税。太一上帝神谕曰："天道对待万物无所亲疏，恒常保佑有德圣君。"

演义

●《淮南子》演义《柔之胜刚章》

越王句践与吴战而不胜，国破身亡，困于会稽。忿心张胆，气如涌泉，选练甲卒，赴火若灭，然而请身为臣，妻为妾，亲执戈为吴兵先马走，果擒之于干遂。

故《老子》曰："柔之胜刚也，弱之胜强也，天下莫不知，而莫之能行。"越王亲之，故霸中国。

（《淮南子·道应训》二三）

晋伐楚，三舍不止。大夫请击之。

庄王曰："先君之时，晋不伐楚，及孤之身而晋伐楚，是孤之过也。若何其辱？"

群大夫曰："先臣之时，晋不伐楚，今臣之身而晋伐楚，此臣之罪也。请王击之！"

王俛而泣涕沾襟，起而拜群大夫。

晋人闻之曰："君臣争以过为在己，且轻下其臣，不可伐也。"夜还师而归。

《老子》曰："能受国之垢，是谓社稷主。"

（《淮南子·道应训》二七）

宋景公之时，荧惑在心，公惧，召子韦而问焉，曰："荧惑在心，何也？"

子韦曰："荧惑，天罚也。心，宋分野，祸且当君。虽然，可移于宰相。"

公曰："宰相，所使治国家也，而移死焉，不祥。"

子韦曰："可移于民。"

公曰："民死，寡人谁为君乎？宁独死耳。"

子韦曰："可移于岁。"

公曰："岁，民之命。岁饥，民必死矣。为人君而欲杀其民以自活也，其谁以我为君者乎？是寡人之命固已尽矣，子韦无复言矣。"

子韦还走，北面再拜曰："敢贺君！天之处高而听卑，君有君人之言三，天必三赏君。今夕星必徙三舍，君延年二十一岁。"

公曰："子奚以知之？"

对曰："君有君人之言三，故有三赏。星必三徙舍，舍行七星，三七二十一，故君移年二十一岁。臣请伏于陛下以伺之。星不徙，臣请死之。"

公曰："可。"是夕也，星果三徙舍。

故《老子》曰："能受国之不祥，是谓天下王。"

（《淮南子·道应训》二八）

《淮南子·道应训》第二十三、二十七、二十八章，分别以吴越之战、晋楚之战、宋景公之事演义《老子》初始本第42《柔之胜刚章》，深明《老子》初始本宗旨是"君人南面之术"。第二十八章子韦对宋景公言"君有君人之言三"，直接点破"君人"二字。

43. 小国寡民章（传世本第80章）

小国寡民，使有什佰人之器而不用，使民重死而远徙。

虽有舟车，无所乘之；虽有甲兵，无所陈之。

使民复结绳而用之，甘其食，美其服，乐其俗，安其居。邻国相望，鸡狗之声相闻，民至老死不相往来。

今译

理想的邦国是小国寡民，侯王对十人百人中的成器贤人不予重用，让民众害怕死亡而远离迁徙。

侯王即使拥有舟车，也无须驾乘；侯王即使拥有甲兵，也无须陈列。

理想的邦国让民众恢复结绳记事，食物甘甜，衣服美丽，风俗怡乐，居室安全。邻国互相看见，鸡狗之声互相听见，民众老死不相往来。

演义

●《庄子》演义《小国寡民章》

子独不知至德之世乎？昔者容成氏、大庭氏、伯皇氏、中央氏、栗陆氏、骊畜氏、轩辕氏、赫胥氏、尊卢氏、祝融氏、伏牺氏、神农氏，当是时也，民结绳而用之，甘其食，美其服，乐其俗，安其居，邻国相望，鸡狗之音相闻，民至老死而不相往来。若此之时，则至治矣。今遂至使民延颈举踵曰："某所有贤者！"攫粮而趣之，则内弃其亲，而外去其主之事，足迹接乎诸侯之境，车轨结乎千里之外，则是上好知之过也。

（《庄子·胠箧》）

故至德之世，其行瑱瑱，其视瞋瞋。当是时也，山无蹊隧，泽无舟梁；万物群生，连属其乡；禽兽成群，草木遂长。是故禽兽可系羁而游，鸟鹊之巢可攀援而窥。

夫至德之世，同与禽兽居，族与万物并，恶乎知君子小人哉？同乎无知，其德不离；同乎无欲，是谓素朴；素朴而民性得矣。及至圣人，蹩躠为仁，踶跂为义，而天下始疑矣；澶漫为乐，摘辟为礼，而天下始分矣。故纯朴不残，孰为牺樽？白玉不毁，孰为珪璋？道德不废，安取仁义？情性不离，安用礼乐？五色不乱，孰为文采？五声不乱，孰应六律？夫残朴以为器，工匠之罪也；毁道德以为仁义，圣人之过也。

（《庄子·马蹄》）

至德之世，不尚贤，不使能；上如标枝，民如野鹿。端正而不知以为义，相爱而不知以为仁，实而不知以为忠，当而不知以为信，蠢动而相使，不以为赐，是故行而无迹，事而无传。

（《庄子·泰初》）

以上《庄子》三篇，演义《老子》初始本第43《小国寡民章》，虽然各有侧重，但是都把上古伏羲时代称为"至德之世"。因为道家推崇"三皇"之道，尤其推崇伏羲"泰道"，所以《庄子·大宗师》称伏羲为"泰氏"。

《庄子·胠箧》"某所有贤者"，是《老子》初始本第43《小国寡民章》"使有什佰人之器而不用"之反义，所以批评之。

"攍粮而趣之，则内弃其亲，而外去其主之事，足迹接乎诸侯之境，车轨结乎千里之外"，是《老子》初始本第43《小国寡民章》"使民重死而远徙"之反义，所以《庄子》批评之。

"则是上好知之过也"，演义《老子》初始本第29《古之为道章》"以知治国，国之贼也；不以知治国，国之德也"。

《庄子·马蹄》"恶乎知君子小人哉"，源于《庄子·大宗师》"天之小人，人之君子；天之君子，人之小人也"，也是演义《老子》初始本第43《小国寡民章》"使有什佰人之器而不用"。

《庄子·泰初》(郭象拼接于《天地》)"至德之世，不尚贤，不使能"，演义《老子》初始本"不尚贤"和"使有什佰人之器而不用"。

●《吕览》演义《小国寡民章》

> 凡冠带之国，舟车之所通，不用象、译、狄鞮，方三千里。古之王者，择天下之中而立国，择国之中而立宫，择宫之中而立庙。天下之地，方千里以为国，所以极治任也。非不能大也，其大不若小，其多不若少。众封建，非以私贤也，所以便势全威，所以博义。义博利则无敌，无敌者安。故观于上世，其封建众者，其福长，其名彰。
>
> 有知小之愈于大、少之贤于多者，则知无敌矣。
>
> (《吕览·慎势》)

《吕览·慎势》仍然遵循不明引《老子》之通例，演义《老子》初始本第43《小国寡民章》。"非不能大也，其大不若小，其多不若少。""有知小之愈于大、少之贤于多者，则知无敌矣。"都是演义"小国寡民"。"观于上世"，即观于上古"至德之世"，亦即伏羲神农之世。

●李劼评论《小国寡民章》

李劼《中国文化冷风景》第三章《老子〈道德经〉的历史语境和思想底蕴》认为：

> 或许正是老子如此的不认同周公周制，才会有孔子不甘示弱的表达：吾从周。顺便说一句，在先秦诸子当中，唯有老子和孔子的言说，其语境最为接近和相同，都是直接针对周公周制的不同表述。
>
> 老子这段话很容易被误读为老子在表达一种叫做"小国寡民"

的政治理想，或者像后来康有为"大同世界"那样的乌托邦。事实上，老子并非是在憧憬未来，而是在讲说过去。

读解老子这段话的前提，除了周公建制的历史语境，还有老子是个史官，而不是个幻想家。幻想家通常会制作乌托邦，而史官则基于历史上所发生过的史实，阐说自己的政治思想。

毋庸置疑，老子的小国寡民表述，同时又是带有理想色彩的。因为即便是小国之间，也难免发生冲突和战争。即便小国之民，也不会不乘舟舆，不会不陈甲兵，不会不相往来。老子并非不知道从始源的小国寡民演化而来的华夏历史。相反，老子是太知道这样的历史了。老子之所以将小国寡民描述得如此质朴，是因为他不愿认同周公所建的一统天下，是因为在周王朝的一统天下走向式微之际，他希望历史能够重新回到周以前那种小国林立的上古时代。倘若说，孔子复古是复周公之古，那么老子复古则是复周公之前之古。

按照王国维在《殷周制度论》里的阐述，周以前的殷商时代，乃是一个诸侯联盟的国家形态，殷商王朝并非是天下之主，而是诸侯之长。虽然老子不可能具有现代联邦国家的政治理念，但他以小国寡民与"普天之下，莫非王土"相对峙，却无意间留下了一个历史标记：早先的中国并非是中央集权的，一统天下并非是最为初始的政治传统。同时，老子又以此相当委婉地表达了他对周制的否定：即以质朴淳厚的、独立和平的小国寡民景象，反衬周公建制的自以为是，专横霸道，反衬周室走向式微时的战乱频仍，人心沦丧。此处的言外之意在于：以暴力方式攫取的一统天下，终究会因重新争霸而成为战争的祸端。这就是为什么老子把小国寡民说得那么质朴、说得那么极端的根本原因。

顺便说一下，老子的"小国寡民说"虽然带有理想色彩，却并非臆想。数千年之后，在地球另一边的美国，其自然而然地形成的小镇文化，阴差阳错地证实了老子的小国寡民。尽管美国小镇文化出现在交通发达、技术文明程度相当高的现代文明社会里，但镇与镇之间、甚至户与户之间的那种鸡犬之声相闻、老死不相往来的互相独立，互不干扰，确实颇有"甘其食，美其服，安其居，乐其俗"之质朴和宁静的景象。可见，文明的进化，最后不是非古的，而是复古的；或者说，与老子式的复古主张不谋而合的。老子的小国寡民思想由此获得另一种意义，在拒绝所谓社会进步的同时，对始源文化的文明化，保持高度的警惕。同时，老子也以此暗示，历史不是一根直线向前走的，而是越向前走，越是向原点回返的。用老子的话来说，便是"反者道之动。"历史往前走得越远，离始源的起点就越近。由此也可以看出，老子的"小国寡民"这一政治主张，实质上是基于其"反者道之动"的历史观。人们既可以用"小国寡民"去印证老子的"反者道之动"，也可以用"反者道之动"去解释老子为什么主张"小国寡民"。与其小国寡民的政治主张相对应的，是其无为而治的政治思想。[1]

44.信言不美章（传世本第81章）

信言不美，美言不信。知者不博，博者不知。善者不多，多者不善。

圣人无积，既以为人，己愈有；既以予人，己愈多。

故天之道，利而不害；人之道，为而不争。

今译

可信的进言必不华美，华美的进言必不可信。知晓尊道贵德的圣君不欲博闻仁义礼，博闻仁义礼的俗君不知尊道贵德。善于治国的圣君不欲多知仁义礼，多知仁义礼的俗君不善治国。

---

[1] 李劼《中国文化冷风景》282、285—287页，允晨文化实业股份有限公司2013年版。

圣君不事积财，越是为人谋利，自己越是富有；越是给予他人，自己越是多财。

所以天之道，利人而不害人；人之道，为人而不争斗。

演义

●《战国策》演义"既以予人，己愈多"

魏公叔痤为魏将，而与韩、赵战浍北，禽乐祚。魏王说，郊迎，以赏田百万禄之。

公叔痤反走，再拜辞曰："夫使士卒不崩，直而不倚，挠而不避者，此吴起之余教也，臣不能为也。前脉形地之险，阻决利害之备，使三军之士不迷惑者，巴宁、爨襄之力也。县赏罚于前，使民昭然信之于后者，王之明法也。见敌之可击，鼓之不敢怠倦者，臣也。王特为臣之右手不倦，赏臣何也？臣何力之有乎？"

王曰："善。"于是索吴起之后，赐之田二十万。巴宁、爨襄田各十万。

王曰："公叔岂非长者哉！既为寡人胜强敌矣，又不遗贤者之后，不掩能士之迹，公叔何可无益乎？"故又与田四十万，加之百万之上，使百四十万。

故《老子》曰："圣人无积，尽以为人，己愈有；既以与人，己愈多。"公叔当之矣。

（《战国策·魏策一》八）

卫人吴起（前440—前381）为魏文侯（前445—前396在位）大将，把魏国平民训练为武卒，此前的春秋征战仅有贵族车兵，此后的战国征战遂有平民步兵。吴起率领魏国武卒西击秦，南击楚，百战百胜，拓地河西七百里，使魏国成为战国早期的三晋（魏、韩、赵）盟主和中原霸主。

魏武侯（前395—前370在位）不信任吴起，不予拜相，致其离魏仕楚。

楚悼王拜为楚相而变法，楚国崛起于中原之南，成为魏国的最大劲敌。

魏惠王（前369—前319在位）时，魏相公叔痤战胜韩、赵，魏惠王赏田百万。公叔痤归功于吴起，又分功于巴宁、爨襄，于是魏惠王"索吴起之后，赐之田二十万。巴宁、爨襄田各十万"，又对公叔痤加赏田四十万，"使百四十万"。《战国策》以此演义《老子》初始本第44《信言不美章》"既以与人，己愈多"。

二十世纪三十年代"古史辨"时期，疑古过度，遂有《老子》晚出之说，甚至主张《老子》成书于战国晚期。反对此论的学者常举此条，认为战国中期的魏惠王已经引用《老子》，作为《老子》至少成书于战国中期的证据。其实《战国策》此条，引用《老子》的并非魏惠王，而是《战国策》此条的撰者，或编纂《战国策》的刘向。《老子》成书于春秋晚期，证据甚多，无须被误视为战国中期的此条。

顺便一观《战国策·魏策一》九：

> 魏公叔痤病，惠王往问之。曰："公叔病，即不可讳，将奈社稷何？"
>
> 公叔痤对曰："痤有御庶子公孙鞅，愿王以国事听之也。为弗能听，勿使出竟。"
>
> 王弗应，出而谓左右曰："岂不悲哉！以公叔之贤，而谓寡人必以国事听鞅，不亦悖乎！"
>
> 公孙痤死，公孙鞅闻之，已葬，西之秦，孝公受而用之。秦果日以强，魏日以削。此非公叔之悖也，惠王之悖也。悖者之患，固以不悖者为悖。

公叔痤临死之前，向魏惠王推荐其门客、卫人公孙鞅，建议或拜相，或诛杀，避免公孙鞅像吴起那样离魏仕于别国，而不利魏国。魏惠王均未采纳，公孙鞅遂离魏仕秦，辅佐秦孝公变法，因功封于商於，史称商鞅。商鞅变法之后，暴秦迅速崛起，在魏惠王晚期打残强魏，最终伐灭六国，一统天下。

《道经》三十三章，对应斗柄三星

《道经》绪论四章（45—48）：
常道可道，恒道难言

45.道可道章（传世本第1章）

道，可道也，非恒道也；名，可名也，非恒名也。

无，名万物之始也；有，名万物之母也。

故恒无，欲以观其妙；恒有，欲以观其所窍。

两者同出，异名同谓。玄之又玄，众妙之门。

今译

关于天道，可以言说的，即非恒道；关于（天道的）名相，可以命名的，即非恒名。

无，命名不可言说的万物始祖；有，命名可以言说的万物母体。

所以命名无极恒道为无，意欲观照万物始祖的玄妙；命名太一常道为有，意欲观照万物母体生出万物的孔窍。

无、有二名同出一源，名相虽异均指天道。玄妙而又玄妙的天道，是宇宙众妙的产门。

演义

●《韩非子》演义《道可道章》

> 凡理者,方圆、短长、粗靡、坚脆之分也,故理定而后可得道也。故定理,有存亡,有死生,有盛衰。夫物之一存一亡、乍死乍生、初盛而后衰者,不可谓"常"。唯夫与天与地之剖判也俱生,至天地之消散也不死不衰者谓"常"。而常者,无攸易,无定理。无定理,非在于常所,是以不可道也。圣人观其玄虚,用其"周行",强字之曰"道",然后可论。故曰:"道之可道,非常道也。"

(《韩非子·解老》二八)

韩非所读的战国晚期《老子》初始本,上经是《德经》,下经是《道经》,韩非自然明白《老子》的重心所在是上经《德经》,不是下经《道经》。所以《韩非子·解老》共三十六章,其中三十四章解说《老子》初始本上经《德经》九章(1、9、13、16、17、21、22、23、31),多为逐句解说整章;仅有二章解说《老子》初始本下经《道经》各八字,即《解老》第二十七章解说《老子》初始本下经《道经》第57《执今之道章》八字"无状之状,无物之象",《解老》第二十八章解说《老子》初始本下经《道经》第45《道可道章》八字"道之可道,非常道也"。

《老子》初始本的"恒道"是宣夜说范畴的宇宙总体规律,"常道"是浑天说范畴的宇宙局部太阳系规律。汉文帝刘恒之后,整部《老子》的所有"恒"字都因避讳而改为"常",《道可道章》的"非恒道"也被改成"非常道",再无可能读懂《道可道章》,也无可能读懂《老子》每章每句每字。

在《老子》初始本中,下经《道经》首章《道可道章》首句"道,可道也,非恒道也",承于上经《德经》而言,意为:上经《德经》所言之"道",仅是可以言说的浑天说范畴的宇宙局部太阳系规律"太一常道",并非不可言说的宣夜说范畴的宇宙总体规律"无极恒道"。

在《老子》传世本中，上经《德经》、下经《道经》已被颠倒，于是上经《道经》首章《道可道章》首句"道可道，非常道"，不再承于《德经》而言，"可道"二字遂与《德经》彻底脱钩。又把"非恒道"改为"非常道"，于是再无可能区分宣夜说范畴的宇宙总体规律"无极恒道"和浑天说范畴的宇宙局部太阳系规律"太一常道"，也再无可能辨明"道生一"的"道"是宣夜说范畴的宇宙总体规律，"道生一"的"一"是浑天说范畴的宇宙局部太阳系规律。于是《老子》传世本的所有注家都认为"道生一"的"道"与"一"命义相同，浑然不知"道生道"根本不通。

目前虽无确据证明《韩非子·解老》所引《道可道章》之"常"，是汉文帝刘恒之后被人改"恒"为"常"。但是根据语义，我倾向于认为《韩非子·解老》原文作"恒"，韩非可能明白《老子》对"恒道"和"常道"的区别，因为一旦把《韩非子·解老》此章中的"常"还原为"恒"，其义就一目了然——

> 凡理者，方圆、短长、粗靡、坚脆之分也，故理定而后可得道也。故定理，有存亡，有死生，有盛衰。夫物之一存一亡、乍死乍生、初盛而后衰者，不可谓"恒"。唯夫与天与地之剖判也俱生，至天地之消散也不死不衰者谓"恒"。而恒者，无攸易，无定理。无定理，非在于恒所，是以不可道也。圣人观其玄虚，用其"周行"，强字之曰"道"，然后可论。故曰："道之可道，非恒道也。"

不难发现，《韩非子·解老》此章所言"理"，正是浑天说范畴的宇宙局部太阳系规律"太一常道"；所言"恒道"，正是宣夜说范畴的宇宙总体规律"无极恒道"。所以《老子》初始本主张"常道"可道，"恒道"不可道，并未宣扬神秘主义。《老子》传世本取消了"恒道"，主张"常道"不可道，一切道均不可道，才是宣扬神秘主义，因为神秘主义有利于庙堂独霸"道"之最后解释权。既然世间一切道均不可道，一切真理均不可言，知识之权威遂被取消，王权之权威遂被突显。不许知识说了算，当然权力说了算。

　　桓公读书于堂。

　　轮人斫轮于堂下，释其椎凿而问桓公曰："君之所读者，何书也？"

　　桓公曰："圣人之书。"

　　轮扁曰："其人在焉？"

　　桓公曰："已死矣。"

　　轮扁曰："是直圣人之糟粕耳！"

　　桓公悖然作色而怒曰："寡人读书，工人焉得而讥之哉！有说则可，无说则死。"

　　轮扁曰："然，有说。臣试以臣之斫轮语之：大疾，则苦而不入；大徐，则甘而不固。不甘不苦，应于手，厌于心，而可以至妙者，臣不能以教臣之子，而臣之子亦不能得之于臣。是以行年七十，老而为轮。今圣人之所言者，亦以怀其实，穷而死，独其糟粕在耳！"

　　故《老子》曰："道可道，非常道。名可名，非常名。"

　　　　　　　　　　　　　　　　　（《淮南子·道应训》十八）

　　《淮南子·道应训》第十八章，抄自《庄子·天道》，最后加上："故《老子》曰：'道可道，非常道。名可名，非常名。'"所引经文，已非《老子》初始本下经《道经》第45《道可道章》原貌，"非常道"应为"非恒道"，"非常名"应为"非恒名"。改"恒"为"常"之后，《老子》初始本真义遂湮。因为《老子》初始本既有"恒道"也有"常道"，"恒道"是宣夜说范畴的宇宙总体规律，"常道"是浑天说范畴的宇宙局部太阳系规律，改"恒"为"常"之后，两者彻底混淆，再无可能正确理解《老子》的每章每句每字。

　　"桓公"即战国中期的田齐桓公田午（前375—前358在位），"圣人"指春秋晚期的孔子（前551—前479）。汉后《老子》注家多将"桓公"误释为春秋五霸之首齐桓公（前685—前643在位），《韩诗外传》卷五则把"桓公”改为春秋中期的楚成王（前671—前626在位），都是为了把故事移到孔子之前，使原本批判孔子的这一故事不再批判孔子。

> 昔容成氏之时，道路雁行列处，托婴儿于巢上，置余粮于亩首，虎豹可尾，虺蛇可蹍，而不知其所由然。逮至尧之时，十日并出，焦禾稼，杀草木，而民无所食。猰貐、凿齿、九婴、大风、封豨、修蛇皆为民害。尧乃使羿诛凿齿于畴华之野，杀九婴于凶水之上，缴大风于青丘之泽，上射十日而下杀猰貐，断修蛇于洞庭，禽封豨于桑林。万民皆喜，置尧以为天子。于是天下广陕险易远近始有道里。
>
> 舜之时，共工振滔洪水，以薄空桑，龙门未开，吕梁未发，江、淮通流，四海溟涬，民皆上丘陵，赴树木。舜乃使禹疏三江五湖，辟伊阙，导廛、涧，平通沟陆，流注东海。鸿水漏，九州岛干，万民皆宁其性。是以称尧、舜以为圣。
>
> 晚世之时，帝有桀、纣，为琁室、瑶台、象廊、玉床，纣为肉圃、酒池，燎焚天下之财，罢苦万民之力，刳谏者，剔孕妇，攘天下，虐百姓。于是汤乃以革车三百乘伐桀于南巢，放之夏台；武王甲卒三千破纣牧野，杀之于宣室；天下宁定，百姓和集，是以称汤、武之贤。由此观之，有贤圣之名者，必遭乱世之患也。今至人生乱世之中，含德怀道，拘无穷之智，钳口寝说，遂不言而死者众矣，然天下莫知贵其不言也。故“道可道，非常道；名可名，非常名”。
>
> （《淮南子·本经训》）

《淮南子·本经训》此节，把《老子》初始本下经《道经》第45《道可道章》用于解释华夏上古至中古的历史，不合《老子》初始本真义，因为《道可道章》仅言天道，不言人道。

46.天下知美章（传世本第2章）

天下皆知美之为美，斯恶矣；皆知善之为善，斯不善矣。

有、无之相生也，难、易之相成也，长、短之相形也，高、下之相盈也，音、声之相和也，先、后之相随也，恒也。

是以圣人居无为之事，行不言之教；万物作而不辞也，为而不恃也，成功而不居也。夫唯不居也，是以不去也。

今译

天下皆以俗君所美为美，这是以丑为美；天下皆以俗君所善为善，这是以不善为善。

俗君有为、圣君无为之相对产生，百姓难治、百姓易治之相对构成，国祚长久、国祚短暂之相对形成，居于高位、居于下位之相对容纳，发布政令、接受政令之相对应和，侯王居先、百姓居后之相对追随，源于侯王是否知晓自己不知恒道。

所以圣君知晓自己不知恒道，崇尚无为之事，实行无言之教；听任万物兴作而不推辞己责，听任万物自为而不自恃己德，听任万物成功而不自居己功。唯因圣君不自居己功，所以其功不会失去。

演义

● 《庄子》演义"天下皆知美之为美，斯恶矣；皆知善之为善，斯不善矣"

阳子之宋，宿于逆旅。

逆旅之人有妾二人，其一人美，其一人恶，恶者贵而美者贱。

阳子问其故。

逆旅小子对曰："其美者自美，吾不知其美也；其恶者自恶，吾不知其恶也。"

阳子曰："弟子记之！行贤而去自贤之心，安往而不爱哉？"

（《庄子·达生》）

　　《庄子》内七篇从不直接演义《老子》经文，而是隐晦演义《老子》经义。《庄子》外杂篇的撰者各不相同，有些撰者会直接演义《老子》经文，有些撰者也不直接演义《老子》经文。《庄子·达生》为庄子亲传弟子蔺且所撰，也不直接演义《老子》经文，而是隐晦演义《老子》经义。

　　此章借用影响最大的老子传人杨朱在宋国的故事，演义《老子》初始本《天下知美章》："天下皆知美之为美，斯恶矣；皆知善之为善，斯不善矣。"批评侯王不能自美自贤，侯王一旦自美自贤即不美不贤。

●《吕览》演义"天下皆知美之为美，斯恶矣；皆知善之为善，斯不善矣"

鲁有恶者，其父出而见商咄，反而告其邻曰："商咄不若吾子矣。"且其子至恶也，商咄至美也。彼以至美不如至恶，尤乎爱也。故知美之恶，知恶之美，然后能知美恶矣。

《庄子》曰："以瓦殷者翔，以钩殷者战，以黄金殷者殆。其祥一也，而有所殆者，必外有所重者也。外有所重者泄，盖内掘。"鲁人可谓外有重矣。解在乎齐人之欲得金也，及秦墨者之相妒也，皆有所乎尤也。老聃则得之矣，若植木而立乎独，必不合于俗，则何可扩矣。

（《吕览·去尤》）

　　《吕览·去尤》此节，先以鲁父自美丑子，又诬美男商咄为丑男，批评其颠倒美丑。再引《庄子·达生》的寓言，批评鲁父重外不重内。最后点破"老聃则得之矣"，暗扣《老子》初始本《天下知美章》"天下皆知美之为美，斯恶矣；皆知善之为善，斯不善矣"。

美丑源于内德，不源于外境。重外境就有比较心，有分别心；重内德则无比较心，无分别心。有比较心，有分别心，必失至美；无比较心，无分别心，则齐万物；齐万物，则道生万物皆美。

●**《淮南子》演义"天下皆知美之为美，斯恶矣；皆知善之为善，斯不善矣"**

　　　　太清问于无穷曰："子知道乎？"

　　　　无穷曰："吾弗知也。"

　　　　又问于无为曰："子知道乎？"

　　　　无为曰："吾知道。"

　　　　"子之知道，亦有数乎？"

　　　　无为曰："吾知道有数。"

　　　　曰："其数奈何？"

　　　　无为曰："吾知道之可以弱，可以强；可以柔，可以刚；可以阴，可以阳；可以窈，可以明；可以包裹天地，可以应待无方。此吾所以知道之数也。"

　　　　太清又问于无始曰："乡者，吾问道于无穷，无穷曰：'吾弗知之。'又问于无为，无为曰：'吾知道。'曰：'子之知道，亦有数乎？'无为曰：'吾知道有数。'曰：'其数奈何？'无为曰：'吾知道之可以弱，可以强；可以柔，可以刚；可以阴，可以阳；可以窈，可以明；可以包裹天地，可以应待无方。吾所以知道之数也。'若是，则无为之知与无穷之弗知，孰是孰非？"

　　　　无始曰："弗知之深，而知之浅。弗知内，而知之外。弗知精，而知之粗。"

　　　　太清仰而叹曰："然则不知乃知邪？知乃不知邪？孰知知之为弗知，弗知之为知邪？"

　　　　无始曰："道不可闻，闻而非也。道不可见，见而非也。道不可言，言而非也。孰知形之不形者乎！"

故《老子》曰："天下皆知善之为善，斯不善也。"故"知者不言，言者不知"也。

（《淮南子·道应训》一）

《庄子·知北游》泰清问无穷寓言，阐明"道不可言，言而非也"，"道不当名"。

《淮南子·道应训》第一章，借用《庄子·知北游》泰清问无穷寓言，演义《老子》初始本第46《天下知美章》"（天下）皆知善之为善，斯不善矣"，兼及《老子》初始本第19《知者不言章》"知者不言，言者不知"。

● **《淮南子》演义"成功而不居也。夫唯不居也，是以不去也"**

子发攻蔡，踰之。

宣王郊迎，列田百顷而封之执圭。

子发辞不受，曰："治国立政，诸侯入宾，此君之德也。发号施令，师未合而敌遁，此将军之威也。兵陈战而胜敌者，此庶民之力也。夫乘民之功劳而取其爵禄者，非仁义之道也。"

故辞而弗受。

故《老子》曰："功成而不居。夫惟不居，是以不去。"

（《淮南子·道应训》三〇）

楚将子发攻蔡，胜之，蔡侯来朝。楚宣王封赏之，子发不受。

《淮南子·道应训》第三十章，以楚将子发胜蔡而拒赏的故事，演义《老子》初始本第46《天下知美章》"成功而不居也。夫唯不居也，是以不去也"。

《战国策·魏策一》以魏将公叔痤战胜韩、赵而拒赏的故事，演义《老子》初始本第44《信言不美章》"既以予人，己愈多"。与此相近，但是侧重不同：子发是不居功，公叔痤是分功于人。

● 《吕览》演义"不言之教"

　　胜书说周公旦曰："廷小人众，徐言则不闻，疾言则人知之。徐言乎，疾言乎？"

　　周公旦曰："徐言。"

　　胜书曰："有事于此，而精言之而不明，勿言之而不成。精言乎，勿言乎？"

　　周公旦曰："勿言。"

　　故胜书能以不言说，而周公旦能以不言听。

（《吕览·精谕》）

　　胜书与周公打了两段哑谜。胜书想说的没说，周公已经明白他想说啥。《吕览·精谕》以此故事，演义《老子》初始本第46《天下知美章》"不言之教"。

47. 不尚贤章（传世本第3章）

　　不尚贤，使民不争；不贵难得之货，使民不为盗；不见可欲，使民不乱。

　　是以圣人之治也，虚其心，实其腹，弱其志，强其骨；恒使民无知无欲也，使夫知不敢。弗为而已，则无不治矣。

今译

　　圣君不崇尚贤人，使民不争贤名；不贵难得之货，使民不做盗贼；不呈现可欲的名利，使民不欲作乱。

　　因此圣君治理邦国，使民冲虚德心、柔弱心志而不争贤名，使民充实肠胃、刚强骨骼而不争货利；使民恒常无知于贤名、无欲于货利，使民不敢争名夺利。圣君无为而知止，于是国事无不治理。

演义

●《淮南子》演义"不尚贤，使民不争"

> 昔太公望、周公旦受封而相见。
>
> 太公问周公曰："何以治鲁？"
>
> 周公曰："尊尊亲亲。"
>
> 太公曰："鲁从此弱矣！"
>
> 周公问太公曰："何以治齐？"
>
> 太公曰："举贤而上功。"
>
> 周公曰："后世必有劫杀之君！"
>
> 其后齐日以大，至于霸，二十四世而田氏代之；鲁日以削，至三十二世而亡。
>
> 故《易》曰："履霜，坚冰至。"圣人之见终始微言！故糟丘生乎象箸，炮烙生乎热斗。
>
> （《淮南子·齐俗训》）

鲁国按照周公所定周礼"尊尊亲亲"治国，国家日益衰落，但是君位不易被篡，君位传了三十二世，被楚伐灭。齐国按照姜太公所定"举贤而上功"治国，国家日益强大，但是君位传至二十四世就被田氏取代——田氏又传十二世被秦伐灭。

《淮南子·齐俗训》以此故事，演义《老子》初始本第47《不尚贤章》"不尚贤"，不合《老子》真义。侯王"无为"而"不尚贤"，不是因为有利于己，国祚长久，而是因为有利众生，符合天道。

●《淮南子》演义"不见可欲，使民不乱"

令尹子佩请饮庄王，庄王许诺。

子佩疏揖，北面立于殿下，曰："昔者君王许之，今不果往，意者臣有罪乎？"

庄王曰："吾闻子具于强台。强台者，南望料山，以临方皇，左江而右淮，其乐忘死。若吾薄德之人，不可以当此乐也。恐留而不能反。"

故《老子》曰："不见可欲，使心不乱。"

（《淮南子·道应训》二一）

楚庄王问鼎中原，已有代周之志。令尹子佩邀其宴饮，楚庄王应之，却因强台之乐容易使人乐而忘返，消磨代周之志，于是未往。楚庄王之欲，不在台榭，而在代周。台榭为小欲，代周为大欲。不见小欲，并非使心不乱，而是不愿放弃大欲。

《淮南子·道应训》第二十一章以此故事演义《老子》经文，并不贴切。《老子》初始本第47《不尚贤章》经文原为"不见可欲，使民不乱"，与前两句"使民不争"、"使民不为盗"句式统一，所以《老子》初始本非言侯王"不见可欲"，乃言民众"不见可欲"。由于楚庄王是君非民，于是《淮南子·道应训》把"使民不乱"改为"使心不乱"。

刘向之后的《老子》传世本，把"使民不乱"和"使心不乱"综合为"使民心不乱"，《老子》初始本之"使民不乱"，遂成《老子》传世本之"使民心不乱"。

●《尹文子》演义"弗为而已，则无不治矣"

田子读书，曰："尧时太平。"

宋子曰："圣人之治，以致此乎？"

彭蒙在侧，越次答曰："圣法之治以至此，非圣人之治也。"

宋子曰："圣人与圣法何以异？"

彭蒙曰："子之乱名甚矣。圣人者，自己出也；圣法者，自理出也。理出于己，己非理也；己能出理，理非己也。故圣人之治，独治者也。圣法之治，则无不治矣。此万世之利，惟圣人能该之。"

宋子犹惑，质于田子。

田子曰："蒙之言然。"

（《尹文子·大道下》）

齐人尹文（前360—前285）和《尹文子》此章涉及的齐人田骈（前350—前275）、宋人宋钘（前360—前290）、齐人彭蒙（前370—前310），都是战国中期齐国稷下学宫"黄老学派"的重要成员。尹文是宋钘的弟子，所以《庄子·天下》第四章并提二人曰："古之道术有在于是者，宋钘、尹文闻其风而悦之。"

战国"黄老学派"是有道家倾向的法家，尹文亦然，所以《尹文子》大量演义《老子》初始本，与《韩非子·解老》一样以"法"仿"道"。

《尹文子》此章演义《老子》初始本第47《不尚贤章》"弗为而已，则无不治矣"，反对"圣人之治"，主张"圣法之治，则无不治矣"；亦即反对侯王有为而"人治"，主张侯王无为而"法治"。

《尹文子》此章引彭蒙之言曰："圣人者，自己出也；圣法者，自理出也。理出于己，己非理也；己能出理，理非己也。故圣人之治，独治者也。"参看《庄子·应帝王》：

肩吾见狂接舆。

狂接舆曰："日中始何以语汝？"

肩吾曰："告我：'君人者以己出经式义，庶民孰敢不听而化诸？'"

狂接舆曰："是欺德也！其于治天下也，犹涉海凿河而使蚊负山也。"

彭蒙所言"圣人者，自己出也；圣法者，自理出也"，与庄子批评"君人者以己出经式义，庶民孰敢不听而化诸？"意旨相同，都是反对"君人者"
有为而"人治"，主张"君人者"无为而"法治"。

48. 道冲不盈章（传世本第4章）

道冲，而用之有不盈也。渊兮，似万物之宗。
挫其锐，解其纷；和其光，同其尘。湛兮，似或存。
吾不知其谁之子，象帝之先。

今译

恒道冲虚，然而功用永不满盈。恒道渊深，所以中士、下士疑其是否
万物宗主。

恒道钝挫各方尖锐，化解各方纷争；和合物德之光，浑同万物之尘。
恒道深湛，所以中士、下士疑其是否存在。

吾人不知恒道是谁之子，仅知恒道在太一上帝之先。

演义

●《淮南子》演义"道冲，而用之有不盈也"

赵襄子攻翟而胜之，取左人、终人。使者来谒之，襄子方将
食而有忧色。

左右曰："一朝而两城下，此人之所喜也。今君有忧色，
何也？"

襄子曰："江河之大也，不过三日。飘风暴雨，日中不须臾。
今赵氏之德行无所积，今一朝两城下，亡其及我乎？"

孔子闻之曰："赵氏其昌乎？"

夫忧，所以为昌也；而喜，所以为亡也。胜非其难也，持之其难者也。贤主以此持胜，故其福及后世。齐、楚、吴、越皆尝胜矣，然而卒取亡焉，不通乎持胜也。唯有道之主能持胜。孔子劲杓国门之关，而不肯以力闻。墨子为守，使公输般服，而不肯以兵知。善持胜者，以强为弱。故《老子》曰："道冲，而用之有弗盈也。"

（《淮南子·道应训》八）

赵襄子（前474—前425在位）攻打白狄中山国，一日取二城，因为白狄中山国位于太行山区，易守难攻，如此速胜，前所未有。赵襄子想起《老子》的教导，忧虑己德不足，担心因福致祸。所言"飘风暴雨，日中不须臾"，暗扣《老子》初始本第64《希言自然章》"飘风不终朝，骤雨不终日"。

赵简子（前517—前475在位）不立嫡长子为储，而立庶幼子赵襄子为储，被历代史家视为赵国后来强大的重要原因。赵襄子未被知伯吞并而反灭知伯，其德在于"忍辱"。赵襄子征伐白狄中山国，一日取二城而忧，其德在于善于"持胜"。《道应训》以此演义《老子》初始本第48《道冲不盈章》"道冲，而用之有不盈也"，主张侯王冲虚自损。

《淮南子·道应训》第八章抄自《吕览·慎大》，演义《老子》"道冲，而用之有不盈也"。《列子·说符》又抄《淮南子·道应训》第八章，演义《老子》"飘风不终朝，骤雨不终日"，详见第64《希言自然章》。

● 《淮南子》演义"挫其锐，解其纷；和其光，同其尘"

吴起为楚令尹，适魏，问屈宜若曰："王不知起之不肖，而以为令尹。先生试观起之为人也。"

屈子曰："将奈何？"

吴起曰："将衰楚国之爵，而平其制禄；损其有余，而绥其不足；砥砺甲兵，时争利于天下。"

屈子曰："宜若闻之，昔善治国家者，不变其故，不易其常。今子将衰楚国之爵而平其制禄，损其有余而绥其不足，是变其故、易其常也。行之者不利！宜若闻之曰：'怒者，逆德也；兵者，凶器也；争者，人之所本也。'今子阴谋逆德，好用凶器，始人之所本，逆之至也。且子用鲁，兵不宜得志于齐，而得志焉。子用魏，兵不宜得志于秦，而得志焉。宜若闻之，非祸人，不能成祸。吾固惑吾王之数逆天道，戾人理，至今无祸，差须夫子也。"

吴起怃然曰："尚可更乎？"

屈子曰："成形之徒，不可更也。子不若敦爱而笃行之。《老子》曰：'挫其锐，解其纷；和其光，同其尘。'"

（《淮南子·道应训》二六）

《说苑·指武》："吴起为苑守，行县适息，问屈宜臼曰：'王不知起不肖，以为苑守，先生将何以教之？'屈公不对。居一年，王以为令尹，行县适息，问屈宜臼曰……"叙事清晰。魏文侯（前445—前396在位）死后，吴起（前440—前381）不被魏武侯重用，于是离魏仕楚。先被楚悼王（前401—前381在位）聘为苑邑太守，吴起遂至苑邑息县，首问屈宜臼，屈宜臼不对。吴起治宛一年，宛邑大治，又被楚悼王聘为令尹，实行变法，吴起又至苑邑息县，二问屈宜臼。

《淮南子·道应训》："吴起为楚令尹，适魏，问屈宜若曰……"，"适魏"误，"屈宜若"讹。吴起离魏仕楚，不可能返魏问屈宜臼。"屈宜若"即屈宜臼，若为咎之讹，臼、咎音同而通。楚平王熊宜臼，亦作熊宜咎。

屈宜臼为楚国苑邑息县人，楚悼王、吴起生前反对变法，楚悼王、吴起卒年（前381）离楚至韩，韩昭侯卒年（前333）死于韩都新郑。参看拙著《庄子传》。

吴起所言"损其有余，而绥其不足"，化用《老子》初始本第41章"天之道，损有余而益不足"。屈宜臼所言"兵者，凶器也"，暗引《老子》初始本第72章"夫兵者不祥之器也"。

《说苑·指武》结语曰："屈公曰：'成刑之徒，不可更已！子不如敦处而笃行之，楚国无贵于举贤。'"成刑之徒，是屈宜臼预言吴起变法种下祸根。末句"楚国无贵于举贤"，演义《老子》初始本第47章"不尚贤"。老子弟子范蠡（前536—前448）是楚国宛邑三户人，是屈宜臼的同乡前辈。春秋晚期的范蠡，战国中期的屈宜臼，都是老子之徒。

　　《老子》初始本是春秋晚期至战国中期的士人必读书。战国中期的郭店《老子》楚简本，仅是目前出土的历史时间最早的《老子》摘抄本，不能证明战国中期《老子》尚未成书。

天地不仁四章（49—52）：
天地不仁，圣君不仁

49.天地不仁章（传世本第5章）

天地不仁，以万物为刍狗。圣人不仁，以百姓为刍狗。

天地之间，其犹橐籥欤？虚而不屈，动而愈出。

多闻数穷，不若守于中。

今译

天地不仁，以万物为祭祀太一上帝的草狗而一视同仁无所亲疏。圣君不仁，以百姓为祭祀太一上帝的草狗而一视同仁无所亲疏。

天地之间，大概犹如风箱吧？天道虚己而不屈一物，天道运转而泽及万物。

侯王多闻末度必将本数穷困，不如持守太一中道。

演义

● 《庄子》演义"天地不仁，以万物为刍狗。圣人不仁，以百姓为刍狗"

孔子西游于卫。

颜渊问师金曰："以夫子之行，为奚如？"

师金曰："惜乎！尔夫子其穷哉！"

颜渊曰："何也？"

师金曰："夫刍狗之未陈也，盛以箧衍，巾以文绣，尸祝斋戒以将之。及其已陈也，行者践其首脊，苏者取而爨之而已。将复取而盛以箧衍，巾以文绣，游居寝卧其下，彼不得梦，必且数眯焉。今尔夫子，亦取先王已陈刍狗，聚弟子游居寝卧其下，故伐树于宋，削迹于卫，穷于商周，是非其梦邪？围于陈蔡之间，七日不火食，死生相与邻，是非其眯邪？

"夫水行莫如用舟，而陆行莫如用车。以舟之可行于水也，而求推之于陆，则没世不行寻常。古今非水陆欤？周鲁非舟车欤？今祈行周于鲁，是犹推舟于陆也，劳而无功，身必有殃。彼未知夫无方之转，应物而不穷者也。且子独不见夫桔槔者乎？引之则俯，舍之则仰。彼，人之所引，非引人者也，故俯仰而不得罪于人。

"故夫三皇五帝之礼仪法度，不矜于同而矜于治。故譬三皇五帝之礼仪法度，其犹柤梨橘柚、果蓏之属邪？虽其味相反，而皆可于口。故礼仪法度者，应时而变者也。今取猨狙而衣以周公之服，彼必龁啮挽裂，尽去而后慊。观古今之异，犹猨狙之异乎周公也。故西施病心而矉，其里之丑人见而美之，归亦捧心而矉。其里之富人见之，坚闭门而不出；贫人见之，挈妻子而去之走。彼知矉美，而不知矉之所以美。惜乎！尔夫子其穷哉！"

（《庄子·天运》）

《老子》初始本第49《天地不仁章》："天地不仁，以万物为刍狗。圣人不仁，以百姓为刍狗。"刍狗：祭祀天帝所用的草编之狗，代替真狗。二句乃谓，万物、百姓都是祭祀天帝、顺应天道的草狗。喻万物、百姓为草狗，并非贬低万物、百姓，而是尊崇天道。因为天道对万物无所偏私，所以顺道圣君也对百姓无所偏私。

天道若仁，必对万物有所偏私。侯王若仁，必对百姓有所偏私。所以《老子》主张侯王尊道贵德，无为而治，反对侯王尊崇仁义礼，有为而治。

《庄子·天运》此节，言孔子周游列国而离鲁至卫，孔子弟子颜渊（即颜回）问于师金。师金遂借《天地不仁章》之"刍狗"为喻，批评孔子尊崇仁义礼，兼及孔子推崇的周公礼制，批评周公礼制是"先王已陈刍狗"。

师金又举二喻。

第一喻"周鲁—舟陆"："夫水行莫如用舟，而陆行莫如用车。以舟之可行于水也，而求推之于陆，则没世不行寻常。古今非水陆欤？周鲁非舟车欤？今祈行周于鲁，是犹推舟于陆也，劳而无功，身必有殃。"

第二喻"东施效颦"："观古今之异，犹猨狙之异乎周公也。故西施病心而颦，其里之丑人见而美之，归亦捧心而颦。其里之富人见之，坚闭门而不出；贫人见之，挈妻子而去之走。彼知颦美，而不知颦之所以美。"

尽人皆知《老子》经文"圣人不仁"，然而鲜有人知《老子》经文"圣人不仁"是批评周公礼制，亦即主张"圣人不仁"，反对"圣人仁义"。因为《老子》传世本的历代注家颠倒黑白，妄言《老子》反对"圣人不仁"，主张"圣人仁义"。

尽人皆知《庄子》寓言"东施效颦"，然而鲜有人知《庄子》寓言"东施效颦"是批评孔子推崇周公礼制。因为郭象版《庄子》删改本的历代注家颠倒黑白，妄言庄子是孔子之徒，妄言庄子推崇孔子至极。

● 《淮南子》演义"多闻数穷，不若守于中"

　　王寿负书而行，见徐冯于周。

　　徐冯曰："事者，应变而动。变生于时，故知时者无常行。书者言之所出也，言出于知，知言者不藏书。"

　　于是王寿乃焚书而舞之。

　　故《老子》曰："多言数穷，不如守中。"

（《淮南子·道应训》二〇）

《淮南子·道应训》第二十章，抄自《韩非子·喻老》第十二章。《韩非子·喻老》用于演义《老子》初始本上经《德经》第28《为者败之章》"学不学，复众人之所过"，详见《德经》第28章。《淮南子·道应训》转用于演义《老子》初始本下经《道经》第49《天地不仁章》"多闻数穷，不若守于中"。

《淮南子·道应训》所引《天地不仁章》经文"多闻数穷"，被后人根据《老子》传世本改为"多言数穷"。细辨此章故事，王寿是读书人，不是著书人。著书人焚己之书才是不愿"多言"，读书人焚人之书是不愿"多闻"，所以《淮南子·道应训》所引《天地不仁章》经文应为"多闻数穷"。

《老子》初始本批评"多闻"，是指初始本第1《上德不德章》的价值五阶"道德仁义礼"中，仅须尊"道"贵"德"，无须多闻"仁义礼"，因为"仁义礼"均属有为，然而"天地"无为，无须"仁义礼"，"圣人"顺道而无为，同样无须多闻"仁义礼"，故《上德不德章》曰："夫礼者，忠信之薄，而乱之首也。"

《老子》传世本把《老子》初始本"多闻数穷"改为"多言数穷"，是因为孔子推崇"多闻"。《论语·阳货》："子曰：'《诗》可以兴，可以观，可以群，可以怨。迩之事父，远之事君，多识于鸟兽草木之名。'"先以孔子之是非修改《老子》初始本，再以孔子之是非阐释《老子》传世本，《老子》传世本遂成反老尊孔的伪《老子》。

50.谷神不死章（传世本第6、7章）

谷神不死，是谓玄牝。玄牝之门，是谓天地之根。绵绵若存，用之不勤。（以上传世本第6章）

天长地久。天地之所以能长且久者，以其不自生也，故能长生。

是以圣人后其身而身先，外其身而身存。不以其无私乎？故能成其私。（以上传世本第7章）

今译

春气生物的泰道之神永生不死，叫作玄牝。玄牝是天地万物的产门，是天地万物的根本。泰道玄牝绵绵长存，自发作用不须勤劳。

天空长生而清明，大地久存而宁定。天地之所以能够长生而且久存，是因为不能自生而生于泰道，所以能够长生久存。

所以圣君遵循泰道自后己身方能身先，自外己身方能身存。不是因为圣君遵循泰道对百姓一视同仁无所偏私吗？所以圣君能够成就国祚长久之私。

演义

●程颐演义"谷神不死"

程颐曰："庄生形容道体之语，尽有好处。老氏'谷神不死'一章最佳。"

（《程氏遗书》卷三）

北宋理学家程颐（1033—1107）一方面攻击庄子："庄子叛圣人者也，而世之人皆曰矫时之弊。矫时之弊固若是乎？伯夷、柳下惠，矫时之弊者也，其有异于圣人乎？"另一方面又不得不承认："庄生形容道体之语，尽有好处。"

程颐所言"庄生形容道体之语"，见于《庄子·大宗师》："夫道，有情有信，无为无形。可传而不可受，可得而不可见。自本自根，未有天地，自古以固存。神鬼神帝，生天生地。在太极之上而不为高，在六极之下而不为深。先天地生而不为久，长于上古而不为老。狶韦氏得之，以契天地；伏羲氏得之，以袭气母；维斗得之，终古不忒；日月得之，终古不息；堪坏得之，以袭昆仑；冯夷得之，以游大川；肩吾得之，以处泰山；黄帝得之，以登云天；颛顼得之，以处玄宫；禺强得之，立乎北极；西王母得之，坐乎少广，莫知其始，莫知其终；彭祖得之，上及有虞，下及五霸；傅说得之，以相武丁，奄有天下，乘东维，骑箕尾，而比于列星。"

程颐所言"老氏'谷神不死'一章最佳"，虽然未言佳在何处，但是结合"庄生形容道体之语"，可知《老子》所言"谷神不死"，正与《庄子》所言"维斗"、"列星"有关，因为老庄道家所言"道"，并非凭空而来，而是源于天象之天道。

古人称天象之可见为"生"，称天象之不可见为"死"。比如月相之"既生霸"、"既死霸"，即谓可见之月相为"生"，不可见之月相为"死"。

"谷神不死"乃言"维斗"（北斗）等中央天区的天象，终年都在地平线之上，永生永存，现代天文学称为"恒显圈"。中央天区之外的四方天象如二十八宿等"列星"，却因地球自转轴倾斜导致的黄、赤交角，并非终年都在地平线之上，亦即并非永生永存，古人谓之"有生有死"，现代天文学称为"非恒显圈"。

"谷神"属于浑天说范畴的太一"常道"，即"一"；"恒道"属于宣夜说范畴的无极"恒道"，即"道"；所以《庄子·大宗师》认为无极恒道"在太极之上"。"谷神不死"，即"常道不死"。"谷神不死"的太一"常道"，是造就浑天说范畴之天地万物的"玄牝"，所以是"天地之根"。

"天地"是浑天说范畴的地球人直观。对于地球之外、太阳系之外的外星生命而言，地球也在天上，是天上的一颗行星。

● 《淮南子》《韩诗外传》演义 **"后其身而身先，外其身而身存。不以其无私乎？故能成其私"**

> 公仪休相鲁，而嗜鱼。一国献鱼，公仪子弗受。
>
> 其弟子谏曰："夫子嗜鱼，弗受何也？"
>
> 答曰："夫唯嗜鱼，故弗受。夫受鱼而免于相，虽嗜鱼，不能自给鱼。毋受鱼而不免于相，则能长自给鱼。"
>
> 此明于为人为己者也。故《老子》曰："后其身而身先，外其身而身存。非以其无私邪？故能成其私。"一曰："知足不辱。"
>
> （《淮南子·道应训》三一）

公仪休相鲁，而嗜鱼。一国人献鱼而不受。

其弟子谏曰："嗜鱼不受，何也？"

曰："夫欲嗜鱼，故不受也。受鱼而免于相，则不能自给鱼。无受而不免于相，长自给于鱼。"

此明于为己者也。故《老子》曰："后其身而身先，外其身而身存。非以其无私乎，故能成其私。"《诗》曰："思无邪。"此之谓也。

（《韩诗外传》卷三，抄自《淮南子·道应训》）

《韩非子·外储说右下》有此故事，但未用于演义《老子》。

《淮南子·道应训》照抄《韩非子·外储说右下》这一故事，用于演义《老子》初始本第50《谷神不死章》"后其身而身先，外其身而身存。不以其无私乎？故能成其私"，使这一故事黄老化。

《韩诗外传》卷三又照抄《淮南子·道应训》这一故事，另加一句"《诗》曰：思无邪"，又使这一故事儒家化。

然而《老子》初始本经文："天长地久。天地之所以能长且久者，以其不自生也，故能长生。是以圣人后其身而身先，外其身而身存。不以其无私乎？故能成其私。"所言"圣人"仅指圣君，不指公仪休这样的臣子。

相国如果"受鱼而免于相"，会被地位高于相国的侯王剥夺相位。侯王如果不愿"后其身"和"外其身"，会被地位低于侯王的民众剥夺君位。两者性质完全不同。《老子》非言前者，乃言后者，所以《淮南子》的黄老式演义和《韩诗外传》的儒家式演义，均不贴切。

51.上善若水章（传世本第8章）

上善若水。水善利万物而不争，居众人之所恶，故几于道矣。

居善地，心善渊，予善天，言善信，正善治，事善能，动善时。

夫唯不争，故无尤。

今译

上善的泰道如同水性之趋下。水善于造福万物却不争高位，甘居众多俗君厌恶的下位，所以近于泰道。

圣君居室善于择地，德心善于渊深，给予善于法天，政令善于诚信，身正善于治国，从事善于赋能，行动善于应时。

唯因圣君如水不争，所以没有过失。

演义

●《关尹子》演义"上善若水"

> 关尹曰："在己无居，形物自著。其动若水，其静若镜，其应若响。芴乎若亡，寂乎若清。同焉者和，得焉者失。未尝先人，而常随人。"
>
> （《庄子·天下》）

古本《关尹子》汉后亡佚，今本《关尹子》是后人托名伪撰的伪书。

《庄子·天下》所引关尹之言，引自古本《关尹子》，不见今本《关尹子》。

《老子》"上善若水"，首创以水喻道：以水之动，譬解"顺应天道"。

《关尹子》"其动若水，其静若镜，其应若响"，承于《老子》"上善若水"，首创以镜喻德：以镜之静，譬解"因循内德"；以镜之应，譬解"因应外境"。

《庄子》又承《老子》之水喻、《关尹子》之镜喻，故《庄子·大宗师》曰："鱼相造乎水，人相造乎道。"《庄子·应帝王》曰："至人之用心若镜，不将不迎，应而不藏，故能胜物而不伤。"庄子又首创水、镜合喻，总摄水之动与静，镜之静与应，故《庄子·德充符》曰："人莫鉴于流水，而鉴于止水。""水停之盛也，其可以为法。"

●《太一生水》演义 "上善若水"

太一生水。水反辅太一，是以成天。天反辅太一，是以成地。天地复相辅也，是以成神明。神明复相辅也，是以成阴阳。阴阳复相辅也，是以成四时。四时复相辅也，是以成寒热。寒热复相辅也，是以成湿燥。湿燥复相辅也，成岁而止。

故岁者，湿燥之所生也。湿燥者，寒热之所生也。寒热者，四时之所生也。四时者，阴阳之所生也。阴阳者，神明之所生也。神明者，天地之所生也。天地者，太一之所生也。

是故太一藏于水，行于时；周而又始，以己为万物母；一缺一盈，以己为万物经。

此天之所不能杀，地之所不能埋，阴阳之所不能成。君子知此之谓圣，不知此之谓冥。

下，土也，而谓之地。上，气也，而谓之天。道亦其字也，青昏其名。

以道从事者，必托其名，故事成而身长。圣人之从事也，亦托其名，故功成而身不伤。

天地名字并立，故化其方，不思相尚。

天道贵弱，削成者，以益生者；伐于强，积于弱。何谓也？天不足于西北，其下高以强；地不足于东南，其上厚以壮。不足于上者，有余于下；不足于下者，有余于上。

1993年湖北荆门郭店战国中期楚墓同时出土了《老子》竹简甲、乙、丙三种摘抄本和《太一生水》竹简。李学勤等学者认为，《太一生水》不仅是对《老子》初始本的阐释，而且作者可能是关尹本人或关尹弟子。结合《庄子·天下》所引古本《关尹子》"其动若水"等语，可以认为关尹确实把《老子》"上善若水"作为《老子》之道的核心意象，所以把"太一生水"作为阐释《老子》的篇名，又从"太一生水"开始，阐释"太一常道"如何生成天地万物。

关于《太一生水》如何阐释《老子》初始本，已见前著《老子奥义》，本书不赘。

●《吕览》演义"言善信"

武王入殷，闻殷有长者，武王往见之，而问殷之所以亡。殷长者对曰："王欲知之，则请以日中为期。"武王与周公旦明日早要期，则弗得也。武王怪之，周公曰："吾已知之矣，此君子也。取不能其主，有以其恶告王，不忍为也。若夫期而不当，言而不信，此殷之所以亡也，已以此告王矣。"

（《吕览·贵因》）

成王与唐叔虞燕居，援梧叶以为珪。而授唐叔虞曰："余以此封女。"

叔虞喜，以告周公。

周公以请曰："天子其封虞邪？"

成王曰："余一人与虞戏也。"

周公对曰："臣闻之，天子无戏言。天子言，则史书之，工诵之，士称之。"

于是遂封叔虞于晋。

周公旦可谓善说矣，一称而令成王益重言，明爱弟之义，有辅王室之固。

（《吕览·重言》）

《吕览·贵因》以武王之事，批评商纣王"言而不信，此殷之所以亡也"。《吕览·重言》以成王之事，引出周公名言"天子无戏言"，对后世影响深远。两者都是演义《老子》初始本第51《上善若水章》"言善信"，教诲侯王必须言而有信。

圣人之于事，似缓而急，似迟而速，以待时。

王季历困而死，文王苦之，有不忘羑里之丑，时未可也。武王事之，夙夜不懈，亦不忘王门之辱。立十二年，而成甲子之事，时固不易得。

太公望，东夷之士也，欲定一世而无其主。闻文王贤，故钓于渭以观之。伍子胥欲见吴王而不得，客有言之于王子光者，见之而恶其貌，不听其说而辞之。客请之王子光，王子光曰："其貌适吾所甚恶也。"客以闻伍子胥，伍子胥曰："此易故也。愿令王子居于堂上，重帷而见其衣若手，请因说之。"王子许。伍子胥说之半，王子光举帷，搏其手而与之坐；说毕，王子光大说。伍子胥以为有吴国者，必王子光也，退而耕于野。七年，王子光代吴王僚为王，任子胥，子胥乃修法制，下贤良，选练士，习战斗。六年，然后大胜楚于柏举。九战九胜，追北千里。昭王出奔随，遂有郢。亲射王宫，鞭荆平之坟三百。乡之耕，非忘其父之雠也，待时也。

墨者有田鸠，欲见秦惠王，留秦三年而弗得见。客有言之于楚王者，往见楚王。楚王说之，与将军之节以如秦。至，因见惠王。告人曰："之秦之道，乃之楚乎？"固有近之而远、远之而近者，时亦然。有汤武之贤，而无桀纣之时，不成；有桀纣之时，而无汤武之贤，亦不成。圣人之见时，若步之与影不可离。故有道之士未遇时，隐匿分窜，勤以待时。时至，有从布衣而为天子者，有从千乘而得天下者，有从卑贱而佐三王者，有从匹夫而报万乘者。故圣人之所贵，唯时也。

水冻方固，后稷不种，后稷之种必待春。故人虽智而不遇时，无功。方叶之茂美，终日采之而不知；秋霜既下，众林皆羸。事之难易，不在小大，务在知时。

（《吕览·首时》）

《吕览·首时》连举周文王、周武王、太公望、伍子胥、墨者田鸠数事，言圣人"待时"，"圣人之见时，若步之与影不可离"，"圣人之所贵，唯时也"，"事之难易，不在小大，务在知时"。演义《老子》初始本第51《上善若水章》"动善时"，教诲侯王动必知时。

52.持而盈之章（传世本第9章）

持而盈之，不若其已。
揣而锐之，不可长葆。
金玉盈室，莫能守也。
贵富而骄，自遗咎也。
功遂身退，天之道也。

今译

侯王自得而至满盈，不如止于未满。
侯王突出而至尖锐，不能长葆不折。
侯王金玉堆满居室，难以长守不失。
侯王贵富而至骄溢，自招怨咎祸事。
侯王功成事遂身退，才是效法天道。

演义

● 《淮南子》演义"持而盈之，不若其已。揣而锐之，不可长葆"

白公胜得荆国，不能以府库分人。

七日，石乞入曰："不义得之，又不能布施，患必至矣。不能予人，不若焚之，毋令人害我。"白公弗听也。

九日，叶公入，乃发大府之货以予众，出高库之兵以赋民，因而攻之，十有九日而擒白公。

夫国非其有也，而欲有之，可谓至贪也。不能为人，又无以自为，可谓至愚矣。譬白公之啬也，何以异于枭之爱其子也？故《老子》曰"持而盈之，不如其已。揣而锐之，不可长保"也。

（《淮南子·道应训》五）

白公胜（？—前479），楚平王之孙，芈姓，熊氏，名胜，太子建之子。封于白县（今河南息县东），故号白公。楚惠王十年（前479），白公胜叛乱入郢，杀令尹子西，劫持楚惠王，史称"白公之乱"。

叶公子高（前550—前470），楚庄王玄孙，芈姓，沈氏，名诸梁，字子高，封于叶县（今河南叶县），故号叶公。楚惠王十一年（前478），叶公勤王入郢，救出楚惠王，击败白公，平定白公之乱。白公胜兵败自杀。

《淮南子·道应训》第五章，以此演义《老子》初始本第52《持而盈之章》"持而盈之，不若其已。揣而锐之，不可长葆"。白公不能以府库分人而败，是《老子》经义之反例。叶公能以府库分人而胜，是《老子》经义之正例。

●《吕览》《淮南子》演义"功遂身退，天之道也"

魏武侯之居中山也，问于李克曰："吴之所以亡者何也？"

李克对曰："骤战而骤胜。"

武侯曰："骤战而骤胜，国家之福也，其独以亡，何故？"

对曰："骤战则民罢，骤胜则主骄。以骄主使罢民，然而国不亡者，天下少矣。骄则恣，恣则极物；罢则怨，怨则极虑。上下俱极，吴之亡犹晚。此夫差之所以自殁于干隧也。"

（《吕览·适威》）

魏武侯问于李克曰："吴之所以亡者，何也？"

李克对曰："数战而数胜。"

武侯曰："数战数胜国之福，其独以亡，何故也?"

对曰："数战则民罢，数胜则主憍。以憍主使罢民，而国不亡者，天下鲜矣。憍则恣，恣则极物；罢则怨，怨则极虑。上下俱极，吴之亡犹晚矣!夫差之所以自到于干遂也。"

故《老子》曰："功成名遂身退，天之道也。"

(《淮南子·道应训》十三)

此事首见《吕览·适威》，其首句"魏武侯之居中山也"，点明这是魏文侯征服白狄中山以后，封长子魏击(后为魏武侯)为魏属中山之君，又命已经退休的前魏相李克为魏属中山相，魏武侯(时为魏属中山之君)遂问李克吴国为何灭亡。

《淮南子·道应训》第十三章抄《吕览·适威》而予简化，未抄"魏武侯之居中山"。随后《韩诗外传》抄录《淮南子·道应训》，想当然地认为李克是魏文侯相，不是魏武侯相，于是改为魏文侯问李克。《新序·杂事》又抄《韩诗外传》，也变成了魏文侯问李克。所以《吕览·适威》、《淮南子·道应训》之魏武侯问李克不误，《韩诗外传》、《新序·杂事》之魏文侯问李克均误。

《吕览·适威》是隐譬《老子》,《淮南子·道应训》抄引《吕览·适威》并点破其演义《老子》"功遂身退，天之道也"。

老子弟子范蠡助越灭吴之后功遂身退，是践行老子"功遂身退，天之道也"的最佳范例，后世慕效者众多。

三

抱一贵德四章（53—56）：
抱一爱民，圣君贵德

53.抱一爱民章（传世本第10章）

载营魄抱一，能毋离乎？

抟气致柔，能婴儿乎？

涤除玄鉴，能毋有疵乎？

爱民治国，能毋以知乎？

天门启闭，能为雌乎？

明白四达，能毋以知乎？

故生之畜之，生而不有，长而不宰，是谓玄德。

今译

侯王运用身心抱持太一，能否永不背离？

侯王因袭气母遵循泰道，能否柔如婴儿？

侯王排除外撄明鉴无知，能否达至无病？

侯王爱护民众治理邦国，能否不用其知？

侯王认知天门开启闭合，能否持守雌德？

侯王明白四季循环往复，能否不用其知？

所以圣君统摄民生、蓄养民众，保障民生而不占有，身为君长而不主宰，这是至上之德。

演义

●《庄子》演义"抟气致柔，能婴儿乎"

南伯子葵问乎女偊曰："子之年长矣，而色若孺子，何也？"

曰："吾闻道矣。"

南伯子葵曰："道可得学邪？"

曰："恶！恶可！子非其人也。夫卜梁倚有圣人之才而无圣人之道，我有圣人之道而无圣人之才，吾欲以教之，庶几其果为圣人乎？不然。以圣人之道告圣人之才，亦易矣。吾犹告而守之，叁日而后能外天下；已外天下矣，吾又守之，七日而后能外物；已外物矣，吾又守之，九日而后能外生；已外生矣，而后能朝彻；朝彻而后能见独，见独而后能无古今，无古今而后能入于不死不生。故杀生者不死，生生者不生。其为物，无不将也，无不迎也，无不毁也，无不成也，其名为撄宁。撄宁也者，撄而后成者也。"

南伯子葵曰："子独恶乎闻之？"

曰："闻诸副墨之子，副墨之子闻诸络诵之孙，络诵之孙闻之瞻明，瞻明闻之聂许，聂许闻之需役，需役闻之於讴，於讴闻之玄冥，玄冥闻之参寥，参寥闻之疑始。"

（《庄子·大宗师》）

《庄子·大宗师》南伯子葵问女偊寓言，以女偊年长而色若孺子，演义《老子》初始本第53《抱一爱民章》"抟气致柔，能婴儿乎"。然而《老子》仅言其道，未言其阶，《庄子》进言闻道九阶、成道九阶。

闻道九阶：1副墨之子，2络诵之孙，3瞻明，4聂许，5需役，6於讴，7玄冥，8参寥，9疑始。

成道九阶：1外天下，2外物，3外生，4朝彻，5见独，6无古今，7入于不死不生，8撄宁，9撄而后成。

闻道然后悟道，悟道然后行道，行道然后成道，合称"闻悟行成"。参看拙著《庄子奥义》。

　　黄帝将见泰隗乎具茨之山，方明为御，昌寓骖乘，张若、譋朋前马，昆阍、滑稽后车。至于襄城之野，七圣皆迷，无所问途。

　　适遇牧马童子，问途焉，曰："若知具茨之山乎？"

　　曰："然。"

　　"若知泰隗之所存乎？"

　　曰："然。"

　　黄帝曰："异哉小童！非徒知具茨之山，又知泰隗之所存。请问为天下？"

　　小童曰："夫为天下者，亦若此而已矣，又奚事焉？予少而自游于六合之内，予适有瞀病，有长者教予曰：'若乘日之车，而游于襄城之野。'今予病少痊，予又且复游于六合之外。夫为天下，亦若此而已，予又奚事焉？"

　　黄帝曰："夫为天下者，则诚非吾子之事。虽然，请问为天下？"

　　小童辞。

　　黄帝又问。

　　小童曰："夫为天下者，亦奚以异乎牧马者哉？亦去其害马者而已矣。"

　　黄帝再拜稽首，称"天师"而退。

（《庄子·徐无鬼》）

　　《庄子·徐无鬼》黄帝见泰隗寓言，以泰隗之道，演义《老子》初始本第53《抱一爱民章》"抟气致柔，能婴儿乎"。

"泰隗"是泰道之寓言人格化，故以"牧童"形象示人。抟气致柔，能如婴儿，即侯王居于阳位而不用刚，转而"抟气致柔"。婴儿不宜充当寓言角色，所以泰隗化身牧童，教诲黄帝"能婴儿"之泰道。黄帝领悟"牧童"即泰隗，所以称其"天师"。

牧童以"牧马"为说，暗扣《老子》初始本第63《曲则全章》"圣人执一以为天下牧"（《老子》传世本改为"圣人抱一为天下式"）。要义是"去其害马者"，其余则无为而治，一任"天放"（《庄子·马蹄》）。

钱锺书《管锥编》评议《老子》"能婴儿乎……是谓玄德"曰："盖为成人说法。婴儿固'能'之而不足称'玄德'；'玄德'者，反成人之道以学婴儿之所不学而自能也。"[1]

●《淮南子》演义"载营魄抱一"

颜回谓仲尼曰："回益矣。"

仲尼曰："何谓也？"

曰："回忘礼乐矣。"

仲尼曰："可矣，犹未也。"

异日复见曰："回益矣。"

仲尼曰："何谓也？"

曰："回忘仁义矣。"

仲尼曰："可矣，犹未也。"

异日复见曰："回坐忘矣。"

仲尼蘧然曰："何谓坐忘？"

颜回曰："隳肢体，黜聪明，离形去知，洞于化通，是谓坐忘。"

仲尼曰："洞则无善也，化则无常矣。而夫子荐贤，丘请从

---

[1] 钱锺书《管锥编》654页，中华书局1981年版。

之后。"

故《老子》曰："载营魄抱一，能无离乎？专气至柔，能如婴儿乎？"

（《淮南子·道应训》三九，抄自《庄子·大宗师》）

《庄子·大宗师》颜回坐忘寓言，演义《老子》初始本第1《上德不德章》的价值五阶"道德仁义礼"，所以颜回先忘"礼乐"，再忘"仁义"，最后仅剩"道德"，以明《老子》初始本"尊道贵德"之旨。

《淮南子·道应训》以《庄》解《老》，抄引《庄子·大宗师》颜回坐忘仁义礼乐寓言，演义《老子》初始本第53《抱一爱民章》"载营魄抱一，能毋离乎？抟气致柔，能婴儿乎"。意为：侯王治国仅须"抱一"，亦即遵循太一"常道"，"尊道贵德"，无为而治，无须"仁义礼乐"的有为而治。

●《庄子》《淮南子》演义"明白四达，能毋以知乎"

啮缺问道乎被衣。

被衣曰："若正汝形，一汝视，天和将至；摄汝知，一汝度，神将来舍。德将为汝美，道将为汝居，汝蠢焉如新生之犊，而无求其故。"

言未卒，啮缺睡寐。

被衣大悦，行歌而去之，曰："形若槁骸，心若死灰；真其实知，不以故自持。昧昧晦晦，无心而不可与谋，彼何人哉！"

（《庄子·知北游》）

啮缺问道于被衣。

被衣曰："正女形，壹女视，天和将至；摄女知，正女度，神将来舍。德将来附若美，而道将为女居。惷乎若新生之犊，而无求其故。"

三　抱一贵德四章（53—56）：抱一爱民，圣君贵德　　179

言未卒，啮缺继以雎夷。

被衣行歌而去曰："形若槁骸，心如死灰；直实不知，以故自持。墨墨恢恢，无心可与谋，彼何人哉！"

故《老子》曰："明白四达，能无以知乎？"

（《淮南子·道应训》七，抄引《庄子·知北游》）

《庄子·知北游》啮缺问道被衣寓言，演义《老子》初始本第53《抱一爱民章》"明白四达，能毋以知乎？"

《淮南子·道应训》以《庄》解《老》，抄引《庄子·知北游》啮缺问道被衣寓言，点破其演义《老子》初始本第53《抱一爱民章》"明白四达，能毋以知乎？"意为：侯王治国必须自知无知而顺道无为，不可自居全知而悖道妄为。因为"以知治国，国之贼也；不以知治国，国之德也"（第29章）。"知不知，上矣。不知不知，病矣"（第35章）。

54.辐共一毂章（传世本第11章）

三十辐共一毂，当其无，有车之用。

埏埴以为器，当其无，有器之用。

凿户牖，当其无，有室之用。

故有之以为利，无之以为用。

今译

三十辐条共抱同一轮毂，仅当轮毂中间空无，车子才有功用。

抟土制作陶器，仅当陶器中间空无，器物才有功用。

凿出门户窗牖，仅当门窗中间空无，居室才有功用。

所以民众循德有为之利，正是侯王顺道无为之用。

演义

●《庄子》演义"无之以为用"

　　惠子谓庄子曰:"魏王贻我大瓠之种,我树之成,而实五石。以盛水浆,其坚不能自举也。剖之以为瓢,则廓落无所容。非不枵然大也? 吾为其无用而掊之。"

　　庄子曰:"夫子固拙于用大矣。宋人有善为不龟手之药者,世世以洴澼絖为事。客闻之,请买其方百金。聚族而谋曰:'我世世为洴澼絖,不过数金;今一朝而鬻技百金,请与之。'客得之,以说吴王。越有难,吴王使之将,冬与越人水战,大败越人,裂地而封之。能不龟手一也,或以封,或不免于洴澼絖,则所用之异也。今子有五石之瓠,何不虑以为大樽,而浮乎江湖,而忧其廓落无所容? 则夫子犹有蓬之心也夫!"

　　惠子谓庄子曰:"吾有大树,人谓之樗。其大本臃肿而不中绳墨,其小枝卷曲而不中规矩。立之途,匠者不顾。今子之言,大而无用,众所同去也。"

　　庄子曰:"子独不见狸狌乎? 卑身而伏,以候遨者;东西跳梁,不避高下,中于机辟,死于网罟。今夫斄牛,其大若垂天之云。此能为大矣,而不能执鼠。今子有大树,患其无用,何不树之于无何有之乡,广漠之野,彷徨乎无为其侧,逍遥乎寝卧其下? 不夭斤斧,物无害者,无所可用,安所困苦哉?"

　　　　　　　　　　　　　　　　　　　(《庄子·逍遥游》)

　　山木,自寇也;膏火,自煎也。桂可食,故伐之;漆可用,故割之。人皆知有用之用,而莫知无用之用也。

　　　　　　　　　　　　　　　　　　　(《庄子·人间世》)

　　惠子谓庄子曰:"子言无用。"

庄子曰："知无用，而始可与言用矣。夫地非不广且大也？人之所用容足耳。然则侧足而垫之至黄泉，人尚有用乎？"

惠子曰："无用。"

庄子曰："然则无用之为用也，亦明矣。"

（《庄子·外物》）

足之于地也浅，虽浅，恃其所不蹍，而后善博也；人之于知也少，虽少，恃其所不知，而后知天之所为也。

（《庄子·徐无鬼》）

《庄子》大量演义《老子》初始本第54《辐共一毂章》"无之以为用"，见于内篇《逍遥游》、《人间世》和外篇《外物》、《徐无鬼》等。

外篇《外物》庄惠辩用，是内篇《逍遥游》庄惠辩用之本事。外篇《徐无鬼》之言，又是外篇《外物》庄惠辩用之引申。《淮南子·说山训》："走不以手，缚手走不能疾；飞不以尾，屈尾飞不能远。物之用者，必待不用者。"《文子·上德》："足所践者少，其不践者多；心所知者寡，其不知者众。以不用而能成其用，不知而能全其知也。"又是外篇《徐无鬼》之言的引申。

内篇《人间世》"人皆知有用之用，而莫知无用之用也"，是《庄子》演义《老子》"无之以为用"的总论。

洪迈《容斋续笔》卷一二曰："《庄子》论'无用之用'，本《老子》：'三十辐共一毂，当其无，有车之用。'"[1]

---

[1] 转引自钱锺书《管锥编》660页，中华书局1981年版。

55.五色目盲章（传世本第12章）

五色令人目盲，五音令人耳聋，五味令人口爽，驰骋田猎令人心发狂，难得之货令人行妨。

是以圣人之治也，为腹而不为目。故去彼取此。

今译

五色容易使人目盲，五音容易使人耳聋，五味容易败坏口味，驰骋打猎容易使人心灵疯狂，难得之货容易妨害德行。

所以圣君治理天下，只求饱腹而不求悦目。所以去除声色犬马，仅求安居乐业。

演义

●《庄子》演义"为腹而不为目"

夫赫胥氏之时，民居不知所为，行不知所之，含哺而戏，鼓腹而游，民能已此矣。

及至圣人，屈折礼乐以匡天下之形，悬跂仁义以慰天下之心，而民乃始踶跂好知，争归于利，不可止也。此亦圣人之过也。

（《庄子·马蹄》）

赫胥氏是上古伏羲氏十五个时代之一，见于汉代纬书《遁甲开山图》："女娲氏没，大庭氏王。次有伯皇氏、中央氏、栗陆氏、骊连氏、赫胥氏、尊卢氏、祝融氏、混沌氏、昊英氏、有巢氏、葛天氏、阴康氏、朱襄氏、无怀氏。凡十五代，袭伏羲之号。"皇甫谧《帝王世纪》全同。

《庄子·马蹄》撰者认为，上古伏羲时代"民居不知所为，行不知所之，含哺而戏，鼓腹而游"，是上古圣君"为腹而不为目"。近世圣人"屈折礼乐以匡天下之形，悬跂仁义以慰天下之心"，导致了近世侯王"为目而不为腹"，这是近世圣人之过。

56.宠辱若惊章（传世本第13章）

宠辱若惊，贵大患若身。

何谓宠辱若惊？宠为下也。得之若惊，失之若惊，是谓宠辱若惊。

何谓贵大患若身？吾所以有大患者，为吾有身。及吾无身，吾有何患？

故贵以身为天下，若可以托天下；爱以身为天下，若可以寄天下。

今译

上德侯王被民众宠辱如受惊吓，重视己德如同重视大患。

为何被民众宠辱如受惊吓？因为被民众宠辱即为下德侯王。得到民众宠辱如受惊吓，失去民众宠辱如受惊吓，这叫被民众宠辱如受惊吓。

为何重视己德如同重视大患？因为寡人之所以有大患，正是寡人拔高己德。倘若寡人永不拔高己德，寡人还有什么大患？

所以上德侯王重视己德而治理天下，方能托付天下；上德侯王珍爱己德而治理天下，方能交付天下。

演义

●《庄子》演义"贵以身为天下，若可以托天下；爱以身为天下，若可以寄天下"

尧以天下让许由。许由不受，退而耕于颍水之阳，终身不见。

又让于子州支父。

子州支父曰："以我为天子，犹之可也。虽然，我适有幽忧之病，方且治之，未暇治天下也。"

夫天下至重也，而不以害其生，又况他物乎？唯无以天下为者，可以托天下也。

舜让天下于子州支伯。

子州支伯曰："予适有幽忧之病，方且治之，未暇治天下也。"

故天下大器也，而不以易其生。此有道者之所以异乎俗者也。

舜以天下让善卷。

善卷曰："余立于宇宙之中，冬日衣皮毛，夏日衣葛絺；春耕种，形足以劳动；秋收敛，身足以休食。日出而作，日入而息，逍遥于天地之间而心意自适。吾何以天下为哉？悲夫！子之不知余也。"

遂不受。于是去而入深山，莫知其处。

舜以天下让其友石户之农。

石户之农曰："倦倦乎，后之为人？余葆力之士也。"

以舜之德为未至也，于是夫负妻戴，携子以入于海，终身不返也。

太王亶父居邠，狄人攻之。事之以皮帛而不受，事之以犬马而不受，事之以珠玉而不受。狄人之所求者，土地也。

太王亶父曰："与人之兄居而杀其弟，与人之父居而杀其子，吾不忍也。子皆勉居矣！为吾臣，与为狄人臣，奚以异？且吾闻之：'不以所用养，害所养。'"因杖策而去之。民相连而从之，遂成国于岐山之下。

夫太王亶父，可谓能尊生矣。能尊生者，虽贵富不以养伤身，虽贫贱不以利累形。今世之人，居高官尊爵者，皆重失之。见利轻亡其身，岂不惑哉？

（《庄子·让王》）

《庄子·让王》开篇连续数章，演义《老子》初始本第56《宠辱若惊章》"贵以身为天下，若可以托天下；爱以身为天下，若可以寄天下"。

其中唯有太王亶父居邠，最后成国于岐山之下，又见于《孟子》、《吕览》、《文子》等众多古籍，是真实历史。尧让天下于许由，又让天下于子州支父，舜让天下于子州支伯，又让天下于善卷，又让天下于石户之农等，承于《庄子·逍遥游》尧让天下于许由，都是仅见于《庄子》的寓言。许由、巢父、子州支父、子州支伯、善卷、石户之农等不是真实历史人物，而是《庄子·逍遥游》首创、《庄子·让王》承之的虚构寓言人物。东汉班固把《庄子》虚构的寓言人物采入《汉书·古今人表》之后，这些虚构人物常被视为真实人物，并且成为《老子》"贵以身为天下，若可以托天下；爱以身为天下，若可以寄天下"的经典人物。

●《淮南子》演义"贵以身为天下，若可以托天下；爱以身为天下，若可以寄天下"

大王亶父居邠，翟人攻之。事之以皮帛珠玉而弗受，翟人之所求者地，无以财物为也。

大王亶父曰："与人之兄居而杀其弟，与人之父处而杀其子，吾弗为。皆勉处矣！为吾臣与翟人奚以异？且吾闻之也，不以其所养害其养。"杖策而去，民相连而从之，遂成国于岐山之下。

大王亶父可谓能保生矣。虽富贵，不以养伤身；虽贫贱，不以利累形。今受其先人之爵禄，则必重失之。所自来者久矣，而轻失之，岂不惑哉！

故《老子》曰："贵以身为天下，焉可以托天下。爱以身为天下，焉可以寄天下矣。"

（《淮南子·道应训》一五）

《淮南子·道应训》第十五章，也以大王亶父居邠故事，演义《老子》初始本第56《宠辱若惊章》"贵以身为天下，若可以托天下；爱以身为天下，若可以寄天下"。因为用真实故事演义《老子》，比用虚构寓言演义《老子》更有说服力。

知常尊道三章（57—59）：
守静知常，圣君尊道

57.执今之道章（传世本第14章）

视之不见，名之曰微；听之不闻，名之曰希；搏之不得，名之曰夷。三者不可至计，故混而为一。一者，其上不皦，其下不昧。

寻寻不可名，复归于无物，是谓无状之状。

无物之象，是谓芴芒。随而不见其后，迎而不见其首。

执今之道，以御今之有。以知古始，是谓道纪。

今译

无极恒道目视不能见，可名为微；耳听不能闻，可名为希；手触不能得，可名为夷。微、希、夷三者不可计算历法，所以通过混沌认知太一常道。太一常道之上的无极恒道不明亮，太一常道之下的天象历数不暗昧。

反复探寻不可名状的无极恒道，复归于空无一物，那是没有状貌的状貌。

从空无一物中显现的可知天象，就是太阳光芒的表木投影。尾随太一常道之后不见其尾，迎接太一常道之前不见其首。

圣君执守今人可知的太一常道，驾驭今人可见的宇宙万有。以此知晓古人认知无极恒道始于认知太一常道，并将太一常道视为无极恒道之纲纪。

演义

●《庄子》演义"视之不见，听之不闻，搏之不得"

光曜问乎无有曰："夫子有乎？其无有乎？"

无有弗应也。

光曜不得问，而熟视其状貌，窅然空然，终日视之而不见，听之而不闻，搏之而不得也。

（《庄子·知北游》）

《庄子·知北游》光曜问无有寓言，演义《老子》初始本第57《执今之道章》"视之不见，听之不闻，搏之不得"，乃言宣夜说范畴的宇宙总体规律"无极恒道"不可见、不可闻、不可得。

●《庄子》演义"无物之象，是谓芴芒"

黄帝游乎赤水之北，登乎昆仑之丘而南望，还归，遗其玄珠。

使知索之，而不得。

使离朱索之，而不得。

使喫诟索之，而不得也。

乃使罔象，罔象得之。

黄帝曰："异哉！罔象乃可以得之乎？"

（《庄子·天地》）

《庄子·天地》罔象玄珠寓言，演义《老子》初始本第57《执今之道章》"无物之象，是谓芴芒"。所言"罔象"，即《老子》"无物之象"。所言"玄珠"，即《老子》"玄之又玄"，均言浑天说范畴的宇宙局部太阳系规律"太一常道"可见、可闻、可得。

《老子》初始本第57《执今之道章》，先言宣夜说范畴的宇宙总体规律"无极恒道"不可见、不可闻、不可得，再言浑天说范畴的宇宙局部太阳系规律"太一常道"可见、可闻、可得，最后主张侯王执今可见、可闻、可得之"太一常道"治国，层次井然，义理清晰。

《老子》初始本第57《执今之道章》"执今之道，以御今之有"，被西汉晚期刘向以后的《老子》传世本改为"执古之道，以御今之有"，全反《老子》真义。

●《韩非子》演义"无状之状，无物之象"

道者，万物之所然也，万理之所稽也。理者，成物之文也；道者，万物之所以成也。故曰："道，理之者也。"物有理，不可以相薄。物有理不可以相薄，故理之为物之制，万物各异理，万物各异理而道尽。稽万物之理，故不得不化；不得不化，故无常操；无常操，是以死生气禀焉，万智斟酌焉，万事废兴焉。天得之以高，地得之以藏，维斗得之以成其威，日月得之以恒其光，五常得之以常其位，列星得之以端其行，四时得之以御其变气，轩辕得之以擅四方，赤松得之与天地统，圣人得之以成文章。道，与尧、舜俱智，与接舆俱狂，与桀、纣俱灭，与汤、武俱昌。以为近乎，游于四极；以为远乎，常在吾侧；以为暗乎，其光昭昭；以为明乎，其物冥冥；而功成天地，和化雷霆；宇内之物，恃之以成。凡道之情，不制不形，柔弱随时，与理相应。万物得之以死，得之以生；万事得之以败，得之以成。道譬诸若水，溺者多饮之即死，渴者适饮之即生；譬之若剑戟，愚人以行忿则祸生，圣人以诛暴则福成。故"得之以死，得之以生，得之以败，得之以成"。

人希见生象也，而得死象之骨，案其图以想其生也，故诸人之所以意想者皆谓之"象"也。今道虽不可得闻见，圣人执其见功，以处见其形，故曰："无状之状，无物之象。"

（《韩非子·解老》二七）

《韩非子·解老》共三十六章，其中三十四章解说《老子》初始本上经《德经》九章（1、9、13、16、17、21、22、23、31），多为逐句解说整章；仅有二章解说《老子》初始本下经《道经》各八字，即《解老》第二十七章解说《老子》初始本下经《道经》第57《执今之道章》八字"无状之状，无物之象"，《解老》第二十八章解说《老子》初始本下经《道经》第45《道可道章》八字"道之可道，非常道也"。

韩非已经明白《老子》初始本第3章"有生于无"之"无"与"有"，第5章"道生一"之"道"与"一"，不属同一层次，因此借用《庄子·则阳》所言"万物同道殊理"，认为《老子》之"无"和"道"即《庄子·则阳》所言"万物同道"，《老子》之"有"和"一"即《庄子·则阳》所言"万物殊理"。

韩非的解说尽管优于混淆"道"与"一"的汉后学者，但把浑天说范畴的宇宙局部规律"太一常道"降格为"理"，仍然不合《老子》初始本真义。因为韩非不了解史官老子熟知的天文知识，不明白人类"可得闻见"的浑天说范畴宇宙局部太阳系规律"太一常道"之上，另有人类"不可闻见"的宣夜说范围宇宙总体规律"无极恒道"。正因如此，韩非对《老子》初始本下经《道经》殊少感悟，仅仅解说了下经《道经》二章十六字。

【附考】

顾广圻曰："'道者万物之所然也'以下，不见所解何文。详《老子》第十四章有云：'是谓道纪'，此当解彼也。"王先慎曰："顾说是也。'道'字逗。'纪'、'理'义同，故《道经》作'纪'，韩子改为'理'。"陈奇猷曰："顾、王说皆是也。盖韩子多以理为法纪之义。"诸家捕风捉影，所言均非。

《解老》此章所解《老子》经文并非"是谓道纪","道纪"之"纪"不可训"理",韩非不可能把"道纪"之"纪"改为"理"。

汉后学者认为"道者万物之所然也"以下"不见所解何文",源于误将"人希见生象也"以下另分一章。由于误将《解老》第二十七章之二节分为二章,于是误将《解老》三十六章误分为三十七章。若不误将《解老》第二十七章之二节分为二章,即知《解老》第二十七章乃解《老子》"无状之状,无物之象"。

《解老》第二十七章第一节"道者,万物之所然也",末言:"得之以死,得之以生,得之以败,得之以成。"乃是化用《黄帝四经·道法》:"故同出冥冥,或以死,或以生;或以败,或以成。"韩非之所以化用《黄帝四经·道法》,乃因《道法》之宗旨"道生法",正是战国黄老学派之宗旨,即把"老子"之"道",化为"黄帝"之"法"。

为了把"老子"之"道"化为"黄帝"之"法",韩非又化用了《庄子·则阳》的"万物同道殊理",故《解老》曰:"物有理不可以相薄,故理之为物之制,万物各异理,万物各异理而道尽。"

为了把"老子"之"道"化为"黄帝"之"法",韩非又化用了《庄子·大宗师》:"狶韦氏得之,以挈天地;伏羲氏得之,以袭气母;维斗得之,终古不忒;日月得之,终古不息;堪坏得之,以袭昆仑;冯夷得之,以游大川;肩吾得之,以处泰山;黄帝得之,以登云天;颛顼得之,以处玄宫;禺强得之,立乎北极;西王母得之,坐乎少广,莫知其始,莫知其终;彭祖得之,上及有虞,下及五霸;傅说得之,以相武丁,奄有天下,乘东维,骑箕尾,而比于列星。"故《解老》曰:"天得之以高,地得之以藏,维斗得之以成其威,日月得之以恒其光,五常得之以常其位,列星得之以端其行,四时得之以御其变气,轩辕得之以擅四方,赤松得之与天地统,圣人得之以成文章。"

由于《黄帝四经》汉后亡佚,所以汉后注家不明《解老》第二十七章第一节之意旨和来源。今因《黄帝四经》重出于马王堆帛书,可知《解老》第二十七章第一节先以"黄"解"老",再以"庄"解"老",第二节才解说《老子》"无状之状,无物之象"。

●《淮南子》演义"无状之状，无物之象"

田骈以道术说齐王。

王应之曰："寡人所有，齐国也。道术难以除患，愿闻国之政。"

田骈对曰："臣之言无政，而可以为政。譬之若林木无材，而可以为材。愿王察其所谓，而自取齐国之政焉已。虽无除其患害，天地之间，六合之内，可陶冶而变化也。齐国之政，何足问哉？"

此老聃之所谓"无状之状，无物之象"者也。若王之所问者，齐也；田骈所称者，材也。材不及林，林不及雨，雨不及阴阳，阴阳不及和，和不及道。

（《淮南子·道应训》四）

《淮南子·道应训》第四章，演义《老子》初始本第57《执今之道章》"无状之状，无物之象"，思路与《韩非子·解老》第二十七章相近。大意是"道术"属"道"，"国政"属"理"。"道术"之"道"是"无状之状，无物之象"，"国政"之"理"则从"道"化出，一如道生和，和生阴阳，阴阳生雨，雨生林，林生材。

●《庄子》演义"执今之道，以御今之有"

孔子西游于卫。

颜渊问师金曰："以夫子之行，为奚如？"

师金曰："惜乎！尔夫子其穷哉！"

颜渊曰："何也？"

师金曰："夫刍狗之未陈也，盛以箧衍，巾以文绣，尸祝斋戒以将之。及其已陈也，行者践其首脊，苏者取而爨之而已。将复取而盛以箧衍，巾以文绣，游居寝卧其下，彼不得梦，必且数眯焉。今尔夫子，亦取先王已陈刍狗，聚弟子游居寝卧其下，故伐树于宋，削迹于卫，穷于商周，是非其梦邪？围于陈蔡之间，七日不火食，死生相与邻，是非其眯邪？

"夫水行莫如用舟，而陆行莫如用车。以舟之可行于水也，而求推之于陆，则没世不行寻常。古今非水陆欤？周鲁非舟车欤？今蕲行周于鲁，是犹推舟于陆也，劳而无功，身必有殃。彼未知夫无方之转，应物而不穷者也。且子独不见夫桔槔者乎？引之则俯，舍之则仰。彼，人之所引，非引人者也，故俯仰而不得罪于人。

"故夫三皇五帝之礼仪法度，不矜于同而矜于治。故譬三皇五帝之礼仪法度，其犹柤梨橘柚、果蓏之属邪？虽其味相反，而皆可于口。故礼仪法度者，应时而变者也。今取猨狙而衣以周公之服，彼必龁啮挽裂，尽去而后慊。观古今之异，犹猨狙之异乎周公也。故西施病心而矉，其里之丑人见而美之，归亦捧心而矉。其里之富人见之，坚闭门而不出；贫人见之，挈妻子而去之走。彼知矉美，而不知矉之所以美。惜乎！尔夫子其穷哉！"

（《庄子·天运》）

《庄子·天运》颜渊问师金寓言，师金最后一段话，后世概括为成语"东施效矉"，符合《老子》初始本第57《执今之道章》"执今之道，以御今之有"。

马王堆《老子》帛甲本、帛乙本均作"执今之道"，是《老子》初始本经文。《老子》传世本改为"执古之道"，违背《老子》初始本，义不可通。

道体遍在永在，"无古无今"（《庄子·知北游》），"古今不代"（《庄子·管仲》，郭象拼接于《徐无鬼》），"古今不二"（《庄子·骈拇》），故今之道体，即古之道体。《老子》初始本"执今之道"，非言道体，乃言道术，意为侯王只能执守今人能知的"太一常道"治国，不能执守今人不知的"无极恒道"治国。

● 《吕览》演义 "执今之道，以御今之有。以知古始，是谓道纪"

　　上胡不法先王之法？非不贤也，为其不可得而法。先王之法，经乎上世而来者也，人或益之，人或损之，胡可得而法？虽人弗损益，犹若不可得而法。夷夏之命，古今之法，言异而典殊，故古之命多不通乎今之言者，今之法多不合乎古之法者。殊俗之民，有似于此。其所为欲同，其所为欲异。口惽之命不愉，若舟车衣冠滋味声色之不同。人以自是，反以相诽。天下之学者多辩，言利辞倒，不求其实，务以相毁，以胜为故。先王之法，胡可得而法？虽可得，犹若不可法。凡先王之法，有要于时也，时不与法俱至。法虽今而至，犹若不可法。故择先王之成法，而法其所以为法。先王之所以为法者何也？先王之所以为法者，人也。而己亦人也，故察己则可以知人，察今则可以知古。古今一也，人与我同耳。有道之士，贵以近知远，以今知古，以益所见，知所不见。故审堂下之阴，而知日月之行、阴阳之变；见瓶水之冰，而知天下之寒、鱼鳖之藏也；尝一脔肉，而知一镬之味、一鼎之调。

　　荆人欲袭宋，使人先表澭水。澭水暴益，荆人弗知，循表而夜涉，溺死者千有余人，军惊而坏都舍。向其先表之时可导也，今水已变而益多矣，荆人尚犹循表而导之，此其所以败也。今世之主，法先王之法也，有似于此。其时已与先王之法亏矣，而曰"此先王之法也"，而法之以为治，岂不悲哉？故治国无法则乱，守法而弗变则悖，悖乱不可以持国。世易时移，变法宜矣。譬之若良医，病万变，药亦万变。病变而药不变，向之寿民，今为殇子矣。故凡举事必循法以动，变法者因时而化，若此论则无过务矣。夫不敢议法者，众庶也；以死守者，有司也；因时变法者，贤主也。是故有天下七十一圣，其法皆不同。非务相反也，时势异也。故曰良剑期乎断，不期乎镆铘；良马期乎千里，不期乎骥骜。夫成功名者，此先王之千里也。

　　楚人有涉江者，其剑自舟中坠于水，遽契其舟曰："是吾剑之所从坠。"舟止，从其所契者入水求之。舟已行矣，而剑不行，求剑若此，不亦惑乎？以此故法为其国，与此同。时已徙矣，而法不徙，以此为治，岂不难哉？

有过于江上者，见人方引婴儿而欲投之江中，婴儿啼。人问其故，曰："此其父善游。"其父虽善游，其子岂遽善游哉？此任物亦必悖矣。荆国之为政，有似于此。

（《吕览·察今》）

《吕览·察今》此节，节题"察今"，源于《老子》初始本第57《执今之道章》"执今之道，以御今之有"。又以荆人袭宋、楚人涉江、荆国为政多例，演义《老子》初始本第57《执今之道章》"执今之道，以御今之有。以知古始，是谓道纪"。

"先王之所以为法者，人也。而己亦人也，故察己则可以知人，察今则可以知古。古今一也，人与我同耳。有道之士，贵以近知远，以今知古，以益所见，知所不见。"与《庄子·天运》的"东施效颦"寓言一样，反对"今世之主，法先王之法"。

58.古之善士章（传世本第15章）

古之善为士者，微妙玄达，深不可识。

夫唯不可识，故强为之颂曰：

豫兮其若冬涉川，犹兮其若畏四邻，俨兮其若客，涣兮其若冰释，沌兮其若朴，混兮其若浊，旷兮其若谷。

孰能浊以静者？将徐清。孰能牝以主者？将徐生。

葆此道者，不欲盈。夫唯不欲盈，是以能敝而成。

今译

古之圣君善于执守太一常道，所以微妙玄通，深不可识。

唯因古之圣君深不可识，所以勉强颂扬如下：

审慎啊如若冬天涉过大川，戒惧啊如若提防四周邻国，拘谨啊如若身为宾客，涣散啊如若薄冰将释，敦厚啊如若未雕朴木，浑沌啊如若混浊之水，空旷啊如若无人山谷。

谁能守浊而静处？必将徐徐澄清。谁能守雌而为主？必将徐徐生成。

古之圣君葆此太一常道，不欲满盈。唯因不欲满盈，故能摆脱敝坏而新成。

演义

●《淮南子》演义"葆此道者，不欲盈。夫唯不欲盈，是以能敝而成"

孔子观桓公之庙，有器焉，谓之宥卮。

孔子曰："善哉！予得见此器。"

顾曰："弟子取水！"水至，灌之。其中则正，其盈则覆。

孔子造然革容曰："善哉！持盈者乎！"

子贡在侧曰："请问持盈。"

曰："益而损之。"

曰："何谓益而损之？"

曰："夫物盛而衰，乐极则悲，日中而移，月盈而亏。是故聪明睿智，守之以愚；多闻博辩，守之以陋；武力毅勇，守之以畏；富贵广大，守之以俭；德施天下，守之以让。此五者，先王所以守天下而弗失也。反此五者，未尝不危也。"

故《老子》曰："服此道者，不欲盈。夫唯不盈，故能弊而新成。"

（《淮南子·道应训》五五）

齐景公（前547—前490在位）三十一年、周敬王三年、鲁昭公二十五年（前517），孔子三十五岁，因鲁乱适齐。齐景公以孔子贤而欲封之，被齐相晏婴（前578—前500）阻止。事见《晏子春秋》和《史记·孔子世家》。

《淮南子·道应训》第五十五章，以孔子三十五岁游齐，观齐桓公之庙而见宥卮，演义《老子》初始本第58《古之善士章》"葆此道者，不欲盈。夫唯不欲盈，是以能敝而成"。

孔子游齐，在齐桓公之庙见宥卮，又见《荀子·宥坐》、《韩诗外传》卷三等籍，当属史实，然而细节却因尊孔而夸大。比如齐桓公庙为齐国宗庙重地，宥卮则是宗庙重器，孔子可以请求齐相晏婴取水灌满，不宜径命弟子取水灌满齐国宗庙重地之重器。所以《荀子·宥坐》把齐桓公庙改为鲁桓公庙，以便鲁相孔子可以径命弟子取水灌满鲁国宗庙重地之重器。《韩诗外传》卷三又把齐桓公庙改为"周庙"，以便合于《论语·八佾》所言孔子"入太庙，每事问"，殊不知鲁国庶民孔子三十一岁自鲁至周问礼于东周史官老子，更不可能径命弟子取水灌满东周宗庙重地之重器。尊孔而修改史实，总是破绽百出，越改越误。

《淮南子·道应训》之"宥卮"，即《文子·九守》之"侑卮"，《荀子·宥坐》之"欹器"。《淮南子·道应训》"其中则正，其盈则覆"，《荀子·宥坐》"虚则欹，中则正，满则覆"，《韩诗外传》卷三"器满则覆，虚则欹，中则正"，三书之"中"，皆同于"冲"，证见《文子·九守》："三皇五帝有戒之器，命曰侑卮，其冲即正，其盈即覆。"冲训冲虚，不训正中，否则"中则正"不通。此器特点是"其冲则正，其盈则覆"，即水不能灌满，一旦灌满就会倾覆。《淮南子·道应训》以此演义《老子》"葆此道者，不欲盈。夫唯不欲盈，是以能敝而成"，生动形象。

59. 守静知常章（传世本第16章）

至虚，极也；守静，督也。

万物并作，吾以观其复也。

天道圆圆，各复其根。

归根曰静，静曰复命。复命，常也。知常，明也。不知常，妄作凶。

知常容，容乃公，公乃王，王乃天，天乃道，道乃久，殁身
不殆。

今译

太一上帝至虚，方能成为天极；太一上帝守静，方能居于天中。

万物遵循太一常道并行作息，吾人以此观其复归。

天道周行旋转，是宇宙万物复归之根。

侯王归根方能清静无为，清静无为方能复归天命。复归天命方能认知常道。认知常道方能德心澄明。不知常道，妄作必凶。

侯王认知常道方能宽容，宽容方能为公，为公方能为王，为王方能顺天，顺天方能尊道，尊道方能长久，终身没有危殆。

演义

●《吕览》演义"知常容，容乃公，公乃王"

荆人有遗弓者，而不肯索。曰："荆人遗之，荆人得之，又何索焉？"

孔子闻之曰："去其荆而可矣。"

老聃闻之曰："去其人而可矣。"

故老聃则至公矣。

（《吕览·贵公》）

这是黄老学派经典《吕览》"采儒墨之善，撮名法之要"的经典案例，也是《吕览》宗老甚于宗孔的重要证据。

所谓"老聃则至公矣"，即言《老子》初始本不为侯王一家谋利益，而为天下万民谋利益。故《吕览·贵公》曰："天下非一人之天下也，乃天下之天下也。"

●《淮南子》演义"致虚，极；守静，督也。万物并作，吾以观其复也"

尹需学御，三年而无得焉，私自苦痛，常寝想之。中夜，梦受秋驾于师。

明日，往朝。师望之，谓之曰："吾非爱道于子也，恐子不可予也。今日教子以秋驾。"

尹需反走，北面再拜曰："臣有天幸，今夕固梦受之。"

故《老子》曰："致虚极，守静笃，万物并作，吾以观其复也。"

（《淮南子·道应训》四八）

刘安《淮南子·道应训》第四十八章，抄自刘安版《庄子》大全本。《吕览·博志》也有此事，抄自魏牟版《庄子》初始本。旧因魏牟版《庄子》初始本、刘安版《庄子》大全本全都亡佚，所以学者大多以为此事首见《吕览·博志》，进而以为《淮南子·道应训》抄自《吕览·博志》，其实《吕览·博志》、《淮南子·道应训》均抄《庄子》。

《文选》左太冲《魏都赋》注、王元长《三月三日曲水诗序》注，均引《庄子》佚文曰："尹儒学御，三年而无所得，夜梦受秋驾于其师。明日往朝其师，其师望而谓之曰：'吾非独爱道也，恐子之未可与也。今日将教子以秋驾。'"《吕览·博志》抄魏牟版《庄子》初始本，仍作"尹儒"；《淮南子·道应训》抄刘安版《庄子》大全本，改为"尹需"。

《吕览·博志》抄魏牟版《庄子》初始本此事，以明《老子》经义，但未明引《老子》经文。《淮南子·道应训》抄刘安版《庄子》大全本此事，以明《老子》经义，明引《老子》初始本第59《守静知常章》经文。

五

侯王四境六章（60—65）：
太上不知，百姓自然

60.太上不知章（传世本第17、18、19章）

太上，不知有之。其次，亲而誉之。其次，畏之。其下，侮之。

信不足焉，有不信。

犹兮，其贵言也。功成事遂，百姓皆谓我自然。（以上传世本第17章）

故大道废焉，有仁义。智慧出焉，有大伪。六亲不和焉，有孝慈。国家昏乱焉，有忠臣。（以上传世本第18章）

绝知弃辩，民利百倍。绝巧弃利，盗贼无有。绝为弃作，民复孝慈。

此三言也，以为文未足，故令之有所属：见素抱朴，少私寡欲（以上传世本第19章），绝学无忧。

今译

圣君以德治国，百姓不知有君。贤君以仁治国，百姓亲而誉之。暴君以义治国，百姓畏而惧之。昏君以礼治国，百姓侮而辱之。

后三境俗君诚信不足，百姓不予信任。

第一境圣君犹豫审慎，施行不言之教。功业成就政事顺遂，百姓都说我自然。

所以俗君废弃以德治国的大道，才有仁义礼的伪道。仁义礼的伪智慧出现，才有天下大伪。六亲不和，才有伪装的父慈子孝。国家昏乱，才有伪装的君信臣忠。

圣君绝弃以知治国的言辩，百姓自然获利百倍。圣君绝弃巧取豪夺的重税，百姓自然不做盗贼。圣君绝弃有为妄作的礼教，百姓自然父慈子孝。

以上绝弃三言，褒扬圣君尚嫌不足，所以再予概括：圣君显现纯素抱持朴德，少其私心寡其私欲，拒学有为即可无忧。

演义

●《庄子》演义"太上，不知有之"

阳子居见老聃曰："有人于此，响疾强梁，物彻疏明，学道不倦。如是者可比明王乎？"

老聃曰："是於圣人也？胥易技系、劳形怵心者也。且也虎豹之文来田，猿狙之便来藉，如是者可比明王乎？"

阳子居蹴然曰："敢问明王之治？"

老聃曰："明王之治，功盖天下，而似不自己；化贷万物，而民弗恃；有莫举名，使物自喜；立乎不测，而游于无有者也。"

（《庄子·应帝王》）

《庄子·应帝王》阳子居见老聃寓言，演义《老子》初始本第60《太上不知章》"太上，不知有之"。

老聃曰："明王之治，功盖天下，而似不自己。"这是"明王"即圣君不把天下风调雨顺、民众安居乐业，归功于自己。

老聃又曰："有莫举名，使物自喜。"这是民众不把天下风调雨顺、民众安居乐业，归功于圣君。"有莫举名"，即民众不知圣君的姓名和圣君的存在，演义《老子》初始本第60《太上不知章》"太上，不知有之"。"使物自喜"，即民众循德"自为"（《老子》初始本第20、第77章），演义《老子》初始本第60《太上不知章》"功成事遂，百姓皆谓我自然"。

> 门无鬼与赤张满稽观于武王之师。
>
> 赤张满稽曰："不及有虞氏乎！故离此患也。"
>
> 门无鬼曰："天下均治而有虞氏治之邪？其乱而后治之欤？"
>
> 赤张满稽曰："天下均治之为愿，而何计以有虞氏为？有虞氏之药疡也，秃而施髢，病而求医。孝子操药以修慈父，其色憔然，圣人羞之。至德之世，不尚贤，不使能；上如标枝，民如野鹿。端正而不知以为义，相爱而不知以为仁，实而不知以为忠，当而不知以为信，蠢动而相使，不以为赐，是故行而无迹，事而无传。"
>
> （《庄子·泰初》）

刘安版《庄子》大全本之杂篇《泰初》（郭象拼接于外篇《天地》），以门无鬼与赤张满稽寓言，演义《老子》初始本第60《太上不知章》"太上，不知有之"。

"上如标枝"，演义《老子》初始本"太上"。"端正而不知以为义，相爱而不知以为仁，实而不知以为忠，当而不知以为信"，演义《老子》初始本"不知有之"。"是故行而无迹，事而无传"，演义《老子》初始本"功成事遂，百姓皆谓我自然"。民众"蠢动而相使，不以为赐"，按照物德本能和自然规律"自为"，民众不知侯王的存在，所以不认为是侯王的恩赐。

●《吕览》演义"太上，不知有之"

> 为天下及国，莫如以德，莫如行义。以德以义，不赏而民劝，不罚而邪止。此神农、黄帝之政也。以德以义，则四海之大，江河之水，不能亢矣；太华之高，会稽之险，不能障矣；阖

庐之教，孙、吴之兵，不能当矣。故古之王者，德回乎天地，澹乎四海，东西南北，极日月之所烛。天覆地载，爱恶不臧。虚素以公，小民皆之，其之敌而不知其所以然，此之谓顺天。教变容改俗，而莫得其所受之，此之谓顺情。故古之人，身隐而功著，形息而名彰，说通而化奋，利行乎天下，而民不识，岂必以严罚厚赏哉？严罚厚赏，此衰世之政也。

（《吕览·上德》）

《吕览·上德》此节，节题"上德"，源于《老子》初始本第1《上德不德章》"上德无为而无以为"的圣君；展开部分"古之人，身隐而功著，形息而名彰，说通而化奋，利行乎天下，而民不识"，演义《老子》初始本第60《太上不知章》"太上，不知有之"的圣君。可见《吕览·上德》的撰者深明《老子》初始本第1《上德不德章》和第60《太上不知章》均言"侯王四境"，同时深知《老子》初始本第1《上德不德章》的"上德无为而无以为"，以及《老子》初始本第60《太上不知章》的"太上，不知有之"，均言"圣君"，亦即"上德"侯王。

● **《淮南子》演义"绝知弃辩，民利百倍"**

跖之徒问跖曰："盗亦有道乎？"

跖曰："奚适其无道也！夫意而中藏者，圣也；入先者，勇也；出后者，义也；分均者，仁也；知可否者，智也。五者不备而能成大盗者，天下无之。"

由此观之，盗贼之心必托圣人之道，而后可行。故《老子》曰："绝圣弃智，民利百倍。"

（《淮南子·道应训》三七）

《淮南子·道应训》第三十七章，抄引《庄子·胠箧》"盗亦有道"寓言，演义《老子》初始本第60《太上不知章》"绝知弃辩，民利百倍"。

然而《老子》初始本作"绝知弃辩，民利百倍"，而非"绝圣弃智，民利百倍"，证明西汉早期的《老子》传世本，已把《老子》初始本的"绝知弃辩"改为"绝圣弃智"。这不符合《老子》初始本的宗旨，因为《老子》初始本反复称颂"圣人"，不可能主张"绝圣"。

《老子》初始本的"圣人"均指圣君，无一指"圣人"孔子。但是由于战国早中期的孔子之徒散于天下，战国中后期的儒家士人已把孔子奉为"圣人"，所以战国后期的道家之徒，把《老子》初始本的"绝知弃辩"改为"绝圣弃智"，《庄子·胠箧》进而主张"圣人不死，大盗不止"。《淮南子·道应训》受到《庄子·胠箧》影响，所以抄引《庄子·胠箧》此事，演义《老子》传世本的"绝圣弃智"。

尽管春秋晚期的《老子》初始本不主张"绝圣"，战国后期的道家后学主张"绝圣"，但是不能简单认为战国后期的道家反对《老子》，因为春秋晚期老子褒扬的"圣人"，与战国后期道家之徒绝弃的"圣人"，能指虽然相同，所指、受指不同。

●《淮南子》演义"国家昏乱焉，有忠臣"

　　魏文侯觞诸大夫于曲阳。饮酒酣，文侯喟然叹曰："吾独无豫让以为臣乎！"

　　蹇重举白而进之曰："请浮君！"

　　君曰："何也？"

　　对曰："臣闻之，有命之父母不知孝子，有道之君不知忠臣。夫豫让之君，亦何如哉？"

　　文侯受觞而饮，釂不献，曰："无管仲、鲍叔以为臣，故有豫让之功。"

　　故《老子》曰："国家昏乱，有忠臣。"

　　　　　　　　（《淮南子·道应训》五四，《说苑·尊贤》抄之）

豫让之事，见于《史记·刺客列传》：

豫让者，晋人也，故尝事范氏及中行氏，而无所知名。去而事智伯，智伯甚尊宠之。及智伯伐赵襄子，赵襄子与韩、魏合谋灭智伯，灭智伯之后而三分其地。赵襄子最怨智伯，漆其头以为饮器。豫让遁逃山中，曰："嗟乎！士为知己者死，女为说己者容。今智伯知我，我必为报仇而死，以报智伯，则吾魂魄不愧矣。"乃变名姓为刑人，入宫涂厕，中挟匕首，欲以刺襄子。襄子如厕，心动，执问涂厕之刑人，则豫让，内持刀兵，曰："欲为智伯报仇！"

左右欲诛之。襄子曰："彼义人也，吾谨避之耳。且智伯亡无后，而其臣欲为报仇，此天下之贤人也。"卒释去之。

居顷之，豫让又漆身为厉，吞炭为哑，使形状不可知。行乞于市，其妻不识也。行见其友，其友识之曰："汝非豫让邪？"曰："我是也。"其友为泣曰："以子之才，委质而臣事襄子，襄子必近幸子。近幸子，乃为所欲，顾不易邪？何乃残身苦形，欲以求报襄子，不亦难乎！"豫让曰："既已委质臣事人，而求杀之，是怀二心以事其君也。且吾所为者极难耳！然所以为此者，将以愧天下后世之为人臣怀二心以事其君者也。"

既去，顷之，襄子当出，豫让伏于所当过之桥下。襄子至桥，马惊，襄子曰："此必是豫让也。"使人问之，果豫让也。于是襄子乃数豫让曰："子不尝事范、中行氏乎？智伯尽灭之，而子不为报雠，而反委质臣于智伯。智伯亦已死矣，而子独何以为之报仇之深也？"豫让曰："臣事范、中行氏，范、中行氏皆众人遇我，我故众人报之。至于智伯，国士遇我，我故国士报之。"襄子喟然叹息而泣曰："嗟乎豫子！子之为智伯，名既成矣，而寡人赦子，亦已足矣。子其自为计，寡人不复释子！"使兵围之。豫让曰："臣闻明主不掩人之美，而忠臣有死名之义。前君已宽赦臣，天下莫不称君之贤。今日之事，臣固伏诛，然愿请君之衣而击之焉，以致报仇之意，则虽死不恨。非所敢望也，敢布腹心！"

于是襄子大义之，乃使使持衣与豫让。豫让拔剑三跃而击之，曰："吾可以下报智伯矣！"遂伏剑自杀。

由于豫让是亡国昏君知伯的忠臣，所以《淮南子·道应训》第五十四章以魏文侯自叹无豫让式忠臣，演义《老子》初始本第60《太上不知章》"国家昏乱焉，有忠臣"，非常贴切。

61. 敬天畏人章（传世本第20章）

唯之与诃，相去几何？
美之与恶，相去何若？
人之所畏，亦不可以不畏人。
芒兮，其未央哉！
众人熙熙，若享太牢而春登台。
我泊兮未兆，若婴儿之未孩，累兮若无所归。
众人皆有余，而我独若匮。
我愚人之心也哉，沌沌兮！
俗人昭昭，我独昏昏。
俗人察察，我独闷闷。
芴兮其如晦，芒兮其无所止。
众人皆有以，而我独顽以鄙。
我欲独异于人，而贵食母。

今译

百姓应诺或诃骂俗君，相去多远？
百姓赞美或厌恶俗君，相差多大？
天下人畏惧侯王，侯王也不可以不畏惧天下人。
太阳光芒啊，尚未抵达昆仑台中央！

众多俗君熙熙攘攘，春分泰卦之日登临昆仑台祭祀太一上帝却不遵循太一常道。

寡人淡泊啊治于祸乱未兆，如同婴儿尚未发笑，孤独前行啊似无同道。

众多俗君自命有余，唯独寡人自知不足。

寡人之心如同愚人啊，永葆婴儿混沌初德。

众多俗君自居全知全能，唯独寡人自知无知。

众多俗君自居明察秋毫，唯独寡人自知昏愦。

寡人自比圭影啊自知德晦，俗君自比太阳啊有殆不止。

众多俗君不知鄙陋有为妄作，唯独寡人自知鄙陋无为守拙。

寡人异于众多俗君，独贵仰食太一气母。

演义

●《淮南子》演义"人之所畏，亦不可以不畏人"

成王问政于尹佚曰："吾何德之行，而民亲其上？"

对曰："使之时，而敬顺之。"

王曰："其度安在？"

曰："如临深渊，如履薄冰。"

王曰："惧哉，王人乎！"

尹佚曰："天地之间，四海之内，善之则吾畜也，不善则吾仇也。昔夏商之臣，反仇桀纣，而臣汤武。宿沙之民，皆自攻其君，而归神农。此世之所明知也，如何其无惧也？"

故《老子》曰"人之所畏，不可不畏"也。

（《淮南子·道应训》三六）

《淮南子·道应训》第三十六章，以尹佚教诲周成王故事，教诲侯王必须"如临深渊，如履薄冰"（源于《诗经·小雅·小旻》："战战兢兢，如临深渊，如履薄冰。"），必须畏惧天下人，否则就会像夏商那样亡国。这一故事与所引《老子》经文"人之所畏，不可不畏"互相矛盾，证明"人之所畏，不可不畏"不是《老子》初始本第61《敬天畏人章》的真经文，而是《老子》传世本的伪经文。

西汉晚期刘向版《老子》传世本之前，目前考古发现的《老子》初始本四大版本，仅有西汉初期的帛甲本此处缺字，战国中期的楚简本、西汉早期的帛乙本均作"人之所畏，亦不可以不畏人"，西汉中期的汉简本则作"人之所畏，不可以不畏人"，证明西汉晚期刘向版《老子》传世本篡改了《老子》初始本之经文，删去了"不可以不畏人"之"人"。

西汉晚期刘向以前的《老子》初始本之真经文"人之所畏，亦不可以不畏人"，意为：天下民众无不畏惧侯王，所以侯王也不可以不畏惧天下民众。

西汉晚期刘向以后的《老子》传世本之伪经文"人之所畏，不可不畏"，其意反转为：天下民众无不畏惧侯王，所以每个民众都不可以不畏惧侯王。不仅经义彻底颠倒，而且前句后句同义重复，经文彻底不通。

《淮南子·道应训》所述故事，符合西汉晚期刘向以前《老子》初始本的真经文，不符合西汉晚期刘向以后《老子》传世本的伪经文，证明西汉晚期刘向以后的篡改者，根据西汉晚期刘向以后《老子》传世本之伪经文，篡改了西汉早期《淮南子·道应训》所引《老子》初始本之真经文，删去了"不可以不畏人"之"人"，却忘了篡改《淮南子·道应训》所述故事，导致了《淮南子·道应训》所述真故事与《老子》传世本伪经文之矛盾。

●《吕览》《说苑》《苏氏易传》演义"人之所畏，亦不可以不畏人"

> 贤主愈大愈惧，愈强愈恐。凡大者，小邻国也；强者，胜其敌也。胜其敌则多怨，小邻国则多患。多患多怨，国虽强大，恶得不惧？恶得不恐？故贤主于安思危，于达思穷，于得思丧。《周书》曰："若临深渊，若履薄冰。"
>
> （《吕览·慎大》，又见《吕览·用民》、《文子·上德》）

子贡问治民于孔子。

孔子曰："懔懔焉，如以腐索御奔马。"

子贡曰："何其畏也！"

孔子曰："夫通达之国皆人也，以道导之，则吾畜也；不以道导之，则吾仇也，若何而毋畏？"

（《说苑·政理》）

畏人者，人亦畏之。

（《苏氏易传》卷四）

《吕览·慎大》言小国所畏之大国，亦不可不畏小国；邻国所畏之强国，亦不可不畏邻国。与《淮南子·道应训》一样，也引用了"若临深渊，若履薄冰"，论证贤主"恶得不惧？恶得不恐？"

《说苑·政理》所引"懔懔焉，如以腐索御奔马"，义同"如临深渊，如履薄冰"。子贡所言"何其畏也"，孔子所言"若何而毋畏"，苏轼《苏氏易传》所言"畏人者，人亦畏之"，均言侯王"不可以不畏人"，无不源于《老子》初始本第61《敬天畏人章》的真经文："人之所畏，亦不可以不畏人。"

以上诸籍无不证明，西汉晚期刘向以后的《老子》传世本，把《老子》初始本"人之所畏，亦不可以不畏人"，篡改为"人之所畏，不可不畏"，遮蔽、反转了《老子》真义。

62.唯道是从章（传世本第21章）

孔德之容，唯道是从。

道之为状，唯芒唯芴。

芴兮芒兮，其中有象。

芒兮芴兮，其中有物。

幽兮冥兮，其中有精。

其精甚真，其中有信。

自今及古，其名不去，以顺众父。

吾何以知众父之然哉？以此。

今译

圣君冲虚德心之容止，唯知顺从无极恒道。

无极恒道显现之状貌，唯有日芒所投圭影。

经由圭影认知日芒，其中就有伏羲卦象。

观测日芒所成圭影，其中就有节令物候。

幽微玄冥的无极恒道，经由太一常道显现精华。

其中精华十分真实，其中规律甚为可信。

由今溯古，历代不去伏羲卦名，以此顺从宇宙众父。

吾人如何知晓宇宙众父之本然而顺从之？凭借这些。

演义

●《荀子》《吕览》演义"唯道是从"

从命而利君谓之顺，从命而不利君谓之谄；逆命而利君谓之忠，逆命而不利君谓之篡；不恤君之荣辱，不恤国之臧否，偷合苟容以持禄养交而已耳，谓之国贼。君有过谋过事，将危国家陨社稷之惧也；大臣父兄，有能进言于君，用则可，不用则去，谓之谏；有能进言于君，用则可，不用则死，谓之争；有能比知同力，率群臣百吏而相与强君挢君，君虽不安，不能不听，遂以解国之大患，除国之大害，成于尊君安国，谓之辅；有能抗君之命，窃君之重，反君之事，以安国之危，除君之辱，功伐足以成国之大利，谓之拂。故谏争辅拂之人，社稷之臣也，国君之宝也，明君所尊厚也，而暗主惑君以为己贼也。故明君之所赏，暗君之所罚也；暗君之所赏，明君之所杀也。伊尹、箕子可谓谏矣，比干、子胥可谓争矣，平原君之于赵可谓辅矣，信陵君之于魏可谓拂矣。《传》曰："从道不从君。"此之谓也。

（《荀子·臣道》）

子不遮乎亲，臣不遮乎君。君同则来，异则去。故君虽尊，以白为黑，臣不能听；父虽亲，以黑为白，子不能从。

（《吕览·应同》）

《荀子·臣道》所言《传》曰"从道不从君"，演义《老子》初始本第62章"唯道是从"。《吕览·应同》所言，也是演义《老子》初始本此句。

●《淮南子》演义"幽兮冥兮，其中有精。其精甚真，其中有信"

晋文公伐原，与大夫期三日。

三日而原不降，文公令去之。

军吏曰："原不过一二日将降矣。"

君曰："吾不知原三日而不可得下也，以与大夫期。尽而不罢，失信得原，吾弗为也。"

原人闻之曰："有君若此，可弗降也？"

遂降。温人闻，亦请降。

故《老子》曰："窈兮冥兮，其中有精。其精甚真，其中有信。"故"美言可以市尊，美行可以加人"。

（《淮南子·道应训》三一）

《老子》初始本第62《唯道是从章》经文"幽兮冥兮，其中有精。其精甚真，其中有信"，即《庄子·大宗师》论道章所言"夫道，有情有信"，均言天道有信。《淮南子·道应训》第三十一章以晋文公言而有信为例，教诲侯王言而有信，演义《老子》初始本第62《唯道是从章》所言天道有信，合于《老子》初始本的"君人南面之术"宗旨。

●《庄子》演义"众父"

> 尧问于许由曰:"啮缺可以配天乎? 吾藉王倪以要之。"
>
> 许由曰:"殆哉圾乎天下! 啮缺之为人也,聪明睿知,给数以敏,其性过人,而又乃以人受天。彼审乎禁过,而不知过之所由生。与之配天乎? 彼且乘人而无天,方且本身而异形,方且尊知而北驰,方且为绪使,方且为物絯,方且四顾而物应,方且应众宜,方且与物化而未始有恒。夫何足以配天乎? 虽然,有族,有祖,可以为众父,而不可以为众父父。治,乱之率也,北面之祸也,南面之贼也。"
>
> (《庄子·天地》)

《庄子·天地》不是庄子亲撰的内篇,而是庄子弟子所撰的外篇。撰者未能理解《老子》初始本第62《唯道是从章》的"众父"是宣夜说范畴的宇宙之父,高于浑天说范畴的宇宙局部太阳系之父——《老子》初始本第5《道生一章》的"教父"。所言啮缺"可以为众父,而不可以为众父父",又在宇宙最高存在"众父"之上,妄增更高存在"众父父",导致后人难以正确理解《老子》初始本所言"众父"是宇宙最高存在。

63.曲则全章（传世本第22章）

> 曲则全,枉则正。洼则盈,敝则新。少则得,多则惑。是以圣人执一以为天下牧。
>
> 不自见故明,不自是故彰,不自伐故有功,不自矜故能长。
>
> 夫唯不争,故天下莫能与之争。
>
> 古之所谓"曲则全"者,岂虚语哉? 诚全而归之。

今译

　　侯王自知其曲方能全生，自矫其枉方能得正。侯王自洼其德方能充盈，自治其敝方能新生。侯王少闻必将有得，多闻必将困惑。所以圣君执守太一常道牧民天下。

　　圣君不拔高己德所以德心澄明，不自以为是所以天道彰显，不自居有功所以治国成功，不自我矜夸所以能为君长。

　　唯因圣君不争，所以天下侯王不能与之争。

　　古训所言"自知其曲方能全生"，岂是虚语呢？百姓若能全生，天下必将归心。

演义

●《庄子》演义"曲则全，枉则正"

　　柏矩学于老聃，曰："请之天下游。"

　　老聃曰："已矣！天下犹是也。"

　　又请之。

　　老聃曰："汝将何始？"

　　曰："始于齐。"

　　至齐，见辜人焉，推而僵之，解朝服而幕之，号天而哭之曰："子乎！子乎！天下有大灾，子独先离之？"曰："莫为盗？莫为杀人？"

　　荣辱立，然后睹所病；货财聚，然后睹所争。今立人之所病，聚人之所争，穷困人之身，使无休时，欲无至此，得乎？古之君人者，以得为在民，以失为在己；以正为在民，以枉为在己，故一物有失其形者，退而自责。今则不然，匿为物，而过不识；大为难，而罪不敢；重为任，而罚不胜；远其途，而诛不至。民知力竭，则以伪继之。日出多伪，士民安取不伪？夫力不足则伪，知不足则欺，财不足则盗。盗窃之行，于谁责而可乎？

（《庄子·则阳》）

《庄子·则阳》以老聃与弟子柏矩的对话，演义《老子》初始本第63章"曲则全，枉则正"。

先言今之下德侯王，"立人之所病，聚人之所争，穷困人之身，使无休时"，导致天下不治。

再言古之上德侯王，"古之君人者，以得为在民，以失为在己；以正为在民，以枉为在己，故一物有失其形者，退而自责。"演义《老子》初始本第63章"曲则全，枉则正"。即圣君以己为曲，以己为枉，以民为全，以民为正。

最后再斥今之下德侯王："今则不然，匿为物，而过不识；大为难，而罪不敢；重为任，而罚不胜；远其途，而诛不至。民知力竭，则以伪继之。日出多伪，士民安取不伪？夫力不足则伪，知不足则欺，财不足则盗。盗窃之行，于谁责而可乎？"

●《淮南子》演义"曲则全，枉则正"

晋公子重耳出亡，过曹，无礼焉。

厘负羁之妻谓厘负羁曰："君无礼于晋公子。吾观其从者，皆贤人也，若以相夫子反晋国，必伐曹。子何不先加德焉？"

厘负羁遗之壶飧，而加璧焉。

重耳受其飧而反其璧。及其反国，起师伐曹，克之，令三军无入厘负羁之里。

故《老子》曰："曲则全，枉则直。"

（《淮南子·道应训》二二）

《淮南子·道应训》第二十二章以重耳出亡十九年过曹，曹君不礼而厘负羁礼之，重耳返国继位成为晋文公之后，伐曹而不犯厘负羁之里，演义《老子》初始本第63章"曲则全，枉则正"，不太恰当。《老子》初始本主张的是侯王宜于曲己，从而保全其国，并非主张臣子宜于曲己，从而保全其身。《老子》初始本的宗旨是"君人南面之术"，所以《老子》初始本不可能教诲臣子曲己保身。臣子曲己保身，乃是世间常态，《老子》初始本不可能讲这种老生常谈。

●《吕览》演义"圣人执一以为天下牧"

> 天地阴阳不革，而成万物不同。目不失其明，而见白黑之殊。耳不失其听，而闻清浊之声。王者执一而为万物正。军必有将，所以一之也；国必有君，所以一之也；天下必有天子，所以一之也；天子必执一，所以抟之也。一则治，两则乱。今御骊马者，使四人人操一策，则不可以出于门闾者，不一也。
>
> （《吕览·执一》）

《吕览·执一》此节，节题"执一"，源于《老子》初始本第63《曲则全章》"圣人执一以为天下牧"；节旨"王者执一而为万物正"，综合《老子》初始本第2《侯王得一章》"侯王得一以为天下正"和第63《曲则全章》"圣人执一以为天下牧"。但是《吕览·执一》把"一"阐释为军权仅有一柄，君权仅有一柄，天下仅有一王，未能正确理解《老子》初始本所言"一"是浑天说范畴的宇宙局部太阳系规律"太一常道"，更未理解《老子》初始本主张侯王遵循"太一常道"治国牧民。

尽管《吕览·执一》阐释"圣人执一以为天下牧"有误，但以"御骊马"为例，以"牧马"隐喻"牧民"，读者仍然可能明白撰者是在演义《老子》初始本"圣人执一以为天下牧"。西汉晚期刘向以后的《老子》传世本，把"圣人执一以为天下牧"篡改为"圣人抱一为天下式"，读者再也不可能明白《吕览·执一》是在演义《老子》"执一"，因为《老子》传世本已经没有"执一"。篡改不仅导致读者无法正确理解《老子》，而且导致读者无法正确理解演义《老子》的一切古籍。思想传承是交叉关联、全息互通的有机系统，篡改是导致有机系统混乱、瘫痪、死机的超级病毒。

64.希言自然章（传世本第23章）

希言自然。

飘风不终朝，骤雨不终日。孰为此者？天地。天地尚不能久，而况于人乎？

故从事于道者，同于道。德者，同于德。失者，同于失。

同于德者，道亦德之。同于失者，道亦失之。

信不足焉，有不信。

今译

侯王无为少发政令，百姓自为合于自然。

暴风不能持续一天，骤雨不能持续一日。发动风雨的是谁？天地。天地有为尚且不能持久，侯王有为怎么可能持久？

所以侯王四境，同于治国四道。第一境圣君以德治国，所以有德。后三境俗君以仁义礼治国，所以有失。

第一境圣君以德治国，天道视为有德之君。后三境俗君以仁义礼治国，天道视为失德之君。

后三境俗君诚信不足，百姓不予信任。

演义

●《淮南子》演义"从事于道者，同于道"

大司马捶钩者年八十矣，而不失钩芒。

大司马曰："子巧邪？有道邪？"

曰："臣有守也。臣年二十好捶钩，于物无视也，非钩无察也。是以用之者，必假于弗用也，而以长得其用。而况持不用者乎？物孰不济焉！"

故《老子》曰："从事于道者，同于道。"

（《淮南子·道应训》三四）

刘安《淮南子·道应训》的大司马捶钩者故事，抄自刘安版《庄子》大全本的杂篇《马捶》，演义《老子》初始本第64《希言自然章》"从事于道者，同于道"，认为大司马捶钩者捶钩"有道"，故其境界"同于道"。

在淮南王刘安主持下，刘安门客集体编纂了两部大书，一是刘安版《庄子》大全本五十二篇，二是《淮南子》内外篇（内篇今存，外篇今佚），同时《淮南子》又大量援引《庄子》大全本中的故事演义《老子》初始本。《庄子·马捶》正是刘安版《庄子》大全本的杂篇十四之一。西晋郭象删去刘安版《庄子》大全本的十九篇外杂篇，变成郭象版《庄子》删残本三十三篇，《庄子·马捶》正是郭象所删十九篇外杂篇之一。郭象又把《庄子·马捶》中的大司马捶钩者故事，拼接到《庄子·知北游》之中，导致后世学者误以为《淮南子·道应训》的大司马捶钩者故事抄自《庄子·知北游》。

西汉刘安《淮南子·道应训》的大司马捶钩者故事，只可能抄自刘安版《庄子》大全本之杂篇《马捶》，不可能抄自西晋郭象版《庄子》删残本之外篇《知北游》。

●《列子》演义"飘风不终朝，骤雨不终日"

赵襄子使新稚穆子攻翟，胜之，取左人、中人，使遽人来谒之。襄子方食而有忧色。

左右曰："一朝而两城下，此人之所喜也；今君有忧色。何也？"

襄子曰："夫江河之大也，不过三日；飘风暴雨不终朝，日中不须臾。今赵氏之德行无所施于积，一朝而两城下，亡其及我哉！"

孔子闻之曰："赵氏其昌乎！"

夫忧者所以为昌也，喜者所以为亡也。胜非其难者也，持之其难者也。贤主以此持胜，故其福及后世。齐、楚、吴、越皆尝胜矣，然卒取亡焉，不达乎持胜也。唯有道之主，为能持胜。孔子之劲，能拓国门之关，而不肯以力闻。墨子为守攻，公输般服，而不肯以兵知。故善持胜者，以强为弱。

（《列子·说符》）

《列子》是东晋张湛仿照黄老经典《管子》、《吕览》，托名于战国道家列子的伪书，也继承、仿效了《管子》、《吕览》演义《老子》经义而不明引《老子》经文的基本风格。《列子·说符》此节，抄自《淮南子·道应训》第八章。然而《淮南子·道应训》第八章以此故事演义《老子》初始本第48《道冲不盈章》"道冲，而用之有不盈也"（详见第48章），《列子·说符》却以此故事演义《老子》初始本第64《希言自然章》"飘风不终朝，骤雨不终日"。

65.跂者不立章（传世本第24章）

跂者不立，跨者不行。
自见者不明，自是者不彰，自伐者无功，自矜者不长。
其在道也，曰余食赘行，物或恶之，故有欲者弗居。

今译

跂起脚跟不能久立，跨行大步不能久行。

俗君拔高己德不能德心澄明，自以为是不能彰显天道，自居有功不能治国成功，自我矜夸不能担任君长。

以道观之，俗君奉行的仁义礼均属弃余之食、附赘之形，百姓容易厌恶，所以欲治天下的圣君不取。

演义

● 《庄子》演义 "跂者不立"

　　证向今故，故遥而不闷，掇而不跂，知时无止。

（《庄子·秋水》）

　　人见其跂，犹之魁然。

（《庄子·宇泰定》）

　　夫至德之世，同与禽兽居，族与万物并，恶乎知君子小人哉？同乎无知，其德不离；同乎无欲，是谓素朴；素朴而民性得矣。及至圣人，蹩躠为仁，踶跂为义，而天下始疑矣；澶漫为乐，摘僻为礼，而天下始分矣。……夫赫胥氏之时，民居不知所为，行不知所之，含哺而熙，鼓腹而游，民能已此矣。及至圣人，屈折礼乐以匡天下之形，悬跂仁义以慰天下之心，而民乃始踶跂好知，争归于利，不可止也。此亦圣人之过也。

（《庄子·马蹄》）

　　今世殊死者相枕也，桁杨者相推也，刑戮者相望也，而儒墨乃始离跂攘臂乎桎梏之间。

（《庄子·在宥》）

　　且夫失性有五：一曰五色乱目，使目不明；二曰五声乱耳，使耳不聪；三曰五臭熏鼻，困惾中颡；四曰五味浊口，使口厉爽；五曰趣舍滑心，使性飞扬。此五者，皆生之害也。而儒墨乃始离跂自以为得，非吾所谓得也。夫得者困，可以为得乎？则鸠鸮之在于笼也，亦可以为得矣。

（《庄子·泰初》）

《老子》初始本第65《跂者不立章》，"跂"为"企"之本字，意为踮起脚跟。"跂者不立"意为踮起脚跟不能久立；隐喻侯王拔高己德，有为妄作，不能长久。

上德侯王"不德"，就是不自得：不踮起脚跟，不拔高己德，不自居全知，不有为妄作。

下德侯王"不失德"，就是不失自得：踮起脚跟，拔高己德，自居全知，有为妄作。

《庄子》外杂篇言"跂"五例，全都演义《老子》初始本第65《跂者不立章》"跂者不立"。《庄子·秋水》"掇而不跂"，乃言至人不自我拔高。《庄子·宇泰定》（郭象拼接于《庚桑楚》）"人见其跂，犹之魁然"，乃言儒墨自我拔高。《庄子·马蹄》"蹩跂为义"，乃言儒墨自我拔高而自居为义。《庄子·在宥》"儒墨乃始离跂攘臂乎桎梏之间"，《庄子·泰初》（郭象拼接于《天地》）"儒墨乃始离跂自以为得"，乃言儒墨自我拔高而自以为得。

郭象版《庄子》删改本，把《庄子》贬斥的"儒墨"改为"杨墨"，于是《庄子》贬斥"儒墨"自我拔高而自以为得，变成了《庄子》贬斥"杨墨"自我拔高而自以为得。老子之后影响最大的战国道家杨朱，遂成伪《老子》、伪《庄子》的贬斥对象。老子之后影响最大的战国道家杨朱被污名化之后，又被反过来用于污名化老庄道家，于是道家先被彻底降维，再被汉后学者肆意诋毁，最终被无知群氓嗤之以鼻。

道法自然三章（66—68）：
人法天道，道法自然

66.有状混成章（传世本第25章）

有状混成，先天地生。寂兮寥兮，独立而不改，周行而不殆，可以为天地母。

吾不知其名，字之曰道，强为之名曰大。大曰逝，逝曰远，远曰反。

道大，天大，地大，人亦大。域中有四大，而人居其一焉。

人法地，地法天，天法道，道法自然。

今译

有种状貌（无极恒道）浑然天成，先于天地宇宙而生。寂静无声抽象无形，独立存在永恒不变，周行循环永无损坏，可以视为天地宇宙的母体。

吾人不知无极恒道之名，为其取字叫道，勉强为其取名叫大，大之义是逝，逝之义是远，远之义是返。

无极恒道至大，（从属于无极恒道的）太一天球次大，（从属于太一天球的）地球次大，（居于地球的）人类又次大。寰宇之中共有四大，人类属于四大之一。

人类作息效法地球节气，地球节气效法天球周行，天球周行效法恒道循环，恒道循环效法自己本然。

演义

●《淮南子》演义"域中有四大"

宁越欲干齐桓公，困穷无以自达，于是为商旅，将任车，以商于齐，暮宿于郭门之外。

桓公郊迎客，夜开门，辟任车，燎火甚盛，从者甚众。

宁越饭牛车下，望见桓公而悲，击牛角而疾商歌。

桓公闻之，抚其仆之手曰："异哉，歌者非常人也！"

命后车载之。桓公及至，从者以请，桓公赣之衣冠而见，说以为天下。

桓公大说，将任之。

群臣争之曰："客，卫人也。卫之去齐不远，君不若使人问之。问之而故贤者也，用之未晚。"

桓公曰："不然。问之，患其有小恶也。以人之小恶，而忘人之大美，此人主之所以失天下之士也。"

凡听必有验，一听而弗复问，合其所以也。且人固难全也，权而用其长者而已矣。当是举也，桓公得之矣。故《老子》曰："天大，地大，道大，王亦大。域中有四大，而王处其一焉。"以言其能包裹之也。

（《淮南子·道应训》一四）

"宁越"为"宁戚"之误。宁戚为春秋中期卫国人，仕于齐桓公（前685—前643在位）；宁越为战国早期赵国中牟人，仕于西周威公（前414—前367在位），二人中隔两百多年。《吕览·举难》、《新序·杂事》均载此事，均作"宁戚"，但是二书均未演义《老子》。《淮南子·道应训》抄引《吕览·举难》此事，演义《老子》，误将"甯戚"改为"甯越"。

《淮南子·道应训》第十四章，演义《老子》"域中有四大"，前三大"天大，地大，道大"，"道大"移至"天大，地大"之后，不合《老子》初始本第66《有状混成章》"道大，天大，地大"。又把"人亦大"、"而人居其一焉"，改为"王亦大"、"而王处其一焉"，违背《老子》初始本宗旨。《老子》初始本的宗旨是反对侯王"自大"，只可能把"人"列为宇宙第四大，不可能把"王"列为宇宙第四大。所以《老子》初始本第26《为无为章》曰："圣人终不为大，故能成其大。"第70《大制无割章》又曰："是以圣人去甚，去大，去奢。"

《淮南子·道应训》第十四章，主张侯王肚大能容，若是演义《老子》初始本第66《有状混成章》的真经文"人亦大"、"而人居其一焉"，合于《老子》初始本反对侯王"自大"之宗旨，因为侯王只有不自大才能容人，侯王一旦自大必定不能容人。但是用于演义《老子》传世本的伪经文"王亦大"、"而王处其一焉"，极易使人误以为《老子》不反对侯王自大。

67.重为轻根章（传世本第26章）

重为轻根，静为躁君。是以君子终日行，不离辎重。
虽有荣观，燕处超然。奈何万乘之王，而以身轻于天下？
轻则失本，躁则失君。

今译

侯王慎重方能成为轻浮之民的根本，侯王清静方能成为躁动之民的君长。所以圣君终日出行，不离辎重之车。

侯王虽然可有荣华的宫观，但宜超然处之。为何万乘之王，为了身外之物而轻用己身妄为天下?

侯王轻率妄作就会失去根本，躁动有为就会失去君位。

演义

●《韩非子》演义"轻则失本，躁则失君"

> 制在己曰重，不离位曰静。重则能使轻，静则能使躁。故曰："重为轻根，静为躁君。"故曰"君子终日行，不离辎重"也。
>
> 邦者，人君之辎重也。主父生传其邦，此离其辎重者也，故虽有代、云中之乐，超然已无赵矣。主父，万乘之主，而以身轻于天下。无势之谓轻，离位之谓躁，是以生幽而死。故曰："轻则失臣，躁则失君。"主父之谓也。

（《韩非子·喻老》三）

《韩非子·喻老》第三章，借用赵武灵王（前325—前298在位）先废黜前太子赵章、立新太子赵何，再禅位给赵惠文王赵何而自称"主父"，最后因前太子赵章叛乱而饿死于沙丘宫，演义《老子》初始本第67《重为轻根章》"轻则失本，躁则失君"。

但是韩非为了演义其君臣关系的主张，却把《老子》初始本经文"轻则失本，躁则失君"，改为"轻则失臣，躁则失君"。再次证明篡改《老子》初始本并非始于西汉晚期的刘向，至迟始于战国晚期的韩非。

68.善行无迹章（传世本第27章）

善行者，无辙迹。

善言者，无瑕谪。

善数者，不用筹策。

善闭者，无关键而不可启。

善结者，无绳约而不可解。

是以圣人恒善救人，而无弃人。物无弃材，是谓袭明。

故善人，善人之师也；不善人，善人之资也。

不贵其师，不爱其资，虽知大迷。此谓要妙。

今译

善于行走之人，没有车辙印迹。

善于言辞之人，没有瑕疵过失。

善于本数之人，不用卜筮末度。

善于关门之人，不用门闩而他人无法打开。

善于打结之人，不用绳结而他人无法解开。

因此圣君恒常善于救人，而无抛弃之人。每人均有可取之处，这叫因袭太一常道而德心澄明。

因此善良之民是引导圣君向善的老师，不善之民是启发圣君向善的资材。

俗君不贵重引人向善的老师，不爱惜启人向善的资材，即使多知仍属大迷。这是要义妙谛。

演义

●《庄子》演义"善行者，无辙迹"

> 至德之世，不尚贤，不使能；上如标枝，民如野鹿。端正而不知以为义，相爱而不知以为仁，实而不知以为忠，当而不知以为信，蠢动而相使，不以为赐，是故行而无迹，事而无传。
>
> （《庄子·泰初》）

刘安版《庄子》大全本之杂篇《泰初》（郭象拼接于外篇《天地》），

以至德之世"行而无迹，事而无传"，演义《老子》初始本第68《善行无迹章》"善行者，无辙迹"，兼及《老子》初始本第60《太上不知章》"太上，不知有之"。

●《论语》演义"善数者，不用筹策"

> 子曰："南人有言曰：'人而无恒，不可以作巫医。'善夫！"
>
> "不恒其德，或承之羞。"子曰："不占而已矣。"
>
> （《论语·子路》）

"南人"当指老子。王子朝之乱以后，老子辞去东周史官之职，长期客居宋国沛邑（详见《老子奥义》），故《庄子·天运》曰："孔子行年五十有一而不闻道，乃南之沛见老聃。"《庄子·寓言》亦曰："阳子居南之沛，老聃西游于秦，邀于郊，至于梁而遇老子。"

孔子引用了《周易·恒卦》九三之爻辞："不恒其德，或承之羞。"然后评论说："不占而已矣。"其言承于《老子》初始本第68《善行无迹章》"善数者，不用筹策"，参看《庄子·庚桑楚》："老子曰：无卜筮而知吉凶。"

《荀子·大略》："善为易者不占。"既承《老子》初始本第68《善行无迹章》"善数者，不用筹策"，又承《论语·子路》孔子所言"不占而已矣"。

●《淮南子》演义"善闭者，无关键而不可启。善结者，无绳约而不可解"

> 秦皇帝得天下，恐不能守，发边戍，筑长城，修关梁，设障塞，具传车，置边吏。然刘氏夺之，若转闭锤。
>
> 昔武王伐纣，破之牧野，乃封比干之墓，表商容之闾，柴箕子之门，朝成汤之庙，发巨桥之粟，散鹿台之钱，破鼓折枹，弛

弓绝弦，去舍露宿以示平易，解剑带笏以示无仇。于此天下歌谣
而乐之，诸侯执币相朝，三十四世不夺。

　　故《老子》曰："善闭者，无关键而不可开也。善结者，无绳
约而不可解也。"

（《淮南子·道应训》四七）

　　《淮南子·道应训》第四十七章，演义《老子》初始本第68《善行无迹
章》"善闭者，无关键而不可启。善结者，无绳约而不可解"。"善闭"，指
关闭灾祸之门。秦始皇不善关闭灾祸之门，所以二世即亡；周武王善于关
闭灾祸之门，所以三十四世而亡。同时以汉比周，暗扣汉高祖刘邦与秦民
"约法三章"，演义"善结者，无绳约而不可解"。

● **《淮南子》演义"无弃人。物无弃材，是谓袭明"**

　　昔者公孙龙在赵之时，谓弟子曰："人而无能者，龙不能
与游。"

　　有客衣褐带索而见曰："臣能呼。"

　　公孙龙顾谓弟子曰："门下故有能呼者乎？"

　　对曰："无有。"

　　公孙龙曰："与之弟子之籍。"

　　后数日，往说燕王，至于河上，而航在一汜，使善呼者呼
之，一呼而航来。

　　故圣人之处世，不逆有伎能之士。故《老子》曰："人无弃人，
物无弃物，是谓袭明。"

（《淮南子·道应训》二九）

　　《淮南子·道应训》第二十九章，以公孙龙善用弟子一技之长，演义
《老子》初始本第68《善行无迹章》"无弃人。物无弃材，是谓袭明"。

●《淮南子》演义"不善人，善人之资也"

楚将子发好求技道之士，楚有善为偷者往见曰："闻君求技道之士。臣偷也，愿以技，赍一卒。"

子发闻之，衣不给带，冠不暇正，出见而礼之。

左右谏曰："偷者，天下之盗也，何为礼之？"

子发曰："此非左右之所得与。"

后无几何，齐兴兵伐楚。子发将师以当之，兵三却。楚贤良大夫皆尽其计而悉其诚，齐师愈强。

于是市偷进请曰："臣有薄技，愿为君行之。"

子发曰："诺。"不问其辞而遣之，偷则夜解齐将军之帱帐而献之。

子发因使人归之，曰："卒有出薪者，得将军之帷，使归之于执事。"

明又复往取其枕，子发又使人归之。明日又复往取其簪，子发又使归之。齐师闻之大骇，将军与军吏谋曰："今日不去，楚君恐取吾头。"乃还师而去。

故伎无细而能无薄，在人君用之耳。故《老子》曰："不善人，善人之资也。"

（《淮南子·道应训》三八）

《淮南子·道应训》第三十八章，以楚将子发智用神偷，先后偷取齐将的帱帐、枕头、发簪，迫使齐将退兵，演义《老子》初始本第68《善行无迹章》"不善人，善人之资也"，不合《老子》初始本真义。但是末句"故伎无细而能无薄，在人君用之耳"，点明《老子》初始本的宗旨是"君人南面之术"。

●《韩非子》演义"不贵其师，不爱其资，虽知大迷。此谓要妙"

周有玉版，纣令胶鬲索之，文王不予；费仲来求，因予之。

是胶鬲贤而费仲无道也，周恶贤者之得志也，故予费仲。文王举太公于渭滨者，贵之也；而资费仲玉版者，是爱之也。

故曰："不贵其师，不爱其资，虽知大迷。是谓要妙。"

（《韩非子·喻老》十九）

《韩非子·喻老》第十九章，以周文王不同意商纣王贤臣胶鬲的请求，同意商纣王佞臣费仲的请求，诱使商纣王"远君子，近小人"，以此演义《老子》初始本第68《善行无迹章》"不贵其师，不爱其资，虽知大迷。此谓要妙"。据此而言，商纣王原本未必是恶君，被周文王诱引、推助才变成了恶君。那么周之灭商，究竟属于正义还是属于非正义，其实不易判断。

李劼《中国文化冷风景》第三章《老子〈道德经〉的历史语境和思想底蕴》，如此评论《韩非子·喻老》第十九章：

韩非子例举的那个文王资费仲玉版的故事，让人读出的与其说是文王的圣明，不如说是文王的阴险。文王姬昌的这种心计深深几许，直到后来的《三国演义》，才成为枭雄们争夺天下的政治常识。在当时的时代，姬昌的这种作为，不仅为圣贤所不齿，即便是他的儿子周武王姬发，也没有如此阴毒。从某种意义上说，后人应该感谢善于讲故事的韩非子，说出了被孔丘、孟轲深深掩藏着的历史真相，说出了被儒生们供奉了二千多年的周文王的真实面目。

倘若把韩非子强加到句践、文王身上的《道德经》光环去掉，那么站在读者面前的就不仅不是什么圣贤，而且是两个为了夺得天下而不择手段的盖世枭雄。倘若说，中国几千年的专制传统，孔儒是一个重要侧面，那么由句践、文王的权术作榜样、由韩非子作总结的权术理论，则是另一个侧面。假如把中国的专制传统比作一枚硬币，那么孔儒和韩非子则分别是这枚硬币的两个面。孔儒制造的是奴才文化，韩非子制作的是枭雄文化。换句话说，奴才文化始于孔子，枭雄文化起自韩非子。后来秦国的嬴政，正是运用了韩非子的枭雄哲学，扫平天下，焚书坑儒。

孔儒式的奴才文化和从韩非子到《三国演义》、《水浒传》的枭雄文化，乃是专制传统得以经久不息地在中国历史上不停滚动的两个轮子。这两个轮子不仅碾碎了中国最古老最美丽的始源文化，而且还碾碎了中国文化人的灵魂。[1]

---

[1] 李劼《中国文化冷风景》276—278页，允晨文化实业股份有限公司2013年版。

知雄守雌四章（69—72）：
泰道守雌，否术争雄

69.知雄守雌章（传世本第28章）

知其雄，守其雌，为天下溪。为天下溪，恒德不离，复归于
婴儿。

知其白，守其辱，为天下谷。为天下谷，恒德乃足，复归
于朴。

知其白，守其黑，为天下式。为天下式，恒德不贷，复归于
无极。

朴散则为器，圣人用之则为官长。

今译

圣君认知雄强之祸，持守雌弱之福，成为天下之溪沟。成为天下之溪
沟，就能恒德不离，复归于婴儿初德。

圣君认知亲誉之祸，持守诟辱之福，成为天下之山谷。成为天下之山
谷，就能恒德富足，复归于素朴真德。

圣君认知自益之祸，持守自损之福，成为天下之法式。成为天下之法
式，就能恒德长在，复归于无极恒道。

倘若素朴的恒德离散为仁义礼之器，圣君以器治国就会降格为官长。

演义

●《淮南子》演义"知其雄，守其雌，为天下溪"

> 赵简子以襄子为后。
>
> 董阏于曰："无恤贱，今以为后，何也？"
>
> 简子曰："是为人也，能为社稷忍羞。"
>
> 异日，知伯与襄子饮，而批襄子之首。
>
> 大夫请杀之。
>
> 襄子曰："先君之立我也，曰能为社稷忍羞，岂曰能刺人哉！"
>
> 处十月，知伯围襄子于晋阳，襄子疏队而击之，大败知伯，破其首以为饮器。
>
> 故《老子》曰："知其雄，守其雌，其为天下溪。"
>
> （《淮南子·道应训》六）

《淮南子·道应训》第六章，以赵襄子忍受知伯侮辱而雌伏，最终击败知伯而雄起，演义《老子》初始本第69《知雄守雌章》"知其雄，守其雌，为天下溪"。

赵简子（前517—前475在位）不立嫡长子为储，而立庶幼子赵襄子赵无恤（前474—前425在位）为储，废弃了周礼的嫡长子继承制"立嫡不立庶，立长不立幼"，是春秋晚期"礼崩乐坏"的表征之一。

●《淮南子》演义"知其白，守其辱，为天下谷"

> 文王砥德修政，三年而天下二垂归之。

纣闻而患之曰："余夙兴夜寐，与之竞行，则苦心劳形。纵而置之，恐伐余一人。"

崇侯虎曰："周伯昌行仁义而善谋，太子发勇敢而不疑，中子旦恭俭而知时。若与之从，则不堪其殃。纵而赦之，身必危亡。冠虽弊，必加于头。及未成，请图之！"

屈商乃拘文王于羑里。

于是散宜生乃以千金求天下之珍怪，得骓虞、鸡斯之乘，玄玉百工，大贝百朋，玄豹、黄黑、青玕、白虎文皮千合，以献于纣，因费仲而通。

纣见而说之，乃免其身，杀牛而赐之。

文王归，乃为玉门，筑灵台，相女童，击钟鼓，以待纣之失也。

纣闻之曰："周伯昌改道易行，吾无忧矣！"

乃为炮烙，剖比干，刳孕妇，杀谏者。文王乃遂其谋。

故《老子》曰："知其荣，守其辱，为天下谷。"

（《淮南子·道应训》三五）

《淮南子·道应训》第三十五章，以周文王拘于羑里，演义《老子》初始本第69《知雄守雌章》"知其白，守其辱，为天下谷"。

《老子》初始本第69《知雄守雌章》经文："知其白，守其辱，为天下谷。"三大出土本（帛甲本、帛乙本、汉简本）均同。"辱"通"黣"，训垢黑，非"荣辱"之"辱"。"知其白，守其辱"，上扣《老子》初始本第4《上士闻道章》"大白若辱"。《庄子·寓言》亦引老子之言曰："大白若辱，盛德若不足。"

《老子》传世本因下句"知其白，守其黑，为天下式"，而把"知其白，守其辱"改为"知其荣，守其辱"。可能《淮南子·道应训》原作"知其白，守其辱"，被汉后学者按照《老子》传世本改为"知其荣，守其辱"。

70.大制无割章 （传世本第29章）

夫大制无割，将欲取天下而为之，吾见其不得已。

天下神器也，非可为者也。为之者败之，执之者失之。

物或行或随，或嘘或吹，或强或挫，或培或堕。是以圣人去甚，去大，去奢。

今译

泰道大制不可割裂，侯王欲取天下而作为，吾人见其迫不得已。

天下是至大的神器，并非侯王可以有为之物。侯王有为必将败坏天下，坚执有为必将失去天下。

万物或自行或跟随，或吸气或吹气，或强悍或软弱，或上升或下堕。因此圣君去除过度干预，去除自大妄为，去除奢靡无度。

演义

● 《吕览》《淮南子》演义 "夫大制无割，将欲取天下而为之，吾见其不得已"

薄疑说卫嗣君以王术。嗣君应之曰："所有者千乘也，愿以受教。"薄疑对曰："乌获奉千钧，又况一斤？"

杜赫以安天下说周昭文君。昭文君谓杜赫曰："愿学所以安周。"杜赫对曰："臣之所言者不可，则不能安周矣。臣之所言者可，则周自安矣。"

此所谓以弗安而安者也。

（《吕览·务大》）

薄疑说卫嗣君以王术。嗣君应之曰："予所有者千乘也，愿以受教。"薄疑对曰："乌获举千钧，又况一斤乎？"

杜赫以安天下说周昭文君。文君谓杜赫曰："愿学所以安周。"赫对曰："臣之所言不可，则不能安周。臣之所言可，则周自安矣。"

此所谓弗安而安者也。故《老子》曰"大制无割"，"故致数舆无舆"也。

（《淮南子·道应训》十一）

《吕览》演义《老子》经义而不明引《老子》经文，《淮南子》抄引《吕览》而明引《老子》经文，本书上文已举多例。为免重复，本书一般不引《吕览》文字，仅引《淮南子》抄引《吕览》的文字。这是本书唯一同时引出《吕览》、《淮南子》之例。

《吕览·务大》举二事演义"大制无割"，所以节名"务大"。《淮南子·道应训》全抄《吕览·务大》二事，演义《老子》初始本第70章"大制无割"和第2章"故致数誉无誉"。然而《吕览·务大》和《淮南子·道应训》对"大制无割"的演义，均不合《老子》初始本真义。《老子》初始本所言"大制"，乃指泰道"大制"，即国家繁荣昌盛、长治久安的根本制度。《吕览》和《淮南子》均未明白"大制"是指泰道，误以为指侯王治国应该分辨政事大小。

不过《吕览》和《淮南子》以"安天下"演义《老子》的"夫大制无割，将欲取天下而为之，吾见其不得已"，仍然透露出"夫大制无割"是《老子》初始本的本章首句。《老子》传世本把"夫大制无割"断为上章末句，同时删去"夫"字，导致本章起于"将欲取天下而为之，吾见其不得已"，不合《吕览》和《淮南子》对《老子》初始本的演义。

● **《庄子》演义"物或行或随，或嘘或吹，或强或挫，或培或堕"**

南郭子綦隐几而坐，仰天而嘘，嗒焉似丧其偶。

颜成子游立侍乎前，曰："何居乎？形固可使如槁木，而心固可使如死灰乎？今之隐几者，非昔之隐几者也？"

子綦曰："偃，不亦善乎？尔之问也。今者吾丧我，汝知之乎？汝闻人籁而未闻地籁，汝闻地籁而未闻天籁夫？"

子游曰："敢问其方？"

子綦曰："夫大块噫气，其名为风。是唯无作，作则万窍怒号。尔独不闻之飂飂乎？山林之畏隹，大木百围之窍穴，似鼻，似口，似耳；似枅，似圈，似臼，似洼者，似污者。激者，謞者；叱者，吸者，叫者，譹者，笑者，咬者。前者唱于，而随者唱喁；泠风则小和，飘风则大和。厉风济，则众窍为虚。尔独不见之调调、之刁刁乎？"

子游曰："地籁则众窍是矣，人籁则比竹是矣。敢问天籁？"

子綦曰："夫吹万不同，而使其自已也。咸其自取，怒者其谁邪？"

（《庄子·齐物论》）

《庄子·齐物论》的"三籁"寓言，堪称《庄子》演义《老子》的最美华章。

"仰天而嘘"，"吹万不同"，演义《老子》初始本第70《大制无割章》"或嘘或吹"。

"前者唱于，而随者唱喁"，演义"物或行或随"。

"三籁"寓言的主旨"今者吾丧我"，演义《大制无割章》的主旨"圣人去甚，去大，去奢"，以及《老子》初始本第56《宠辱若惊章》："吾所以有大患者，为吾有身。及吾无身，吾有何患？"

●《吕览》演义"圣人去甚，去大，去奢"

贤主愈大愈惧，愈强愈恐。凡大者，小邻国也；强者，胜其敌也。胜其敌则多怨，小邻国则多患。多患多怨，国虽强大，恶得不惧？恶得不恐？故贤主于安思危，于达思穷，于得思丧。《周书》曰："若临深渊，若履薄冰。"

（《吕览·慎大》）

《吕览·慎大》演义《老子》初始本第70《大制无割章》"圣人去甚，去大，去奢"。

《老子》初始本之"去大"，意为"去自大"。《吕览》之"慎大"，意为"慎自大"。下德侯王"自大"，源于"不失德（即自得）"（《老子》初始本第1章）、"自见、自是、自伐、自矜"（《老子》初始本第63章），源于下德侯王为人所畏而"不畏人"（《老子》初始本第61章）。

《吕览》所引《周书》："若临深渊，若履薄冰。"即《诗经·小雅·小旻》："战战兢兢，如临深渊，如履薄冰。"此为圣君躬行泰道之要义。

《老子》"大制无割"，相当于庄学至境"至制无割"，意为圣君永远不会放弃泰道大制。故《老子》初始本第70《大制无割章》曰："天下神器也，非可为者也。为之者败之，执之者失之。"

71. 以道佐君章（传世本第30章）

以道佐人主者，不欲以兵强于天下，其事好还。

师之所处，荆棘生焉。大军之后，必有凶年。

善者果而已，不以取强。果而毋骄，果而毋矜，果而毋伐，果而毋得己居，是谓果而不强。

物壮则老，谓之不道，不道早已。

今译

以泰道辅佐人主的卿相，不欲用兵戈强行征服天下，因为天道不断循环。

师旅驻扎之处，必将荆棘丛生。邦国大战之后，必将面临凶年。

圣君善于保住胜果而知止，不会乘胜逞强。有胜果不骄溢，有胜果不矜夸，有胜果不自满，有胜果不居为己功，这叫有胜果不逞强。

万物强壮即趋衰老，这叫不合泰道，不合泰道必定早死。

演义

●《吕览》演义"师之所处，荆棘生焉"

> 天为者时，而不助农于下。类固相召，气同则合，声比则应。鼓宫而宫动，鼓角而角动。平地注水，水流湿；均薪施火，火就燥；山云草莽，水云鱼鳞，旱云烟火，雨云水波，无不皆类其所生以示人。故以龙致雨，以形逐影。师之所处，必生棘楚。祸福之所自来，众人以为命，安知其所。
>
> （《吕览·应同》）

《吕览·应同》此节，演义《老子》初始本第71《以道佐君章》"师之所处，荆棘生焉"。《吕览》作"棘楚"，西汉初期《老子》帛甲本作"楚朸"，西汉早期《老子》帛乙本、西汉中期《老子》汉简本均作"楚棘"，属于西汉晚期刘向以前的《老子》初始本系统。东汉河上本、魏晋王弼本、唐代傅奕本均作"荆棘"，属于西汉晚期刘向以后的《老子》传世本系统。

《吕览·应同》此节，化用《庄子》多篇。比如"类固相召，气同则合，声比则应。鼓宫而宫动，鼓角而角动"，化用《庄子·山木》"物固相累，二类相召也"，又化用《庄子·徐无鬼》"鼓宫宫动，鼓角角动，音律同矣"。

72.兵者不祥章（传世本第31章）

夫兵者不祥之器也，物或恶之，故有欲者弗居。

君子居则贵左，用兵则贵右。故兵者非君子之器也，不祥之器也。不得已而用之，恬淡为上，勿美也。若美之，是乐杀人也。夫乐杀人，不可以得志于天下矣。

是以吉事尚左，丧事尚右。偏将军居左，上将军居右，言以丧礼居之也。故杀人众，则以悲哀莅之。战胜，则以丧礼居之。

今译

兵戈是不祥之器，百姓容易厌恶，所以欲取天下的圣君不取。

先王定制，承平之时效法太一历法图左面的泰卦，用兵之时效法太一历法图右面的否卦。所以兵戈不是治国之器，而是不祥之器。侯王迫不得已用兵，恬淡克制为上，勿以兵戈为美。若以兵戈为美，就是乐于杀人。乐于杀人，不能得志于天下。

因此先王定制，吉事之礼效法太一历法图左面的泰卦，丧事之礼效法太一历法图右面的否卦。偏将军居于兵车左面，上将军居于兵车右面，这是采用丧礼处置兵事。所以杀人众多，则以悲哀临之。战胜敌国，则以丧礼处置。

演义

● 《管子》演义 "居则贵左，用兵则贵右" "吉事尚左，丧事尚右"

春生于左，秋杀于右，夏长于前，冬藏于后。

生长之事，文也；收藏之事，武也。是故文事在左，武事在右，圣人法之，以行法令，以治事理。

（《管子·版法解》）

《老子》初始本四言 "一"，即第2章 "侯王得一以为天下正"，第5章 "道生一"，第53章 "载营魄抱一"，第63章 "圣人执一以为天下牧"，其

"一"均指夏商周太一历法图的"太一常道"。夏商周太一历法图，按照黄帝族的君王视角是上南下北，左东右西。与之对应的非君王视角（即伏羲族视角），则是上北下南，左西右东。

《老子》初始本第72《兵者不祥章》"君子居则贵左，用兵则贵右"，"吉事尚左，丧事尚右"，"偏将军居左，上将军居右，言以丧礼居之也"，均言君王视角的太一历法图之左右，意为"君子居则贵泰，用兵则贵否"，"吉事尚泰，丧事尚否"，正是取自夏商周太一历法图。[1]

▲太一历法图：泰卦居左，否卦居右

《管子·版法解》演义《老子》初始本第72《兵者不祥章》，同样取自夏商周太一历法图之前后左右。所言"春生于左，秋杀于右，夏长于前，冬藏于后"，意为"春生于泰，秋杀于否，夏长于乾，冬藏于坤"。所言"文事在左，武事在右"，意为"文事行泰，武事行否"。

---

[1] 夏商周太一历法图（张远山根据王家台《归藏》复原）：泰卦居左，否卦居右。

参看《礼记·曲礼上》："行，前朱鸟而后玄武，左青龙而右白虎。"张衡《灵宪》："苍龙连蜷于左，白虎猛踞于右，朱雀奋翼于前，灵龟圈首于后，黄神轩辕于中。"所言左右前后中，无不合于君王视角的太一历法图。夏商周的天子仪仗，天子居中，"左青龙，右白虎，前朱雀，后玄武"，同样合于君王视角的夏商周太一历法图。旁证见于东汉出土的天文四象图。[1]

▲天文四象图：左青龙，右白虎，前朱雀，后玄武

高亨《重订老子正诂》曰："《逸周书·武顺》篇：'吉礼左还，顺天以立本。武礼右还，顺地以利兵。'《诗·裳裳者华》：'左之左之，君子宜之。右之右之，君子有之。'毛传：'左阳道，朝祀之事。右阴道，丧戎之事。'并与《老子》此文相合。"[2]高明《帛书老子校注》曰："'左'为阳位属吉，

---

[1] 天文四象图：东汉四神兽方花（柿蒂纹）饰件，四川巫山（今属重庆）出土鎏金铜牌饰。采自李零：《"方华蔓长，名此曰昌"——为"柿蒂纹"正名》，《中国国家博物馆馆刊》2012年第7期。

[2] 高亨《重订老子正诂》73页，开明书店1943年版。

'右'为阴位属丧。《礼记·檀弓上》'二三子皆尚左',郑玄注:'丧尚右,右阴也。吉尚左,左阳也。'"[1]所言左右,无不合于君王视角的夏商周太一历法图。《逸周书》《诗经》《礼记》、毛传、郑注所言"左阳右阴",证明《老子》初始本所言"居则贵左,用兵则贵右"乃是夏商周政治传统,但未明言这一夏商周政治传统源于夏商周太一历法图,因此后世学者不知其源。

《管子·版法解》所言"生长之事,文也",即"春生夏长",对应夏商周太一历法图左面的阳鱼。所言"收藏之事,武也",即"秋收冬藏",对应夏商周太一历法图右面的阴鱼。所言"文事在左,武事在右,圣人法之,以行法令,以治事理",正是演义《老子》初始本第72《兵者不祥章》"君子居则贵左,用兵则贵右"。圣君"治人事天"(第22章)、"敬天畏人"(第61章),只能效法天道。圣君效法天道,只能效法浑天说范畴的宇宙局部太阳系规律"太一常道"(太一历法图),不能效法宣夜说范畴的宇宙总体规律"无极恒道"。因为"无极恒道"不可知、不可得、不可执、不可效法,"太一常道"可知、可得、可执、可以效法。

《老子》初始本的宗旨是"君人南面之术",即君王坐北朝南之术,故其所言"贵左贵右",无不合于君王视角的夏商周太一历法图:泰卦居左而柔,否卦居右而刚。

《老子》初始本第72《兵者不祥章》"君子居则贵左,用兵则贵右",乃言侯王"以正治国"(《老子》初始本第20章),即贵太一历法图左面的"泰道";侯王不得已而"以奇用兵"(《老子》初始本第20章),才会不得不使用太一历法图右面的"否术"。

---

[1]　高明《帛书老子校注》391页,中华书局1996年版。

《道经》结论五章（73—77）：
圣君无为，万物自为

73. 道恒无名章（传世本第32、33章）

道恒无名，朴虽小，天地不敢臣。侯王若能守之，万物将自宾。

天地相合，以降甘露，民莫之命而自均。

始制有名，名亦既有，夫亦将知止，知止所以不殆。

譬道之在天下也，犹小谷之与江海。（以上传世本第32章）

故知人者知也，自知者明也；胜人者有力也，自胜者强也；知足者富也，强行者有志也；不失其所者久也，死而不亡者寿也。（以上传世本第33章）

今译

天道永恒无名，天道所施朴德虽然微小，但是天地不敢以朴德为臣。侯王若能尊道贵德，万物将会自居宾位。

天地遵循泰道冲气合和，以此降下雨露，民众无须命令就会循德自为而天下均平。

伏羲始制泰卦之名，泰卦之名既有之后，侯王宜于遵循泰道而知止，知止即无危殆。

天道大于天下，犹如江海大于小谷。

所以侯王凭借认知人心而认知天下，凭借自知无知而明白天道；凭借战胜敌人而有力，凭借战胜自我而强大；凭借知足寡欲而使民富裕，凭借强力行道而得志天下；凭借不失其位而在位长久，凭借身死国存而国祚长久。

演义

●《韩非子》演义"自知者明"

楚威王欲伐越。

庄子谏曰："王之伐越，何也？"

曰："政乱兵弱。"

庄子曰："臣患智之如目也，能见百步之外，而不能自见其睫。王之兵自败于秦、晋，丧地数百里，此兵之弱也。庄蹻为盗于境内，而吏不能禁，此政之乱也。王之弱乱，非越之下也，而欲伐越，此智之如目也。"

王乃止。

故知之难，不在见人，在自见。故曰："自见之谓明。"

（《韩非子·喻老》十七）

《韩非子·喻老》第十七章，演义《老子》初始本第73《道恒无名章》"自知者明"。《韩非子》作"自见之谓明"，经义无别。

《韩非子·喻老》之"莊子"旧讹为"杜子"，"威王"旧讹为"莊王"。杨倞《荀子》注、《太平御览》三六六、齐明帝《让宣城郡公第一表》均引作"庄子"，《文选·广绝交论》注引作"庄周子"。

楚威王伐越，理由是越国"政乱兵弱"，庄子认为楚国"政乱兵弱"不在越国之下，谏阻了楚威王伐越。

●《韩非子》演义 "自胜者强"

子夏见曾子。

曾子曰："何肥也？"

对曰："战胜，故肥也。"

曾子曰："何谓也？"

子夏曰："吾入见先王之义则荣之，出见富贵之乐又荣之，两者战于胸中，未知胜负，故癯。今先王之义胜，故肥。"

是以志之难也，不在胜人，在自胜也。故曰："自胜之谓强。"

（《韩非子·喻老》十八）

《韩非子·喻老》第十八章，演义《老子》初始本第73《道恒无名章》"自胜者强"。子夏因先王之义、富贵之利 "战于胸中"，起初 "未知胜负"，导致体瘦；后来先王之义战胜富贵之利，于是体胖。

●《庄子》演义 "自胜者强"

中山公子牟谓詹子曰："身在江海之上，心居乎巍阙之下，为之奈何？"

詹子曰："重生！重生则轻利。"

中山公子牟曰："虽知之，未能自胜也。"

詹子曰："不能自胜，则从之。从之，神无恶乎？不能自胜而强不从者，此之谓重伤。重伤之人，无寿类矣。"

魏牟，万乘之公子也。其隐岩穴也，难为于布衣之士。虽未至乎道，可谓有其意矣。

（《庄子·让王》）

《庄子·让王》此章，演义《老子》初始本第73《道恒无名章》"自胜者强"。

中山公子魏牟（前320—前240），是魏属中山先王之子，故曰："魏牟，万乘之公子也。"魏属中山国被赵武灵王伐灭（前296），中山公子魏牟失去母邦，流落江海之上，一时未能忘怀失去的富贵。

楚人詹何教导他重视生命，轻视富贵。魏牟说："虽知之，未能自胜也。"

魏牟后来拜庄子弟子蔺且（前340—前260）为师，成为庄子再传弟子，编纂了《庄子》初始本。详见《庄子复原本》。

子夏是先王之义战胜富贵之利，魏牟是生命之贵战胜富贵之利，均属"自胜"。

74. 天道左右章（传世本第34章）

道泛兮，其可左右。成功遂事，而弗名有也。
爱利万物而不为主，可名于小。
万物归焉而不知主，可名于大。
是以圣人之能成大也，以其不为大也，故能成大。

今译

天道遍在永在，可以左生右杀。成就生杀万物之伟业，却不宣称占有万物。

天道爱利万物却不做万物之主，可以命名天道为小。

万物归于天道却不知万物之主，可以命名天道为大。

因此圣君能成其大，是因为效法天道而不自大，所以能成其大。

演义

● 《庄子》演义"万物归焉而不知主"

老聃之役有庚桑楚者，偏得老聃之道，以北居畏垒之山。其臣之画然知者，去之；其妾之洁然仁者，远之。拥肿之与居，鞅掌之为使。居三年，畏垒大穰。

畏垒之民相与言曰："庚桑子之始来，吾洒然异之。今吾日计之而不足，岁计之而有余。庶几其圣人乎？子胡不相与尸而祝之，社而稷之乎？"

庚桑子闻之，南面而不释然。弟子异之。

庚桑子曰："弟子何异于予？夫春气发而百草生，正得秋而万实成。夫春与秋，岂无得而然哉？天道已行矣。吾闻至人尸居环堵之室，而百姓猖狂不知所如往。今以畏垒之细民，而窃窃焉欲俎豆予于贤人之间，我其杓之人邪？吾是以不释于老聃之言。"

（《庄子·庚桑楚》）

《庄子·庚桑楚》以老子弟子庚桑楚不欲为君，演义《老子》初始本第74《天道左右章》"万物归焉而不知主"。此句《老子》传世本多作"万物归焉而不为主"，与前句"爱利万物而不为主"重复，义遂不明。

庚桑楚认为，畏垒地区获得农业丰收，不是自己"无为而治"的功劳，而是"天道已行"的功劳。《老子》初始本第74《天道左右章》主张"万物归焉而不知主"，如今畏垒之民却欲奉庚桑楚为君主，打算"尸而祝之，社而稷之"，庚桑楚认为是自己德业不够深厚所致，所以深感惭愧，难以释然。故《老子》初始本第74《天道左右章》曰："是以圣人之能成大也，以其不为大也，故能成大。"

75.人道大象章（传世本第35章）

执大象，天下往。往而不害，安平泰。

药与饵，过客止。故道之出言，淡乎其无味也？视之不足见，听之不足闻，用之不可既也。

今译

圣君执守泰卦之象，天下民众无不归往。民众归往而不受伤害，是为安康平和的泰道。

药物与药引，过客望而却步。为何吾书言说泰道，平淡而无味？因为眼睛看不见泰道，耳朵听不见泰道，泰道之用不可穷尽。

演义

●《庄子》演义"执大象，天下往"

黄帝将见泰隗乎具茨之山，方明为御，昌宇骖乘，张若、諂朋前马，昆阍、滑稽后车。至于襄城之野，七圣皆迷，无所问途。

适遇牧马童子，问途焉，曰："若知具茨之山乎？"

曰："然。"

"若知泰隗之所存乎？"

曰："然。"

黄帝曰："异哉小童！非徒知具茨之山，又知泰隗之所存。请问为天下？"

小童曰："夫为天下者，亦若此而已矣，又奚事焉？予少而自游于六合之内，予适有瞀病，有长者教予曰：'若乘日之车，而游于襄城之野。'今予病少痊，予又且复游于六合之外。夫为天下，亦若此而已，予又奚事焉？"

黄帝曰："夫为天下者，则诚非吾子之事。虽然，请问为天下？"

小童辞。

黄帝又问。

小童曰："夫为天下者，亦奚以异乎牧马者哉？亦去其害马者而已矣。"

黄帝再拜稽首，称"天师"而退。

（《庄子·徐无鬼》）

《老子》初始本一见"大象"（第75章），三见"大道"（第16章二见、第60章一见），"大象"、"大道"之"大"，均训"太"，均通"泰"，故"大象"即"泰象"，"大道"即"泰道"。《庄子·徐无鬼》之"泰隗"，即"泰象"、"泰道"之拟人化。

黄帝"请问为天下"之道，牧马童子答以"夫为天下，亦若此而已，予又奚事焉？""亦若此而已"，即牧民如牧马，扣《老子》初始本第63《曲则全章》"圣人执一以为天下牧"。"予又奚事焉"，扣《老子》初始本第26《为无为章》"为无为，事无事"。

"黄帝再拜稽首，称'天师'而退"，演义《老子》初始本第75《人道大象章》"执大象，天下往"。即侯王以"泰隗"之"泰象"、"泰道"为治理天下的最高"大道"。执泰卦之象，则天下往，往而不害，安平泰。执否卦之象，则天下不往，往而必害，不安不平不泰。

76.柔弱胜刚强章（传世本第36章）

将欲翕之，必固张之；将欲弱之，必固强之；将欲废之，必固兴之；将欲夺之，必固予之。是谓微明：柔弱胜刚强。

鱼不可脱于渊，国之利器不可以示人。

今译

将要关闭之，必先开启之；将要弱化之，必先强化之；将要废除之，必先兴盛之；将要剥夺之，必先给予之。这是天道在幽微之中的显明：柔弱的泰道必胜刚强的否术。

泰道如鱼不可脱离渊水，否术利器不可轻易示人。

演义

● 《战国策》演义"将欲废之，必固兴之；将欲夺之，必固予之"

知伯索地于魏桓子，魏桓子弗予。

任章曰："何故弗予？"

桓子曰："无故索地，故弗予。"

任章曰："无故索地，邻国必恐；重欲无厌，天下必惧。君予之地，知伯必骄。骄而轻敌，邻国惧而相亲。以相亲之兵，待轻敌之国，知氏之命不长矣！《周书》曰：'将欲败之，必姑辅之；将欲取之，必姑与之。'君不如与之，以骄知伯。君何释以天下图知氏，而独以吾国为知氏质乎？"

君曰："善。"乃与之万家之邑一。

知伯大说。因索蔡、皋梁于赵，赵弗与，因围晋阳。韩、魏反于外，赵氏应之于内，知氏遂亡。

（《战国策·魏策一》）

战国早期，晋国执政知伯索地于魏、韩、赵。魏桓子（前455—前446在位）不愿割地，经任章规劝而割地。韩康子（前455—前425在位）也割了地，只有赵襄子（前474—前425在位）不肯割地。知伯遂围赵都晋阳，最后"韩、魏反于外，赵氏应之于内，知氏遂亡"。韩、魏、赵三家瓜分知伯之地，事在公元前453年。五十年后（前403），韩、魏、赵被周威烈王册封为诸侯，史称"三家分晋"。

任章规劝魏桓子所言《周书》，即成书于春秋晚期的《老子》初始本。任章所引《周书》"将欲败之，必姑辅之；将欲取之，必姑与之"，即《老子》初始本第76《柔弱胜刚强章》"将欲废之，必固兴之；将欲夺之，必固予之"，文虽小异，经义无别。

● 《韩非子》演义"将欲翕之，必固张之；将欲弱之，必固强之""是越王入宦于吴，而观之伐齐以弊吴。吴兵既胜齐人于艾陵，张之于江、济，强之于黄池，故可制于五湖。故曰："将欲翕之，必固张之；将欲弱之，必固强之。"

晋献公将欲袭虞，遗之以璧马；知伯将袭仇由，遗之以广车。故曰："将欲取之，必固与之。"

起事于无形，而要大功于天下，"是谓微明"。处小弱而重自卑，谓"损弱胜强"也。

（《韩非子·喻老》五）

《韩非子·喻老》第五章，越王勾践事吴，助吴称霸中原，最终灭吴，演义《老子》初始本第76《柔弱胜刚强章》"将欲翕之，必固张之；将欲弱之，必固强之"；又以晋献公先赠璧马，后灭虞国，知伯先赠广车，后灭仇由，演义"将欲夺之，必固予之"。

小结部分，又演义《柔弱胜刚强章》"是谓微明：柔弱胜刚强"等义。

●《韩非子》演义"鱼不可脱于渊，国之利器不可以示人"

势重者，人君之渊也。君人者，势重于人臣之间，失则不可复得矣。简公失之于田成，晋公失之于六卿，而邦亡身死。故曰："鱼不可脱于深渊。"

赏罚者，邦之利器也，在君则制臣，在臣则胜君。君见赏，臣则损之以为德；君见罚，臣则益之以为威。人君见赏而人臣用其势，人君见罚而人臣乘其威。故曰："邦之利器不可以示人。"

（《韩非子·喻老》四）

权势不可以借人，上失其一，臣以为百。故臣得借则力多，力多则内外为用，内外为用则人主壅。其说在老聃之言失鱼也。

势重者，人主之渊也；臣者，势重之鱼也。鱼失于渊而不可复得也，人主失其势重；于臣而不可复收也，古之人难正言，故托之于鱼。赏罚者利器也，君操之以制臣，臣得之以壅主。故君先见所赏，则臣鬻之以为德；君先见所罚，则臣鬻之以为威。故曰："国之利器不可以示人。"

（《韩非子·内储说下》）

《韩非子·喻老》第四章，举二事演义《老子》初始本第76《柔弱胜刚强章》"鱼不可脱于渊，国之利器不可以示人"。

第一事，"简公失之于田成"。田成子田恒（前481—前454在位）弑齐简公（前481），是田齐取代姜齐之始，故《庄子·胠箧》曰："田成子有乎盗贼之名，而身处尧舜之安；小国不敢非，大国不敢诛，十二世有齐国。"

第二事，"晋公失之于六卿"。晋文公（前636—前628在位）称霸之后，六卿逐渐强大，后来赵灭范氏、中行氏（前458），韩、魏、赵共灭知氏（前453），最终三家分晋（前403）。

《韩非子·内储说下》又曰"其说在老聃之言失鱼也"，再次演义《老子》初始本第76《柔弱胜刚强章》"鱼不可脱于渊，国之利器不可以示人"。《老子》全书，"鱼"字仅见于此。

《韩非子》两次演义"鱼不可脱于渊，国之利器不可以示人"，是全书仅有的孤例。原因之一是韩非特别重视这两句，原因之二是这两句位于《老子》初始本倒数第二章，韩非认为是《老子》初始本的最终教诲。韩非以此强调侯王不能失去权柄，但这仅是韩非的借题发挥，并非《老子》初始本真义。

●《淮南子》演义"鱼不可脱于渊，国之利器不可以示人"

昔者司城子罕相宋，谓宋君曰："夫国家之安危，百姓之治乱，在君行赏罚。夫爵赏赐予，民之所好也，君自行之。杀戮刑罚，民之所怨也，臣请当之。"

宋君曰："善！寡人当其美，子受其怨，寡人自知不为诸侯笑矣。"

国人皆知杀戮之专，制在子罕也，大臣亲之，百姓畏之。居不至期年，子罕遂劫宋君而专其政。故《老子》曰："鱼不可脱于渊，国之利器不可以示人。"

（《淮南子·道应训》十九）

《淮南子·道应训》被《韩非子》的谬解误导，以司城子罕（即戴剔成）弑君篡宋，演义"鱼不可脱于渊，国之利器不可以示人"。

韩非也常把戴剔成篡宋与田成子篡齐相提并论，比如《韩非子·人主》："宋君失其爪牙于子罕，简公失其爪牙于田常，而不早夺之，故身死国亡。"再如《韩非子·说疑》："若夫齐田恒、宋子罕、鲁季孙意如、晋侨如、卫子南劲、郑太宰欣、楚白公、周单荼、燕子之，此九人者之为其臣也，皆朋党比周以事其君，隐正道而行私曲，上逼君，下乱治，援外挠内，亲下以谋上，不难为也。"所以《韩非子》、《淮南子》之后，田齐代姜齐，戴氏篡宋国，常被相提并论，作为演义《老子》"鱼不可脱于渊，国之利器不可以示人"的经典叙事，彻底遮蔽了《老子》初始本"鱼不可脱于渊，国之利器不可以示人"之真义。

《老子》初始本"鱼不可脱于渊，国之利器不可以示人"之真义，见于《庄子·大宗师》："泉涸，鱼相与处于陆。与其相呴以湿，相濡以沫，不如相忘于江湖。与其誉尧而非桀也，不如两忘而化其道。"《庄子》揭破了《老子》初始本"鱼不可脱于渊，国之利器不可以示人"真义：泰道是上善之水，可让民众如鱼得水地幸福生活。否术是国之利器，会使民众脱离上善之水而处于干涸的陆地，国之利器不可向人民呈示，不可对人民使用。所以《老子》初始本一再反对用兵，并且警告侯王："若民恒且不畏死，奈何以杀惧之也？……夫代司杀者杀，是代大匠斫也。夫代大匠斫者，则希不伤其手矣。"（《老子》初始本第38章）

77. 道恒无为章（传世本第37章）

道恒无为，侯王若能守之，万物将自为。

为而欲作，将镇之以无名之朴。夫亦将知足，知足以静，万物将自定。

今译

天道永恒无为，侯王若能效法天道持守无为，万物将会循德自为。

万物自为若欲悖道妄作，将被天道分施的无名朴德限定范围。那么万物将会知足，知足就能守静，万物将会自定。

演义

● 《论语》演义"道恒无为，侯王若能守之"

子曰："无为而治者，其舜也欤？夫何为哉？恭己正南面而已矣。"

（《论语·卫灵公》）

《老子》初始本末章，即第77《道恒无为章》，点破全书所言"君人南面之术"："道恒无为，侯王若能守之，万物将自为。"

孔子曾受老子面教，又读过《老子》初始本，所以称赞舜是能够效法"道恒无为"且"能守之"的圣君。"恭己正南面"，点破《老子》初始本的"君人南面之术"宗旨。

"道恒无为"下，四大出土本（战国中期楚简本、西汉初期帛甲本、西汉早期帛乙本、西汉中期汉简本）均无"而无不为"四字。东汉河上本、魏晋王弼本、唐代傅奕本、敦煌想尔注本均作"道常无为而无不为"，"而无不为"四字均属妄增。本章首句言"道恒无为",次句言"侯王若能守之",合于《老子》初始本全书宗旨,义理明确。妄增"而无不为"四字之后,"侯王"究竟是守"无为",还是守"无不为",不再明确。所以《老子》传世本把"道恒无为"改为"道常无为而无不为",违背《老子》初始本真义。《老子》传世本的历代注家认为老子主张"侯王"既"无为"又"无不为",违背《老子》初始本全书宗旨。

●《尹文子》演义"万物将自为。为而欲作,将镇之以无名之朴"

> 田子曰:"人皆自为而不能为人,故君人者之使人,使其自为用,而不使为我用。"
>
> 魏下先生曰:"善哉田子之言。古者君之使臣,求不私爱于己,求显忠于己。而居官者必能,临阵者必勇。禄赏之所劝,名法之所齐,不出于己心,不利于己身。语曰:'禄薄者不可与经乱,赏轻者不可与入难。'此处上者所宜慎者也。"
>
> (《尹文子·大道上》)

《老子》初始本两见"自为",《老子》传世本均篡改为"自化"。

其一,《老子》初始本第20《以正治国章》(证见楚简本):"是以圣人之言曰:我无为而民自为。"《老子》传世本第57章篡改为:"故圣人云:我无为而民自化。"

其二,《老子》初始本第77《道恒无为章》(证见楚简本、帛甲本):"道恒无为,侯王若能守之,万物将自为。为而欲作,将镇之以无名之朴。"《老子》传世本第37章篡改为:"道常无为而无不为,侯王若能守之,万物将自化。化而欲作,吾将镇之以无名之朴。"

尹文、田骈所处战国中期,《老子》初始本两处"自为"尚未被篡改为"自化",所以《尹文子》田骈所言:"人皆自为而不能为人,故君人者之使人,使其自为用,而不使为我用。"正是阐释《老子》初始本两见之"自为"。"君人者之使人",又点破了《老子》初始本的宗旨是"君人南面之术"。

●《淮南子》演义《老子》传世本"万物将自化。化而欲作，吾将镇之以无名之朴"

  武王问太公曰："寡人伐纣天下，是臣杀其主而下伐其上也。吾恐后世之用兵不休，斗争不已，为之奈何？"

  太公曰："甚善，王之问也！夫未得兽者，唯恐其创之小也；已得之，唯恐伤肉之多也。王若欲久持之，则塞民于兑，道令为无用之事，烦扰之教。彼皆乐其业，佚其情，释昭昭而道冥冥，于是乃去其瞽而载之木，解其剑而带之笏。为三年之丧，令类不蕃。高辞卑让，使民不争。酒肉以通之，竽瑟以娱之，鬼神以畏之。繁文滋礼以弇其质，厚葬久丧以亶其家，含珠鳞、施纶组以贫其财，深凿高垄以尽其力。家贫族少，虑患者贫。以此移风，可以持天下弗失。"

  故《老子》曰"化而欲作，吾将镇之以无名之朴"也。

（《淮南子·道应训》五六）

  战国中期《尹文子》演义《老子》初始本"万物将自为。为而欲作，将镇之以无名之朴"。意为万物顺应天道而循德"自为"，一旦"自为"超过限度而"妄作"，将会受到物德极限的自我限制，即个人能力的极限、个体生命的极限等之限制。所以侯王只要谨守"无为"，听任天下"自为"，天下就能大治。

  西汉早期《淮南子·道应训》演义《老子》传世本"万物将自化。化而欲作，吾将镇之以无名之朴"。意为如果万物顺应人道而尊礼"自我教化"，侯王可以"无为"；一旦万物不肯"自我教化"而"妄作"，侯王就可以从"无为"转向"无不为"予以镇压。这是彻底违背《老子》初始本宗旨的根本篡改。

  战国中期的《老子》楚简本、西汉早期的《老子》帛甲本均作"万物将自愇。愇而欲作"，"愇"字从"爲"从"心"，是《老子》初始本专为"有心之为"亦即悖道"有为"所造之字。《老子》传世本把"自愇"篡改为"自化"以后，"愚"字在汉语字库中消失，不入任何辞书，于是楚简本、帛甲本出土以后，整理者不顾常识、毫无依据地把"愚"视为"化"的异体字。即以《老子》传世本的伪经文，倒校《老子》初始本的真经文，导致出土本的真经文失去意义。

必须特别注意：《淮南子·道应训》之末章（第56章），演义《老子》初始本之末章（第77章），并非巧合，而是刘安所处西汉早期，《老子》尚未颠倒上下经。其旁证是，西汉初期的帛甲本，西汉早期的帛乙本，西汉中期的汉简本，西汉晚期的严遵本，均未颠倒上下经，均以本章为《老子》末章。因为颠倒《老子》上下经的始作俑者，是西汉晚期的刘向。但是《道应训》末章所引《老子》末章之经文，已非《老子》初始本的经文原貌。所以颠倒《老子》初始本之上下经，尽管始于西汉晚期的刘向，但是篡改《老子》初始本并非始于西汉晚期的刘向，而是始于战国晚期的韩非。

《韩非子·解老》偏重《老子》初始本的上经《德经》，总共三十六章，解说了《老子》初始本的十一章：三十四章解说上经《德经》九章（1、9、13、16、17、21、22、23、31），二章解说下经《道经》二章（45、57）。

《淮南子·道应训》兼重《老子》初始本的上经、下经，总共五十六章，五十三章演义了《老子》初始本的四十四章：上经《德经》二十章，下经《道经》二十四章。另外三章（42、50、51），演义《庄子》、《慎子》、《管子》。因为篇名既然是《道应训》，一方面不能放弃《老子》初始本重心所在的上经《德经》，另一方面也不能放弃《老子》初始本专门言"道"的下经《道经》。《淮南子》的"德应训"部分，见于《淮南子·人间训》、《淮南子·齐俗训》等篇。

●李劼评论老庄之异

李劼《中国文化冷风景》第三章《老子〈道德经〉的历史语境和思想底蕴》，是一篇见解独到的《老子》解读，本书上文已在相关章节引用其中的重要段落。该文最后的老庄合论也极富启发。撮引如下——

比较巴赫和肖邦的音乐，人们可以发现，巴赫的宁静之中，具有无边无际的浩瀚；相反，肖邦的激情却宛如月光，诗意盎然，宁静飘逸。这样的区别，很适用于老子和庄子，老子犹如浩瀚的巴赫，庄子好比诗意盎然的肖邦。倘若比之于德国文学，那么老子犹如歌德，庄子好比荷尔德林。曾有人说，在德国文学的天空中，歌德是太阳，荷尔德林是月亮。在中国文化的天空里，老子和庄子也同样如此日月同辉。只是就其文章的风格而言，深邃的《道德经》如同水一般柔美，飘逸的庄子散文却像火一样刚烈。

老子的言说方式，是纯粹的自言自语。庄子虽然浑浑然不知是蝶是己，却又经常不得不在诸多的对话中表达自己。比起老子在表达上的无拘无束，庄子的言说语境显然困苦不堪。庄子一方面深知"大道不称，大辩不言，大仁不仁"（庄子《齐物论》）；一方面却不得不藉以对话和寓言，迂回曲折、不厌其烦地与人激辩何为大道，何为大仁。与老子仅仅面对历史不同，庄子所面对的却是同时代各色人等的挑战。老子面对的历史可说是无形的，但庄子面对的生存境遇却是具体的。在宋康王暴虐的专制底下，言说的自由度变得非常微小。一旦不得不言说，只能说得隐晦曲折。尽管庄子深知老子所言的不争，但由于言说语境的严酷，导致庄子的言说不知不觉间具有了反抗的意味，其文章也因此有了火一般的刚烈。庄子的逍遥，在文字上是飘逸的，但在所指上，却是相当激昂的。自由，在庄子并非是生命中的不可承受之轻，而是存在所不得不面对的必须承受之沉重。

可以说，逍遥是自由的同义词。正如反者道之动是老子《道德经》的奥义所在，逍遥，乃是庄子文章提纲挈领的要义。借用庄子的庄周梦蝶一说，庄子之蝶，乃逍遥之蝶，或者说，自由之蝶。庄子因此而成为自由的化身。正如在纽约港口屹立着法国人赠送的那尊自由女神像一般，庄子是屹立在中国文化空间一尊无形的自由之神。《逍遥游》中的所谓"至人无己，神人无功，圣人无名"，正是这尊自由之神的精神写照。比起纽约港口众目可睹的自由之神，庄子的自由是无形的，故曰之，逍遥。逍遥既是不受任何约束，也是不立任何偶像。但逍遥并非没有所指。庄子的逍遥，是相对于任何一个或者失了逍遥的权利或者丧失了自由的心灵的存在者而言。正是因为逍遥的这种所指，致使以不争为原则的逍遥，自然而然地具有指向专制、指向专制话语的锋芒。逍遥首先是对权力的拒绝，不管是什么样的权力。逍遥同样不认同专制的伦理和专制的道德，更不认同为专制话语所树立的各种道德偶像。

老子的政治思想具有明确的历史语境，具有对周公建制的批判指向。相比之下，庄子的逍遥立场，比老子更为彻底，更加独立不羁。不要说周公那样的人物，就连尧舜一类的圣人，庄子都会加以针砭。

老子的政治思想，有助于澄清商周之交的历史。但这在庄子，根本不屑于澄清什么历史不历史，逮着谁就嘲笑谁。传说中的忠臣烈士，在庄子看来不过"好名"罢了。因为他们好名，所以桀纣先后成全了他们。

倘若说，道是如如不动的，那么，庄子的自由立场就是如如不动。庄子的逍遥是一种如如不动，庄子的接招解击，也是一种如如不动。既然混沌已经被开窍，那么混沌的存在也只能置于死地而后生。

历史是时间的，自由却是空间的。从这个意义上说，老子是个哲学家，而庄子是个诗人。哲学关心时间，关心历史，而诗人却只在熹自由的有无，寻找存在空间的是否可能。历史在老子那里具有反者道之动的意义，但在庄子那里却没有任何意义。历史在庄子那里，属于"六合之外"之物，存而不论。老子庄子对时间和空间如此不同的关注，与歌德和荷尔德林的相异之处，非常相像。在歌德的《浮士德》里，历史的指向和其人道立场的二律背反，非常清晰。歌德一方面描述受了魔鬼诱惑而展开的历史进程，一方面又坚持让女神引导前行。相反，在荷尔德林小说《许佩里翁》里，许佩里翁和北腊民的对话，没有什么明确的历史内容，而纯粹是心灵与心灵，灵魂与灵魂之间的交谈。

老子强调的知常守朴，与庄子抒发的诗意逍遥，互为印证。在生存上越是淡然处之，存在就越显得诗意盎然。老子言说的道，其浩瀚在于，道无处不在，无时不在，或者说存在不可遮蔽地隐含于从一到万物的生发过程中，不言而喻地潜藏在从万物归一的往返回复上。庄子式的逍遥，其潇洒在于，可像无用之树那样，随意置身广漠之野；也可像庄周梦蝶那样，分不清是在梦幻里，还是在现实中；分不清谁是庄周，谁是蝴蝶。正如老子的思想光谱与其论说的时空一样，是高维的；庄子的逍遥空间，也是多维的；小到隐机而嘘，大到天籁呼吸；小到茕然一树，大到鲲鹏展翅。广漠不足以言其大，八千岁为春、八千岁为秋的大椿之年，不足以言其寿。不仅齐物，与大自然合而为一，而且还齐生死，不知人生如梦还是梦似人生，浑浑然，没有了梦和醒、生和死的界限。老子经由历史的回复、经由时间的往返所抵达的高维世界，在庄子则是通过逍遥，通过自由，通过如如不动地驻足于存在空间之中（即老子说的抱朴、守常）而抵达的。彼此殊途同归，却又色泽各异。

比之荷尔德林，庄子的逍遥具有更为彻底的自由意蕴。阅读荷尔德林所虚构的许佩里翁和北腊民的对话，读出的是一种日耳曼民族之灵魂。在荷尔德林的笔下，个人意义上的我，是消失的。心灵也罢，灵魂也罢，总是徜徉着德国神话《尼伯龙根指环》中的英雄、齐格飞的影子。荷尔德林本人在未写完的《我们审视古典所应取的视角》一文中声称："在人的所有事业和行动的原始根据上，我们感觉自身与万众齐一。"正如崇尚自然的歌德，无法摆脱历史的缠绕。追求诗意居住的荷尔德林，也难以走出黑格尔哲学的阴影。荷尔德林经常被沉重的历史感和使命感折磨得气喘吁吁，以致在他热烈推崇阿喀琉斯的当口，都可以看见在阿喀琉斯背后站立着的齐格飞身影。荷尔德林赞美阿喀琉斯，是"充满雄狮的力量、精神和优美的青年"。阿喀琉斯与赫克托耳,"构成最美的对照"。"赫克托耳是一位完全出自义务和纯净良知的英雄,而阿喀琉斯则是一切来自丰饶而美的自然。"(《荷尔德林文集·关于阿喀琉斯》)

荷尔德林从荷马史诗中如此提取他心目中的英雄性格,在庄子很可能会哑然失笑。作为一个英雄,阿喀琉斯也许单纯,但并非来自丰饶而美的自然。至少不是来自庄子心目中的自然,也不是来自老子心目中的自然。因为自然的前提不是在于如何英雄,而是在于如何拒绝成为英雄,坚守无用的立场,不为任何国君圣主所用。老子在《道德经》中断言:"夫兵者,不祥之器。物或恶之,故有道者不处。"庄子则在与惠施的激辩中,坚拒成为惠施那样的有用之材。因此,像阿喀琉斯那样雄狮般的战神,在庄子的眼里,可能与狸狌无异。庄子在《逍遥游》中如此描述狸狌的命运:"子独不见狸狌乎?卑身而伏,以候敖者;东西跳梁,不辟高下;中于机辟,死于罔罟。"这几乎就是阿喀琉斯的命运写照。

庄子与荷尔德林的这种区别,也同样发生在老子和歌德的异同之间。按照老子的常有常无立场,在反者道之动的历史面前,老子不是一个历史论者,而是一个复古主义者。但这在歌德,恰好相反。歌德在《浮士德》中的立场是进取,虽然他明知那样的历史进取,不得不付出人性的代价。爱情和女性,通常成为进取的牺牲品。歌德和荷尔德林一样,崇拜壮丽辉煌的荷马史诗。区别仅在于,荷尔德林看见的是英雄阿喀琉斯,歌德在《浮士德》中召唤出来的却是象征着美丽和爱情的美女海伦。康德在《纯粹理性批判》中表述的二律背反,在歌德的《浮士德》里是以梅菲斯特和美女海伦分别隐喻出来的。假如可以把海伦作为存在的象征,那么梅菲斯特则是生存的写照。魔鬼的称号显然是虚拟的,梅菲斯特实际上的形象,乃是人类无以摆脱的生存欲望。当黑格尔说出"恶是推动历史的杠杆"时,他无意间道出了欲望的伟大。历史是被欲望所推动的,而美丽的爱情,也因为欲望而毁灭;存在的诗意，也是因为欲望而丧失的。在荷尔德林说出人类诗意地居住在这地球上之前，歌德已经在《浮士德》中明明白白地告诉世人，这是根本不可能的。甘泪卿之死，是存在之死。就生存而言，确实凡是存在的都是合理的。但就存在而言，凡是存在的未必都是有诗意的。虽然庄子比老子更富诗意，但相对于歌德的现实主义，老子显得诗意盎然了。

老子、庄子和歌德、荷尔德林之间的这种区别，又同样体现在他们与其他西方人文景观的异同上。比如，贝多芬的音乐世界是如同老子那样浩瀚的，但在以月光般的诗意为特征的肖邦音乐里，也同样有着贝多芬式的激昂成分。贝多芬曾经向拿破仑表达过敬意，肖邦的作品会突然洋溢一下波兰民族因饱受屈辱而滋生的革命情怀。伦勃朗的绘画是深刻的，但在其著名的暗色调里面，却凝结着荷兰商业文明起步时的少年老成。塞万提斯笔下的堂·吉诃德，有着老子、庄子都难以企及的天真无邪，可是在堂·吉诃德面前站立着的，却并不仅仅是一架古老的风车，而且还是整整一部现代文明史的血腥和野蛮。即便塞万提斯本人，也因此饱受磨难。更不用说，但丁在《神曲》中，对女性和爱情所怀有的巨大偏见。老、庄般的彻底和纯粹，在西方的文化世界里，直到梵高的绘画和卡夫卡的作品问世，才获得相应的表达。其时，西方的文化已经走了将近二个回返了。一个是五百多年前的文艺复兴，一个是从文艺复兴走到现代派时代之际，文化巨子们对高度发达的文明，所作出的与世长存的质疑。

老子的常无常有，抱朴守常，庄子的神人无功，至用无用，二者同时在时间和空间上，选择了水的方式，向下的方式，静守的方式。遗憾的是，这样的方式非但没能使华夏文化返回到最为初始的时代，反而十分无奈地任其徘徊在一种浑浑噩噩的黑暗里，长达数千年而不复。与此相反，西方的文化无论是从古希腊开始，还是从《圣经》起源，全都具有一种火的激昂。西方的历史，因此而不停地转动着。反者道之动，假如不动，则无从返起。

比较老子的反者道之动和赫拉克利特的河流，可以发现，老子的时间是静止的。道可道，非常道；动可动，不如不要动。似乎是因为终究要回返的，所以索性就如如不动了。相反，赫拉克利特的时间，却是不可能二次走进同一条河流的时间。而赫拉克利特的思想，又是火气冲冲的哲学，充满居高临下的贵族气质。后来在雅典一领风骚的苏格拉底，几乎就是赫拉克利特哲学的化身。与老子以不要求什么表达自己的主张不同，苏格拉底对所有的雅典人提出了极为苛刻的要求，并且没有一个人，除了苏格拉底本人之外，能够合乎苏格拉底的要求。因为赫拉克利特的时间，不是不动的，不是无所作为的，而是君子有所必为，从而坚定不移地指向未来的。苏格拉底对雅典人的要求，是成为未来才可能出现的理想人类的要求。也是因为这样的要求，致使苏格拉底死后，其弟子柏拉图写了由哲学家统治的《理想国》。苏格拉底在雅典街头举过的火炬，被柏拉图举到了书本里。

历史是思想创造的。正如没有历史的民族是不可思议的，没有思想的历史也是不可想象的。思想当年是怎样从街头被赶进书本的，后来又照样从书本重新走上街头。先是浮士德博士走出了书斋，然后是马克思主义称雄一时，都是从书本到社会的革命。时间在火与剑里向前延伸，历史在一场场革命中被铸就。当海德格尔写出《存在与时间》的时候，存在已经在历史的燃烧之中，岌岌可危了。即便如此，海德格尔依然把时间标画为：向……未来的生存。海德格尔不管有多么喜欢老子，也难以读出《道德经》里有关时间是复返和复返才是时间的时间哲学。就连卡夫卡，都读得晕头转向，只读出一堆"格言玻璃球"，听上去像是吉卜赛人用来卜算的水晶球。海德格尔和卡夫卡也许能够猜出爱因斯坦的弯曲空间是怎么回事，但他们无法读解老子的反者道之动，是如何标画时间的。

同样道理，庄子的逍遥空间，也是西方人所难以理解的世界。因为从毕达哥拉斯开始的空间审视，是几何学意义上的探索。庄子的空间是内视的，是从内心向宇宙的展开。而毕达哥拉斯的空间却是外视的，是从观察开始的宇宙奥秘寻找。几何图像虽然也奥妙无穷，玄而又玄，但几何空间却是肉眼可见的。但庄子的空间，却是交织着梦境、想象、当下、永恒，并且还层次不清地混合着人籁、地籁、天籁的混沌世界。庄子的空间是经由内心展现出来的逍遥和自由，毕达哥拉斯的空间是必须经由肉眼、后来是肉眼的延伸望远镜所亲眼目睹的。毕达哥拉斯的空间必须睁开眼睛看，而庄子的空间恰好是得先闭上眼睛，才能进入的内心世界；是得先摒弃了世俗的生存，才得以洞见的逍遥自在。自由在庄子的空间里，以一种极端的方式，体现为至什么无什么的空灵。至言无言，至用无用，至任何东西无任何东西。借用印度禅师奥修有关竹笛之于灵修的比喻，庄子的空间如同一根竹笛，因为空空如也，才能吹奏出存在的天籁之音。

毕达哥拉斯的空间刚好相反。从毕达哥拉斯的几何空间里，发展出了西方人引以为自豪的科学。正如从赫拉克利特的时间里，流出了西方人自己都不知该如何评说的一场场革命。科学和革命，将西方世界推入了令人眼花缭乱的现代文明。海德格尔在时间维度上追问的存在，被闵可夫斯基在时空坐标上暗示了出来。只是，那样的存在早已流失，难以考据了。为此，胡塞尔写了《几何学的起源》，以图重新发现具有存在论意味的空间。胡塞尔以此与海德格尔对峙，殊不知，他的《几何学的起源》与海德格尔的《存在与时间》，恰好彼此补充。不过，时间又确实是一条不能两次走进的河流。历史无可重复。虽然时间在一个弯曲的空间里是可以返返的。正如在老、庄的时空里长大的文化，需要赫拉克利特和毕达哥拉斯的时间和空间作参照。在赫氏和毕氏的时空里，老、庄的时间和空间会显示出奇特的魅力。火，因为水的湿润而低垂。据说，这是写在《古兰经》里的一句话。基此，将来的海德格尔也罢，将来的卡夫卡也罢，都不会再度把老子读成四处滚动着的"格言玻璃球"了。

老、庄式的自由思想，即便是嵇康的鲜血，也没能使之成为中国文化不言而喻的人文精神，反而被人一再地歪曲，一再地遗忘。及至如今，借助西方文化的参照，重新开启中国二千多年前的自由思想之库，无论是遥远的历史还是老、庄的思想，全都已经变得模糊难辨。西方的学术之所以发展为科学，是因为思想提供了生生不息的活力。而中国的学术之所以成为皓首穷经的生存手段，是因为思想在专制权力和话语权力的合谋之下，被不断地剿灭。结果是致使自由不再，心灵枯萎。当老、庄被重新作为思想谈论的时候，自由竟然如同干涸已久的河床。这与其说是悲剧，不如说是一个天大的笑话。用老子的话来说，叫做："上德不德，是以有德；下德不失德，是以无德。"

　　然而，即便如此，老子的思想光谱和庄子的诗意逍遥，如同高山流水，无以遮蔽，也不可磨灭。老庄的自由思想虽然没能发展成一部文明的历史，却因为其纯朴的自然品性，成为任何一部文明历史的永恒参照。这是老庄思想最为深邃的文化底蕴，也是老庄思想最为恢宏的存在架构。在几千年的专制历史上，老庄思想被不断地篡改，被不断地歪曲，被不断地边缘化，但老庄思想依然如如不动地与山河同在。尤其是当一部长长的专制历史行将终结之际，老庄思想变得越发动人，更为夺目。正如孔子是因为中国文化的沉沦，上升为高山。老庄却因为中国文化的复兴，将再度从一个民族的集体记忆之海底崛起。事实上，不仅是老子、庄子，也不仅是孔子、孟子，当年所有的先秦诸子，都会在一部颠倒黑白的专制历史行将终结的当口，纷纷回到各自原有的历史位置上。就此而言，历史确实是公正的，一如时间总是弯曲的。[1]

---

[1]　李劼《中国文化冷风景》314—327页，允晨文化实业股份有限公司2013年版。

李劼提到的"格言玻璃球",源于卡夫卡:

老子的格言是坚硬的核桃,我被它们陶醉了,但是它们的核心对我却仍然紧锁着。我反复读了好多遍。然后我却发现,就像小孩玩彩色玻璃球那样,我让这些格言从一个思想角落滑到另一个思想角落,而丝毫没有前进。

通过这些格言玻璃球,我其实只发现了我的思想槽非常浅,无法包容老子的玻璃球。这是令人沮丧的发现,于是我就停止了玻璃球游戏。[1]

2023年6月17日—12月18日初稿

2023年12月19日—2024年1月6日二稿

2024年1月8日—21日三稿

---

[1] 古斯塔夫·雅努施《卡夫卡对我说》174页,赵登荣译,时代文艺出版社1991年版。

演义《老子》初始本古籍书目

《庄子》(复原本，见张远山《庄子复原本》)

《韩非子》

《管子》

《吕览》(《吕氏春秋》；古本《关尹子》、古本《子华子》佚文)

《淮南子》

《太一生水》(战国楚简)

《文子》

《列子》

《尹文子》

《慎子》

《论语》

《荀子》

《韩诗外传》

《新序》

《说苑》

《战国策》

《国语》

《史记》(司马谈《论六家要旨》)

《汉书·艺文志》

《高士传》

《无能子》

《悟真篇》

《苏氏易传》

《程氏遗书》

《郁离子》

闻悟行成，永无止境

　　《老子初始本演义》是《老子奥义》的续书。《老子奥义》主要通过《老子》初始本的内部证据，即上下经的逻辑结构、义理层次，系统阐释并系统论证《老子》初始本的真义。《老子初始本演义》主要通过《老子》初始本的外部证据，即战国中期的《管子》、战国晚期的《吕览》、西汉早期的《淮南子》对《老子》初始本的演义，系统论证、系统阐释《老子》初始本的真义。二书通过内部证据、外部证据，系统阐释并系统论证了西汉晚期刘向版《老子》传世本之前的《老子》初始本真义。

　　我一生所治伏老庄三学，共计十书（新庄学四书、伏羲学四书、新老学二书），至此基本完成。感谢天下伏老庄之友支持。

　　求道是闻道、悟道、行道、成道的前提。求道永无止境，闻道、悟道、行道、成道也永无止境。愿与天下伏老庄之友共勉！

2024 年 1 月 21 日写于上海

相关附录

张远山新书《老子奥义》首发式
在老子故里举办

8月30日，由老子研究院、天地出版社共同主办的张远山《老子奥义》新书首发式，在位于老子故里河南鹿邑的老子研究院成功举办。

《老子奥义》是新道家学者张远山的最新著作，由天喜文化策划、天地出版社出版。该书通过详考老子生于陈、仕于周、辞官居宋、著书授徒、出关留书、终死于秦的生平事迹，重点澄清了孔子两次问礼老子、伏羲古道对老子思想的重大影响及《老子》成书时间等相关史实；通过复原《老子》上下经初始结构、各章初始章次、每章初始经文，重点厘清了《老子》初始本的文化渊源、逻辑结构、义理层次，从而精确把握老子思想的核心宗旨与哲学要义。并以此为据，对《老子》初始本每章每句每字进行了深入解读。

老子研究院院长宋涛介绍了举办此次首发式的背景和近年来河南鹿邑县大力弘扬老子文化所取得的成效，并表示："对张远山先生三十余年致力于研究先秦诸子、先秦史的专注精神感到由衷敬佩，《老子奥义》是张远山用六本书346万字打底所创作的登顶之作，阅读《老子奥义》不但可以帮助我们深刻理解老子思想的精髓，也可以从中汲取智慧，启发我们的思考和实践。"

天地出版社副社长、天喜文化总经理陈德表示，《老子奥义》是张远山与天地出版社合作的第五部作品，经历了详尽的编辑出版过程。该书不仅融入了张远山对传世本与考古发现初始本的深入对比研究，还展现了他对老子思想体系的独特见解。编辑该书的过程充满挑战，涉及大量资料的查阅与考证，既愉快又费劲。张远山的书籍因其专业性和深度，虽非大众畅销书，却在读者中赢得了高度评价和坚实粉丝基础，甚至在二手市场也极具价值。

张远山在发言中说："老子是开创中华道家精神的一个伟大先知，他的著作是中国哲学的第一座高峰，也是一座不可逾越的高峰。这次新书首发式让我有机会到老子故里来学习，来朝圣，来拜谒我的精神故乡、我的精神祖先，来朝拜我的精神老师老子，这是我一生最大的荣幸。我在写作《老子奥义》之前，花了8年时间对《庄子》进行全面解读，又用了8年时间，系统解读中国百年考古出土的自公元前6000年至夏商周三代的陶器、玉器、青铜器的纹样，从中挖掘出自8000年前延续至夏商周的伏羲族和黄帝族天文历法、宗教神话、政治制度和文化艺术等大量历史信息，完成伏羲学三书《伏羲之道：解密华夏文化总基因》《玉器之道：解密中国文明源代码》《青铜之道：解密华夏天帝饕餮纹》。经过四十多年长途跋涉，我终于来到了《老子》脚下，开启了复原华夏真道的登顶之旅。《老子奥义》是我写作时间最长，也是我投入精力最多的一部作品，所以，我要向所有关注我的读者和还没有读过我的书的读者朋友们隆重推荐我这本《老子奥义》。"

盘古智库学术委员资卫民特意从北京赶来参加本次活动，他说："我从很多年前开始就对老子有深厚的情感，因为老子的思想陪我走过了职业生涯中非常艰难的一段时期。这次活动让我重温了老子的智慧，并有了新的解读和感悟。张远山先生对他的新书《老子奥义》的解读，还原了很多过去流传多年但存在误解的江湖传闻。比如，关于老子是中原人还是楚国人的争议，还有他是否真的是在一天之内被函谷关令强制写出了五千言等。他的讲解有理有据，逻辑自洽，让我对这些传闻有了新的认识。"

活动当中，还先后举行了天地出版社向老子研究院赠送《老子奥义》的赠书仪式，以及老子研究院聘请张远山为该院研究员的受聘仪式。

（《郑州日报》2024年8月30日，记者彭茜雅。）

《老子》初始本《德经》在前《道经》在后，《老子奥义》新书首发

> 张远山表示，汉后两千年的《老子》读者，仅知《老子》首章是《道可道章》，熟知其名言"道可道，非常道"，不知《老子》首章是《上德不德章》，因为他们读的都是西汉以后的《老子》传世本，不是西汉以前的《老子》初始本。

近日，《老子奥义》新书首发式在位于老子故里河南鹿邑的老子研究院举办。老子研究院党委书记、院长宋涛，天地出版社副社长、天喜文化总经理陈德，新道家学者、《老子奥义》作者张远山，天喜文化副总编辑李博等在现场参加活动，共同围绕《老子奥义》一书以及老子思想进行了分享。

《老子奥义》一书详考老子生于陈、仕于周、辞官居宋、著书授徒、出关留书、终死于秦的生平事迹，澄清了孔子两次问礼老子、伏羲古道对老子思想的重大影响及《老子》成书时间等相关史实；通过复原《老子》上下经初始结构、各章初始章次、每章初始经文，厘清了《老子》初始本的文化渊源、逻辑结构、义理层次。并以此为据，对《老子》初始本每章每句每字进行深入解读。

在张远山看来，汉后两千年的《老子》读者，仅知《老子》首章是《道可道章》，熟知其名言"道可道，非常道"，不知《老子》首章是《上德不德章》，很不熟悉以上几句。因为他们读的都是西汉以后的《老子》传世

本，不是西汉以前的《老子》初始本。而在该书的第四章中，张远山表示，汉武帝"罢黜百家，独尊儒术"，不仅迫使司马迁不敢直言《老子》批评"周礼"，而且导致其祖汉文帝、其父汉景帝尊崇的第一政治圣典《老子》变得不合时宜，于是《德经》在前、《道经》在后的《老子》初始本，变成了《道经》在前、《德经》在后的《老子》传世本。《老子》传世本的汉后注家，又在颠倒上下经的基础上，系统篡改《老子》初始本的经文，全面反注《老子》初始本的经义，于是伪《老子》替代了真《老子》，伪老学替代了真老学。

活动现场，张远山表示，"《老子》只有五千字，读一遍不难，甚至把它背出来也不难，但是要看懂它的每一章每一句的深奥奥义非常困难。"为此，在创作《老子奥义》之前，张远山用8年的时间，对《庄子》进行全面解读，复原、系统梳理魏牟编纂的战国《庄子》初始本、刘安编纂的西汉《庄子》大全本与自西晋郭象以来被系统篡改过的《庄子》传世本之间的关系，完成庄学三书《庄子奥义》、《庄子复原本》、《庄子传》；又用8年时间，系统解读中国百年考古出土的自公元前6000年至夏商周三代的陶器、玉器、青铜器的纹样，从中挖掘出自8000年前延续至夏商周的伏羲族和黄帝族天文历法、宗教神话、政治制度和文化艺术等大量历史信息，完成伏羲学三书《伏羲之道：解密华夏文化总基因》、《玉器之道：解密中国文明源代码》、《青铜之道：解密华夏天帝饕餮纹》。他表示，《老子奥义》是其写作时间最长，投入精力最多的一部作品。

（《新京报》2024年9月2日，记者何也。）

《郑州日报》记者彭茜雅专访张远山

——道心之旅：张远山与先秦哲学的深度对话

　　"经过四十多年长途跋涉，我终于来到了《老子》脚下，开启了复原华夏真道的登顶之旅。"

　　8月30日，由老子研究院、天地出版社共同主办的张远山《老子奥义》新书首发式，在位于老子故里河南鹿邑的老子研究院成功举办。作为新道家学者张远山的最新著作，《老子奥义》自2013年开始动笔，耗时11年完成，凝聚了作者从孩提时代到大学毕业后多年对先秦哲学的深入持续研究，累计44年所学、所感、所获、所思。

启蒙之光：成语词典下的道心初现

　　张远山与"道"的结缘，始于童年时所接触到的一本不同寻常的"读物"——成语词典。在那个书籍匮乏的年代，张远山通过成语词典中的故事片段，如出自《庄子·秋水》的"邯郸学步"、《韩非子·五蠹》的"守株待兔"，初步领略了先秦诸子的智慧之光。这些成语背后的文言原文，不仅激发了他对古代文学的好奇，更为他日后深入研究道家思想埋下了种子。

　　进入大学后，张远山毫不犹豫地投身于先秦诸子学说的研究之中。他深知，那些曾让他着迷的成语故事，只是诸子百家思想海洋中的点滴浪花。为了探寻完整的著作与深刻的哲理，他系统地阅读了《老子》《庄子》等经典，尤其是《庄子》，其丰富的故事性和深邃的哲理让张远山如痴如醉，反复研读数百遍乃至上千遍。在广泛涉猎的同时，张远山也逐渐形成了自己对各家学说的独特见解，开始在学术界崭露头角。

在谈及自己的著作时，张远山坦言，尽管他的作品深受读者喜爱，但受限于出版条件和市场环境，盗版问题屡禁不止。盗版书籍的低劣印刷质量让许多读者望而却步，而正版书则因价格较高而难以普及。有趣的是，张远山的作品在海外却备受追捧，不少读者甚至愿意花费高价购买。这一现象也反映了海外对中华文化的浓厚兴趣。

深耕细作：从学术研究到经典复原

许多道家经典在流传过程中遭受了不同程度的损坏和篡改，导致后世难以窥见其全貌。为了还原这些经典的原貌和结构，张远山倾注了大量心血进行考证和资料搜集。经过不懈的努力，他成功复原了庄子被郭象删去的19篇内容，并揭示了庄子著作的原始结构。这一成就不仅赢得了学术界的高度评价，也进一步坚定了他继续深挖道家思想的决心。

随后，张远山又将目光投向了老子。他深入解析老子的思想精髓，并结合历史背景和文化传承，提出了许多新颖独到的见解。同时，他也致力于老子思想的复原工作，力求还原其原始风貌。

在他看来，无论是庄子的恢宏想象还是老子的深邃哲理，都是中华文化的瑰宝，值得后人不断挖掘与传承。"我先做了二十多年（1980—2004）前期准备，再用八年时间（2005—2013）完成庄学三书《庄子奥义》、《庄子复原本》、《庄子传》，又用八年时间（2013—2021）完成伏羲学三书《伏羲之道：解密华夏文化总基因》、《玉器之道：解密中国文明源代码》、《青铜之道：解密华夏天帝饕餮纹》。经过四十多年长途跋涉，我终于来到了《老子》脚下，开启了复原华夏真道的登顶之旅。"张远山说。

传承与展望：古道探寻与文化自信

8月30日，张远山携新书《老子奥义》来到老子故里——河南鹿邑，拜访他心目中的精神导师老子。《老子奥义》凝聚了张远山多年心血，通过详考老子生于陈、仕于周、辞官居宋、著书授徒、出关留书、终死于秦的生平事迹，重点澄清了孔子两次问礼老子、伏羲古道对老子思想的重大影响及《老子》成书时间等相关史实；通过复原《老子》上下经初始结构、各章初始章次、每章初始经文，重点厘清了《老子》初始本的文化渊源、逻辑结构、义理层次，从而精确把握老子思想的核心宗旨与哲学要义。并以此为据，对《老子》初始本每章每句每字进行了深入解读。

张远山介绍，《老子》初始本的老学真义，承于上古伏羲族的真天文理论"浑天说"，按照"人文效法天文，人道效法天道"、"以人合天，顺天应人"的顺道理念，褒扬"天地皆圆—天柔地刚—君柔臣刚"的"泰道"。他的新书《老子奥义》首先根据《老子》十大版本，复原《老子》真经；然后以"宣夜说"、"浑天说"阐释《老子》真经，还原《老子》真义。

提及未来的写作计划，张远山表示他将继续深入挖掘黄老学派等先秦思想的研究。接下来，他计划通过深入研究《管子》、《吕氏春秋》、《淮南子》等黄老经典著作，揭示黄老学派的形成过程及其思想内涵。

回顾张远山与"道"的不解之缘，不难发现他对道家思想的热爱与执着追求。正是这份热爱与执着让他在学术道路上不断前行、勇攀高峰。

中国传统哲学的传承之路，也是大国文化自信之路。只有当我们对自己的文化充满自信时，才能更好地传承和发扬它。张远山也呼吁更多人关注并参与到中华文化的传承与发展中来，共同为提升民族文化自信、增强国家文化软实力贡献自己的力量。

（《郑州日报》2024年9月1日，记者彭茜雅。）

老学二书备忘录

一　老学二书写作时间

一、《老子奥义》写作时间

《老子奥义》绪论《华夏古道溯源》：2013年4月（5月以后暂停，此篇扩展为伏羲学三书，费时八年：2013—2021）

《老子》初始本经文校勘：2020年12月19日—2021年1月9日

《老子》初始本经文阐释：2021年1月10日—9月8日

《老子》初始本经文今译：2021年8月19日—9月28日

《老子》初始本分章辨析：2021年9月29日—11月6日

老子生平之谜和《老子》成书之谜：2021年8月10日—2022年2月9日（四稿）

《老子》初始本的源代码是伏羲太极图：2022年9月9日—10月12日（二稿）

《老子》初始本的逻辑结构和义理层次：2022年10月17日—29日（二稿）

《老子》传世本的系统篡改和全面反注：2022年10月30日—11月30日（三稿）

全书修改：2022年12月1日—29日

序言、跋语：2022年12月30日

二、《老子初始本演义》写作时间

初稿：2023年6月17日—12月18日

序言：2023年9月16日—2024年1月8日

二稿：2023年12月19日—2024年1月6日

三稿：2024年1月8日—21日

跋语：2024年1月21日

二 《老子奥义》发表时间

《社会科学论坛》2023年第1期：上经《德经》绪论六章：侯王四型，人道四境

《社会科学论坛》2023年第2期：侯王正道十三章：侯王无为，百姓无不为

《社会科学论坛》2023年第3期：老子生平之谜和《老子》成书之谜

《社会科学论坛》2023年第4期：《老子》初始本的源代码是伏羲太极图

《社会科学论坛》2023年第5期：《老子》初始本的逻辑结构和义理层次

《社会科学论坛》2023年第6期：《老子》传世本的系统篡改和全面反注

三 《老子奥义》出版时间

2024年9月天地出版社：老子奥义

四 《老子奥义》相关评论、报道

庄子江湖2023年6月10日：钟涓评《老子奥义》：老庄的"无"与"一"

老子学院（老子故里鹿邑）2024年8月30日：张远山《老子奥义》

首发式暨讲座:《老子》初始本要义——中国哲学突破第一人第一书（宋涛主持）

鹿邑时讯2024年8月30日：河南鹿邑：深挖老子文化宝藏　大力弘扬中华优秀传统文化（陈辰）

《郑州日报》2024年8月30日报道：攀登老子文化高峰：张远山新书《老子奥义》首发式在老子故里举办（记者彭茜雅）

郑州文旅2024年8月30日视频：攀登老子文化高峰：张远山新书《老子奥义》首发式在老子故里举办（记者刘亚茹）

《北京青年报》2024年8月31日：老子故里举办《老子奥义》首发式（记者张嘉）

远山道场2024年8月31日:《老子奥义》入门第一课（微笑的鱼）

《郑州日报》2024年9月1日专访：道心之旅：张远山与先秦哲学的深度对话（记者彭茜雅）

郑州文旅2024年9月1日视频:《老子奥义》新书首发，作者张远山历经11年成书，凝聚自己44年所学所感（文字记者彭茜雅、视频记者刘亚茹）

《新京报》2024年9月2日:《老子》初始本《德经》在前《道经》在后，《老子奥义》新书首发（记者何也）

鹿邑县委宣传部2024年9月2日：老子故里举办《老子奥义》首发式

大河网2024年9月2日：老子故里举办《老子奥义》首发式

张远山写作总目（1977—2025）

第一阶段：荒废十七年（1963春—1980夏）

1963.2.25：张志平生于上海，父张阿康，母茅阿仙，兄张志明。出生地卢湾区马当路596弄底楼灶披间，9.6平方米。地属顺昌街道建国东路第五居民委员会（简称"建五里委"）。居住时间：1963.2.25—1975.5。

1968.6—1969.2：寄居外祖母李桃花家，其时小姨茅阿秋未嫁。地属浙江省绍兴市柯桥镇阮社乡董家溇大队。

1969.3—1970.1：入读上海市卢湾区重庆南路幼儿园，喜美术、音乐、唱歌。

1970.2：入读淡水路的上海市卢湾区第一中心小学（"文革"期间改名"工农兵小学"），学无难事。被美术老师罗智新选送至建国中路的卢湾区少年宫学习绘画，成为校美术组骨干。被音乐老师麦丽琴选送至卢湾区少年宫学习民族乐器三弦，成为校合唱队队员。该校为全国大批判先进单位，开放日全校挂满校美术组所绘政治漫画，供中外来宾参观学习。

1974.5（小五）：《批判林彪反革命军事路线：以辽沈战役为例》（自撰

大批判稿，自绘辽沈战役地图），小学生上讲台公开课，听众为本校师生和中外来宾。

1975.5：迁出马当路596弄底楼灶披间，与父母哥哥入住马当路475弄荣华里过街楼，19.5平方米，两室。居住时间：1975.5—1981.2。

1976.2：入读丽园路的上海市卢湾区蒙自中学（民办）。初一担任校红卫兵团宣传部部长，负责校黑板报。初三担任校学习会主席兼宣传部部长，校团委副书记。校外职务：上海市卢湾区红代会宣传干事（负责油印会刊），上海市青年宫（原为上海大世界）宣传干事，上海市中学生团干部夏令营宣传干事（负责黑板报）等，经常外出至区、市学生组织开会。助力该校常年成为上海市中学宣传先进单位，校长特许不上课，不交作业，拥有个人专用的校学生会办公室。常年每门考试全校第一，成为"又红又专"的学生干部。

1977秋（初二）：第一篇哲学论文《读恩格斯〈论权威〉》。刊于上海市卢湾区红代会会刊，我负责钢板刻制油印会刊。

1980.6：决定弃理从文，父母师长反对无效。蒙自中学校长钱盛英反对无效，安排至兴业中学文科班插班借读，班主任范亚菲。参加文科模拟高考，六门考试总分540（满分600）。

1980.7.7—9：参加文科高考，六门考试总分399（满分530），考入华东师范大学中文系。

第二阶段：读书十五年（1980夏—1995夏）

1980.9.2：到华东师范大学中文系报到，被辅导员孙桂华指派负责中文系80级事务，被团委书记李莲娣指定负责中文系学生会宣传工作。

1980.9.3：读书十五年（1980夏—1995夏）开始。

1980.9—1984.7：大一至大四担任中文系学生会宣传部部长，负责中文系黑板报等宣传工作，黑板报文章常被《青年报》等报刊转载，连续四年获得全校宣传工作所有评比最高奖（一等奖、特等奖）。大一第一学期不满教材陈旧、教师讲课水平低下，大一第二学期以后全程旷课，受到两次纪律处分：第一次警告，第二次记过。四年间通宵自学，大量阅读中外经典，留下三十余本笔记。作诗137首（细目略，见第二卷《独自打坐》）。

1981.2：迁出卢湾区马当路475弄荣华里过街楼，置换至南市区旧仓街72号底楼，15平方米，一室，与父母同住。居住时间：1981.2—1996.4。——哥哥1981年金山石化技校毕业后分配至金山石化总厂工作、居住、成婚。

1981春（大一）：第一首诗《希望奏鸣曲》。●获华东师大"希望诗会"三等奖。

1983秋：被上海市委宣传部部长点名，成为华东师大反精神污染头号学生对象。

1984.6（大四）:《从赋比兴到整体象征》，华东师大中文系本科毕业论文。

1984.9—1995.7：1984年大学毕业，先分配至南京路的上海市体委宣传处，因故被调包，重新分配至水电路的上海市体育运动学校担任教师，入住教师宿舍，周末回家。担任中学部语文教师兼小学部历史教师（该校学制为小一至高四，属中专），兼任校长办公室宣传干部、市体委宣传处特聘干部。

1986.1.14：与大学异班同学彭华登记结婚，两地分居。彭华1984年大学毕业，先分配至上海人民广播电台担任播音员，因故被调包，退回华东师大，重新分配至湖南岳阳石化总厂电视大学担任教师。

1986.2.16：发起成立海上艺术家俱乐部，分为文学部、美术部、学术部。文学部主要成员有孟浪（孟俊良）、默默（朱唯国）、王寅、陆忆敏、陈东东、成茂朝、周泽雄、刘漫流（刘佑军）、折生（王哲生）、方也（施国英）等。美术部主要成员有巴海（杨晖）、陈立凡、阿大（龚建庆）、王小君等。学术部主要成员有胡伟希、张文江等。编辑《海上》诗刊第1期，策划巴海、陈立凡、阿大、王小君等多次画展。《海上》第2期交由孟浪编辑，闭门读书十年，直至1995年离职开笔。

1986.9.18：解读陆忆敏《桌上的照片》（应王寅之请，为《红土》而写）。

1987.2：因担任上海市体委宣传处特聘干部有突出贡献，上海市体委发出调令，聘任吾妻彭华担任即将创立的上海市第二体校教师。校址位于莘庄（时为上海郊区），彭华因故拒绝调入。

1987.3：《当代诗人诗品录》笔记。

1987.5：《当代散体诗十大原则》笔记。

1988.8.7：彭华从长沙来上海，协议离婚。

1988秋：解读诗八首：1黑大春《东方美妇人》，2江河《接触》，3韩东《你见过大海》，4多多《十头。死了十头》，5陆忆敏《桌上的照片》，6北岛《宣告》，7北岛《迷途》，8杨炼《诺日朗》（应朱大可之请，为《中国现代诗解读辞典》而写，书未出版，手稿交朱未归还）。

1989春夏：《不周山》系列（与周泽雄合撰）。

1989暑假：赴长春开会，转至北京、北戴河、秦皇岛等地。在北京期间，住在诗人黑大春家里，与食指彻夜长谈中西文化之异。食指问我：你研究的问题，钱锺书他们为何不研究？又与顾城及其妻子谢烨、雪迪、田晓青、大仙等诗人见面。

1990.3.1—8.7：长篇小说《通天塔》。

1990.6.25：《一意孤行的诗人》（应诗人瓦兰之请，为严力主编的诗刊《一行》而写）。

1991.1.14—2.6：《当代中国诗歌状态及其价值取向》（应诗人杨荔之请）。

1991.2.8：《告别修辞主义时代》笔记。

1991.8.22：《〈幻象〉中的幻象》（评叶芝《幻象》，接受诗人王寅建议）。

1992.2.11：《在世界之巅仰望天空》（评杨荔画，应《艺术广角》编辑顾振清之请）。

1992.3.28：《解读现代诗的一个示例》（评杨荔诗，应《艺术广角》编辑顾振清之请）。

1992.4.16—24：《中西思维层次之差异及其影响》笔记。●经读者投票获2003年《书屋》奖。

1992.5.4—15：《三指论》笔记（哲学大纲）。

1992.5.21—26：《公孙龙〈指物论〉奥义》笔记（《三指论》应用）。

1992.6.26—7.1：《理性的癌变：悖论》。

1992.8.19：《愚行罪行恶行》（投稿未刊未退，遗失）。

1992.8.20：《敢争天下先,耻落世界后》,《新民晚报》"九十年代上海人"征文。

1992.9.8：《有凤来仪》（投稿未刊未退，遗失）。

1992.9.14：《小桥流水人家》（投稿未刊未退，遗失）。

1992.9.16：《读书的理由》。

1992.9.23：《侃大山与移大山》（投稿未刊未退，遗失）。

1992.9.24：《善恶预设论》笔记。《无悔之悔》（投稿未刊未退，遗失）。

1992.10.4：《文人的无行、无知和无耻》。

1992.10.5:《装疯卖傻的事故》。

1992.10.6:《驴子与葡萄》。

1992.10.7:《无知的傲慢与偏见》。●获《解放日报》"朝花"征文二等奖。

1992.10.9:《思维现代化离不开逻辑》。

1992.10.12:《战争与哲学》(投稿未刊未退，遗失)。

1992.10.13:《重提"救救孩子"》。

1992.10.22:《佛教的事故》。

1992.10.26:《如人饮水冷暖自知》(投稿未刊未退，遗失)。

1992.11.6:《音乐是天堂的语言》。

1992.11.9—27:《钱锺书论:〈围城〉与吉卜赛情结》。

1992.11.11:《理想的事故》。

1993.2.10:《枕头的事故》。

1993.2.15:《背后的空间》。

1993.2.17:《等待批评家》。

1993.2.23:《何妨玩玩读书》(投稿未刊未退，遗失)。

1993.3.1:《江南梦》(投稿未刊未退，遗失)。

1993.3.10:《三十而立》(投稿未刊未退，遗失)。

1993.3.15:《日日是读日》(投稿未刊未退，遗失)。

1993.3.29:《说话》。

1993.3.31:《现代诗:从自由走向自律》。

1993.4.11:《白马非马还是白马非馬》。

1993.4.12:《夸父与影子》(据《通天塔》片断改写)。

1993.4.13:《半句真话》。

1993.4.14:《一见钟情》(截取《通天塔》片断)。

1993.4.15:《说"迁怒"》。

1993.4.16:《神秘链的事故》。

1993.4.18:《大师贱卖，小子饱读》。●获《解放日报》"朝花"征文三等奖。

1993.4.19：《最后的堂吉诃德》（据拙诗《天上的美宴》改写）。

1993.4.22：《沙漠中的荷马》（据《通天塔》片断改写），《听话与传话》。

1993.4.26：《吾友海天》。

1993.5.3：《大一统的事故》。

1993.5.4：《骆驼与朝圣者》。

1993.5.11：《当代艺术家》。

1993.5.14：《变化气质张扬个性》。

1993.5.26：《李笠翁论饮食》。

1993.5.28：《读书苦乐》。

1993.5.31：《闲汉的事故》。

1993.6.10：《诗人是一种珍稀动物》。

1993.6.28：《四十岁的不同意味》。

1993.7.11：《愚蠢与聪明》。

1993.7.19：《杨丽萍的手语》。

1993.7.24：《中国人和意大利人》。以上皆有手稿，投稿未刊未退则文章遗失。

1993.10.1：购置英特尔286电脑，置于市体校语文教研组办公室。

1993.10.2：购置五英寸软盘、三点五英寸软盘、打印机、三联打印纸等。

1993.10.3—11.4：学习五笔字型输入法，长篇小说《通天塔》输入电脑，三联纸打印十多部投稿。

1993.11.5—12.2：诗集《独自打坐》、哲学笔记《三指论》等输入电脑。

【1993年底开始电脑写作】

以下皆电脑写作，打印投稿，未刊未退不再遗失文章。

1993.12.3：《绝对求偶》。

1993.12.7：《说错倒也没错》。

1993.12.8:《静听动静更动听》。

1993.12.9:《什么是音乐》。

1993.12.22:《门当户对的合理性》,《性禁忌的起源》。

1993.12.27:《我看〈围城汇校本〉》,《十字路口》。

1993.12.30:《吃蟹及其他》。

1993.12.31:《传统》(截取《通天塔》片断)。

1994.1.3:《水的女儿》。

1994.1.4:《吊驴子文》。

1994.1.5:《中国的高人》。

1994.1.6:《朝花吟》。

1994.1.10:《统一世界的足球宗教》,《明年流行什么》,《上帝不掷骰子》。

1994.1.12:《手的悲喜剧》。

1994.1.13:《读书的幸福》。

1994.1.14:《好玩》。

1994.1.17:《畅销书的事故》,《脚的咏叹调》。

1994.1.18:《站与坐的事故》,《上山与下海》。

1994.1.19:《买票的事故》。

1994.1.25:《书呆子的事故》,《惊闻大学同窗被刺身亡》。

1994.1.28:《"天才"的肆虐》(评顾城杀妻)。

1994.2.21:《今宵酒醒何处》。

1994.2.22:《无友不如己者》,《我的出国未遂》,《日写千字》。

1994.2.23:《"乡村秀才"的蝴蝶梦》(评贾平凹《废都》),《坐地铁》。

1994.2.24:《自行车做旧》,《我的麻将观》。

1994.2.26:《"咕咚"来了》(普通话版),《"咕咚"吓勿煞老百姓》(沪语版)。

1994.3.1:《女博士》。

1994.3.2:开写《汉语的奇迹》:解读阿吾《相声专场》、韩东《你见过大海》。

1994.3.3:《汉语的奇迹》：解读王寅《英国人》、《纵火者》。

1994.3.15:《汉语的杰作》后记，前言。

1994.3.19:《汉语的奇迹》：阐释自作诗歌《命名》。

1994.3.21:《汉语的奇迹》：解读江河《接触》。

1994.3.22:《汉语的奇迹》：解读王寅《情人》、韩东《你的手》。

1994.3.24:《乐坚新佛教画的启示》（评乐坚画）。

1994.3.25:《山水写心，海天一色》（评张海天画）。

1994.4.1:《汉语的奇迹》：解读尚仲敏《门》。

1994.4.5:《汉语的奇迹》：解读丁当《临睡前的一点忧思》、梁晓明《各人》。

1994.4.6:《汉语的奇迹》：解读梁晓明《玻璃》、王寅《目击者》。张海天画展前言《此次画展》。

1994.4.7:《汉语的奇迹》：解读北岛《触电》、邹静之《巫》。

1994.4.8:《汉语的奇迹》：解读王寅《纸人》。

1994.4.10:《汉语的奇迹》：解读陈东东《幻想的走兽》。

1994.4.11:《伪书的事故》。

1994.4.13:《汉语的奇迹》：解读于坚《远方的朋友》、伊蕾《把你野性的风暴摔在我身上》、唐亚平《看你怎么下手》。《严肃与空疏》。

1994.4.14:《汉语的奇迹》：解读唐亚平《黑色睡裙》。

1994.4.15:《汉语的奇迹》：解读翟永明《独白》。

1994.4.16—18:《汉语的奇迹》：解读黑大春《东方美妇人》。

1994.4.18:《汉语的奇迹》：解读多多《十头。死了十头》。

1994.4.19:《汉语的奇迹》：解读宋颖《整个下午》。

1994.4.20:《汉语的奇迹》：解读老西《插播午间新闻》。●《汉语的奇迹》定稿，交《名作欣赏》主编解正德连载全书。

1994.4.21:《微观世界的宏观表达》（评王天德画，应夏德元之请）。

1994.4.22：上海市美术馆张海天画展开幕，张远山主持+前言《此次画展》，上海电视台采访。

1994.4.26: 开写《素描集》五篇（男人，女人，比目鱼，蝙蝠，袋鼠）。《一切艺术的爱好者》。

1994.4.27:《素描集》五篇（蝴蝶，诗人，高人，中年男人，中年妇女）。

1994.5.4:《素描集》六篇（心灵之爱，肉体之爱，鹦鹉，蜗牛，一见钟情，音乐）。《与美国朋友谈〈庄子〉》。《出世·入世·间世》。

1994.5.5:《素描集》二篇（苍蝇，蟑螂）。

1994.5.6:《素描集》四篇（婴儿，孩子，少女，青年）。

1994.5.7:《素描集》二篇（老处女，单身汉）。

1994.5.9:《素描集》五篇（少妇，寡妇，老太太，老头子，化妆的女人）。

1994.5.12:《素描集》一篇（长颈鹿）。

1994.6.9: 评张海天画《绘事后素、回归自然》。

1994.6.15:《素描集》八篇（诗歌，绘画，雕塑，建筑，摄影，电影，情人之爱，夫妻之爱）。《借书的事故》。

1994.6.20:《素描集》六篇（父亲之爱，母亲之爱，兄弟之爱，朋友之爱，人的自恋，人神之爱）。《书非买不能精读》。

1994.6.21:《素描集》二篇（围棋，金鱼）。《紫禁城的事故》。

1994.6.22:《素描集》二篇（孔雀，猎豹）。《书香的精神》。

1994.6.23:《素描集》五篇（蜘蛛，狗，鸡，老虎与狮子，猪）。

1994.6.26:《素描集》一篇（兔子）。

1994.6.27:《为师者》(应市体校校长之请)。●获1994年上海市教师节征文一等奖。

1994.6.29:《素描集》二篇（埃及人，鲨鱼）。《蚊子的世界杯》。●因电脑在市体校办公室，每周末停止写作两日，暑假停止写作两个月。

1994.8.28:《作而无家》。

1994.8.31:《口头禅》。

1994.9.2:《图像猎人列那尔》,《诺阿诺阿，高更的"芳香土地"》。

1994.9.3:《素描集》二篇（女人和男人，爱情与婚姻）。《作者、读者与书》,《聪明与智慧》,《傻瓜与笨蛋》,《讽刺之矛与幽默之盾》。

1994.9.5:《素描集》一篇（不讨厌）.《79届80级》,《我的狗屁文章》。

1994.9.6:《当代思想与未来文化》,《上海女人的"嗲"与"作"》。

1994.9.7:《重读〈水浒〉找纰漏》,《文人的理想还是人文的精神》。

1994.9.10:《论"人在江湖身不由己"》。

1994.9.12:《共同文化与异质文明》,《论有条件的善恶》,《儒家与道家》,《语言的陷阱》,《说"欢乐"》,《诗人与诗》,《生活中的喜剧》,《孤独与自由》,《哲学与人》。

1994.9.14:《说"生气"》,《买书的窍门》。

1994.9.21:《莎剧的阅读与观赏》。

1994.10.6:《人间漫画》的写作追求（《素描集》改名《人间漫画》）

1994.10.10:编辑近年短文《人间漫画》，共96篇。

1994.10.11:编辑《人间漫画》100篇，三联纸打印三份。

1994.10.13:《林语堂论读书》,《我的学术经历》。

1994.10.18:《母爱的力量》。

1994.10.27:编辑《妙斋随笔》70篇,《汉语的奇迹》，三联纸打印三份。

1994.11.5:《旅行与观光》。

1994.11.8:《宁失言，勿失人》,《书呆子自白》，独幕剧《抢椅子》。

1994.11.10:《自己的经验》。

1994.12.2:《勇闯禁区，刀下救人》。

1994.12.16:《我看"布老虎"》(应《读者导报》编辑秦建鸿之请)。

1994.12.21:《口臭的事故》,《〈罗马假日〉的微言大义》。

1994.12.26:《陌生人》,《笑的危险》,《"黄色"的词义演变》。

1995.1.2:《九四荧屏的最后印象》(应复旦大学教授顾晓明之请)。

1995.1.3:《电视批评的紧迫性和基本困境》(应复旦大学教授顾晓明之请),《给上海图书馆提几点意见》。

1995.1.6—17:《人与墙》。考虑续写"人与墙"系列。

1995.1.9:《古今庄学之友》,《尼采论：跟随你自己》,《经济学家，世俗的哲人》,《捣浆糊》。

1995.1.17:《条件》。

1995.2.3:《平平淡淡的约定》。

1995.2.10:《世界和平的使者》(介绍张书旂《百鸽图》,应张书旂之侄张海天之请)。

1995.2.20:《思维对称与心理平衡》。

1995.2.23:《张爱玲与多米诺读书法》。

1995.2.24:《电脑创造了奇迹》。

1995.3.1:《〈今日印象〉为何如此成功》(应上海电视台《今日印象》导演王寅之请)。

1995.3.2:《呼唤大众电视读物》。

1995.3.5:《看不懂的"这年头"》。

1995.3.10:《从老师收礼讲起》。

1995.3.13:《城市发展与人口》。

1995.3.26:大学同班同学聚会,与同班同学陈林群重新建立联系。陈林群1984年本科毕业考研,与李劼等成为钱谷融教授的同届研究生。1987年硕士毕业,分配至上海电视大学中文系担任教师。

1995.3.27:《丈夫的四种类型》。

1995.3.30:《猜谜的事故》。

1995.4.4—5:《世界美术画丛》分卷序初稿:《风景卷序》、《静物卷序》、《人体卷序》、《肖像卷序》、《宗教历史卷序》(应上海人民美术出版社总编乐坚之请)。

1995.4.28:《先知尼采如是说》。

1995.5.2:《用WPS造字》。

1995.5.4:《庄子的间世》。

1995.5.9:《别字先生传》。

1995.5.11:《斋号的事故》。

1995.5.12:《我的母亲》。

1995.6.7:《我们需要怎样的天才》。

1995.6.9：入住市体校分配的复兴中路160弄51号三楼（晒台搭建），斋号"妙斋"。单身分房，属特殊贡献破例。

1995.6.14：《书之真味》。

1995.6.17：《意义的事故》。

第三阶段：写作三十年（1995夏—2025夏）

1995年夏：离职开笔，制定三十年写作计划。此后三十年，顺应天道，因循内德，因应外境，严格执行写作计划。

●第一个写作十年（1995夏—2005夏）：文学十年

1995.7.1：《异同篇》笔记。

1995.7.3：《朝代的事故》。

1995.7.10：《中美合资阿甘大酒店》，《阿甘使万宝路足球赛取消》，《阿甘给丹少校写信畅谈"残的"》，《看不懂的娱乐界》，《沪语新切口》。

1995.7—8：离职开笔。电脑在学校，暑假停止写作两个月。

1995.8.30—31：《世界美术画丛》分卷序定稿。

1995.9.1：制定三十年（1995—2025）写作计划。●第一个写作十年（1995—2005）开始。

1995.9.4：《杨晖画册序：黑色的悲怆》。

1995.9.11：《文星陨落：痛悼张爱玲》。

1995.9.14：《称王与擒王》（评文坛"三王"之争）。

1995.9.12—21：《张承志论：一个生错时代的旧理想主义者》。

1995.9.13：《张承志，自我感觉最好的作家》。

1995.9.18：《看透的事故》。

1995.9.25：《拉急便的事故》。

1995.9.26：《中国不需要教主》。

1995.10.5：《观话剧〈鸟人〉》。

1995.10.9：《出世·入世·间世》，《得与失》，《打井与做桶》。

1995.10.26：《银杏吟》。

1995.11.6—9：《现在，魔鬼说了算？》。

1995.11.17：《晏婴使楚》，《广告牙膏》，《非生殖的性行为之目的》。

1995.11.28：《皇帝的口才与文才》，《好皇帝与坏皇帝》，《黄鼠狼的屁》。

1995.12.11："人与墙"系列之《人与神》，《人与虫》。

1995.12.19：《一榻本糊涂》(读《启功韵语》)。

1995.12.25：《顾准论：人类是否真正需要理想主义》。

1995.12.28：《三朴堂铭》。今年下半年虽已离职，仍住市体校教师宿舍，在教师办公室用电脑写作。

【1996年上半年，居家写作于：三朴堂】

1996.1.1：与女友陈林群、其女陈连入住杨浦区殷行路中原小区出租房，斋号"三朴堂"。居住时间：1996.1.1—3.31。电脑从市体校搬至三朴堂，从此周末、寒暑假不再停止写作，全年无休。

1996.1.15：《挖耳朵》。

1996.1.16：《上海女人的"作"与"乍"》。

1996.2.7：《牛皮的事故》，《一个故事的两种讲法》。

1996.2.12：《五行缺金》，《兔子跑了》，《太棒了》。

1996.2.14：与大学同班同学陈林群登记结婚。

1996.2.15：《靴子的事故》。

1996.2.17：《看不见的藏书》。

1996.2.21：《当代批评的三种方法》。

1996.3.9：《扔掉废物》。

1996.3.13：南市区旧仓街72号，开始市政规划动迁。

1996.3.18：《接受善意》。

1996.3.22：《字根表的夜晚》。

1996.3.29:《家有两台电脑》。

1996.3.31:《跨世纪的质疑》。殷行路房东因故收回出租房。

1996.4.1：与陈林群、其女陈连迁出杨浦区殷行路中原小区出租房，入住杨浦区长海四村出租房。居住时间：1996.4.1—6.4。

■1996.4：上海人民美术出版社《世界美术画丛》五卷本上市。分卷序：张远山。责编：乐坚。

1996.4.1:《吵架艺术》初稿。

1996.4.6:《董桥论：站在桥上看风景》。

1996.4.25:《尊严的代价》,《第一次读〈古文观止〉》。

1996.5.24:《外公茅炳乾》。

【1996下半年—2001，居家写作于：山林精舍】

1996.6.5：与妻子陈林群、其女陈连迁出杨浦区长海四村出租房，入住宝山区通河八村177号601室（动迁房），60平方米，二室一厅，厨卫独立。无书房，斋号"山林精舍"。居住时间：1996.6.5—2001.1.15。

1996.7.1:《卫生棋》。

1996.7.8:《吵架艺术》定稿。

1996.7.11:《读书的坏处》,《思维的六种方式》。

1996.7.14:《像明天就要死去那样活着》。

1996.7.15:《定活两便的事故》。《鲁迅论》初稿。

1996.7.16:《论清俗人应避浊俗人》。

1996.7.29:《哲学不是汉堡包》,《回头的事故》。

1996.8.5:《九十年代的事故》。

1996.8.10:《单眼皮的事故》。

1996.8.25:《男女之遇》。

1996.8.26:《鲁迅论：被逼成思想家的艺术家》定稿。

1996.9.1:《两种读书》。

1996.9.2:《女大十八变》,《以倾听交友》。

1996.9.3：《荷马论：众神的狂欢》。

1996.9.7：《职业读书》。

1996.9.10：《金圣叹批〈水浒〉》。

1996.9.11：《几乎无事的日常悲喜剧》（评王平小说集）。

1996.9.12：《男人懒女人馋》。

1996.9.17：《卡夫卡的公案》。

1996.9.18：《操作的事故》。

1996.9.20：《友情与敌情》，《卖文为生的李笠翁》，

1996.9.22：《被愚弄的兔子和被弄愚的乌龟》。

1996.9.22—23：《永远的风花雪月，永远的附庸风雅》。●经读者投票
获1997年《书屋》奖。

1996.9.22—10.11：《有尾巴和没尾巴的寓言》。

1996.9.29：《永远的风花雪月：风月无边》。

1996.10.1：《从〈四愁诗〉到〈我的失恋〉》。

1996.10.5：《细语粗话》。

1996.10.10：《永远的附庸风雅：仪式与民俗》。

1996.10.16：《交换秘密》，《驴子小传》。

1996.10.22：《狐狸别传》。

1996.10.23：《给书籍穿上精美的内衣》。

1996.10.25：《不好奇》，《双休日的事故》，《有意思的事故》。

1996.10.27：《学而不行谓之病》，《索引的事故》。

1996.10.29：《听不懂的事故》。

1996.12.2：《正在读什么书》（答《新周刊》问）。

1996.12.9：《生活中的"远交近攻"》。

1996.12.10：《启事的事故》。

1996.12.20：《不衫不履的男人》。

1996.12.23："人与墙"系列之《人与树》。

1996.12.24：《当代淑女》。

1996.12.27：《当代绅士》。

1996.12.31：《骗子与国王》，《戏说上海女人》。

1997.1.1：《戏说上海男人》。

1997.1.14：《阔人与窄人》。

1997.2.17：《罗素的中国情结》。

1997.2.22：《沪上结蛛斋》(评周颖画)。

1997.2.28：《出类拔萃与销声匿迹》。

1997.3.4：《时文的事故》，《阿伯特——犹太长老的教诲》。

1997.3.6：《谈谈谈吐的优雅》。

1997.3.7：《博尔赫斯式逆转》。

1997.4.1：《乘车的事故》。

1997.4.4：《无后主义者》。

1997.4.7：《猴子外传》。

1997.4.8：《狮子正史》。

1997.4.9：《狼的野史》。

1997.4.14：《僭妄的事故》。

1997.4.15：《黄白的事故》。

1997.4.19：《克隆的事故》。

1997.4.21：《啼笑皆非的男女》。

1997.4.22：《思想真的有用吗》，《集体主义的游戏：寻找替代》初稿。

1997.5.14：市体校增配虹口区万安路376号502室，13.8平方米，一室
户，厨卫独立。离职增配，属特殊贡献破例。

1997.5.15：《死法与活法》。

1997.6.19：《香港三题》。

1997.7.7：《饮者与弈者》。

1997.7.10：《反抗荒谬的失踪者》，《摆谱的事故》。

1997.7.11：《王小波留下的疑案》。

1997.8.2：《末世论者》。

1997.8.17：《末世读书论》。

1997.8.26—29:《王小波论：化腐朽为神奇的想入非非》。

1997.8.30—31:《幽默作家王小波》。

1997.9.3:《〈书屋〉：读书人的精神氧吧》。

1997.9.9:《劣选的事故》,《赠言的事故》。

1997.9.14:《绝世奇文古来稀，从心所欲大逾矩》（评张中行）。

1997.9.16:《重然诺论》,《难经与易经》。

1997.9.24:《有关割肉的三个寓言》。

1997.9.26:《可怕的黄山》。

1997.10.5:《难以直面的王小波》。

1997.10.5—13:《巫风强劲的中国象形文化》。

1997.10.14:《笔名的事故》。

1997.10.14—20:《集体主义的游戏：寻找替代》定稿。

1997.10.20:《伏尔泰的笑声》,《毛的两重性》。

1997.10.23:《血型的事故》。

1997.10.24:《姓名的事故》。

1997.11.3:《没有故事的寓言》（《人文动物园》第1版序言）。●《人文动物园》定稿，交上海文化出版社副总编陈鸣华排版审校，转交王俭配图。

1997.11.19:"人与墙"系列之《人与道》。

1997.11.21:《不惑就是知蔽》。

1998.2.1—2:《卡尔维诺论：文学的未来千禧年》。

1998.2.4：出售虹口区万安路376号502室（使用权房）。13.8平方米，成交价6.5万元。

1998.3.25:《知识分子和信息分子》。

1998.4.3:《树洞和针眼》,《金钱就是时间》。

1998.4.7:《乏味的好人》。

1998.4.14—20:《乏味的英雄和有趣的坏蛋》。●经读者投票获1998年《书屋》奖。

1998.4.28:《苏格拉底是否该死》,《爱国的批评者》。

1998.5.6:《独角兽·龙·骆驼》。

1998.5.8:《文人之气》,《伪抒情的事故》,《电话之声相闻,老死不相往来》。

1998.5.19:《平面化的美丽新世界》。

1998.5.24:《照片的事故》。

1998.6.2:"人与墙"系列之《人与山》。

1998.6.15:"人与墙"系列之《人与路》,《人与鸟》。

1998.7.13:《巴黎并非巴西,齐丹成了乔丹》,《旁观世界杯》。

1998.7.22:《大雅久不作,新闻出丑闻》。

1998.8.20—26:《中国人的宗教观:施主与乞丐》。

1998.8.27:《经典论:大书而特书》。

1998.8.28:"人与墙"系列之《人与舞》。

1998.9.1:《书史三千年》。

1998.9.2:《谁在说不:"我们"和"我"》,"人与墙"系列之《人与门》。

1998.9.3:"人与墙"系列之《人与窗》。

1998.9.8:《好事者的悲剧》,"人与墙"系列之《人与水》,《人与镜》。

1998.9.9—10.7:《寓言的密码》初稿。

1998.10.21:《理想国的事故》。

1998.11.3:《永远的风花雪月,永远的附庸风雅》跋语(天下莫非风花雪月,人间无不附庸风雅)。●《永远的风花雪月,永远的附庸风雅》全书定稿,交《书屋》副主编王平,转交上海三联书店总编陈达凯排版审校。

1998.11.7:补写《寓言的密码》之《子贡赎人》。●《寓言的密码》定稿,交《书屋》主编周实,转交岳麓书社社长吴泽顺排版审校。

1998.11.9:《搞大的事故》。

1998.11.20:《故事家与道理家》(《故事的事故》序言)。

1998.11.26:《制服的事故》,《动物爱好者自白》。

1998.12.1:《兔子与刺猬的赛跑》,《鸡生蛋与蚕吐丝》。

1998.12.16:《大块噫气,吹万不同》(《人类素描》作废序言)。

1998.12.21:《何必着急》。

◆ 1998.12.26：与上海三联书店签订《永远的风花雪月，永远的附庸风雅》出版合同。乙方签字：陈保平。

1998.12.28：《人之异于禽兽者》（《人类素描》第1版序言）。●《人类素描》定稿，交上海文化出版社副总编陈鸣华排版审校，转交王震坤配图。

◆ 1999.1.2：与岳麓书社签订《寓言的密码》出版合同。乙方签字：吴泽顺。

1999.1.30：《假如我是萨马兰奇》，《伟哥的事故》。

◆ 1999.2.2：与上海文化出版社签订《人文动物园》、《人类素描》出版合同。乙方签字：郝铭鉴。

1999.3.2：《问题的事故》。

1999.3.27："人与墙"系列之《人与言》。

1999.3.29：《看风景与煞风景》。

1999.3.30："人与墙"系列之《人与兽》。

■ 1999.4：岳麓书社《寓言的密码》第1版上市，223页，定价12元。责编：吴泽顺。

1999.4.1：《色香味三绝的英雄盛宴》。

1999.4.5："人与墙"系列之《人与火》。

1999.4.8："人与墙"系列之《人与日》，《人与月》。

1999.4.13："人与墙"系列之《人与城》。

1999.4.17：《伟大的提问》（答深圳童话作家王蔚问）。

■ 1999.7：上海文化出版社《人文动物园》（王俭配图）、《人类素描》（王震坤配图）第1版上市，201页、221页，定价13元、14元。责编：陈鸣华。

1999.7.13：《告别五千年》。

1999.7.28：《我爱动物》（《人文动物园》简介），《从一百个角度打量人》（《人类素描》简介）。

1999.8.11：《范文教学法》（应《书屋》副主编王平之约）。

1999.9.24：购入宝山区通河九村（昌鑫家园）62号202室（期房），三室两厅两卫，127平方米。每平方米2680元，总价35万元。首付10万元，贷款25万元，三十年归还。

1999.10.7：徐晋如《胡马集》序。

1999.10.17—26：《李白论：生命的狂欢》。

■1999.12：上海三联书店《永远的风花雪月，永远的附庸风雅》第1版上市，301页，定价15元。责编：邱红。

1999.12.6：《书香的华屋，思想的广厦》。

1999.12.28：《批评的权力》。

1999.12.30：《致新千年》(《告别五千年》序言)。

2000.1.23：小品集《故事的事故》初编，拟100篇，编目不足。

2000.2.10：《尖子的事故》。

2000.2.17：《教参的事故》。

2000.2.24：《典故的事故》。

2000.2.25：《作与哄的事故》。

2000.2.26：《产妇的事故》。

2000.2.28：《理论影响历史：冷战攻略及其结局》。

2000.2.29：《师生恋的事故》。

2000.3.1：《礼物的事故》。

2000.3.2—3：《经典与名著》。

2000.3.3：《普希金的事故》。

2000.3.7：《好的蹩脚作品》。

2000.3.10：《东方不败吴清源》,《平生酷爱变化》。

2000.3.14：《你愿意生活在哪个朝代》。

2000.3.15：《挺住并非一切》。

2000.3.18：《我的阅读》(答《深圳风采周刊》问)。

2000.3.21：《万事通的事故》。

2000.3.23：《成长的事故》。

2000.3.25：《约会的事故》。

2000.3.28—4.1：《齐人物论》01：二十世纪名家散文（上）●应《书屋》

主编周实之约，与周泽雄、周实合撰，署名"庄周"。专栏名、署名均为我定。

2000.4.4：《下齐上不齐》。

2000.4.6：《权力魔方变形记》。

2000.4.7：《寿夭的事故》。

2000.4.8：《媚俗的事故》，《天道的事故》。

2000.4.9：《赛诗会的事故》，《师生的事故》，《决斗的事故》。

2000.4.10：《旷课的事故》。

2000.4.13：《高考的事故》，《自学的事故》，《考试的事故》，《教书的事故》。

2000.4.21：《未能免俗的〈恶俗〉》。

2000.4.22：《先驱的事故》。

2000.4.25：《火车上的事故》。

2000.4.25：《飞机上的事故》。

2000.5.23：《余秋雨与"石一歌"》（答中华读书网记者翁昌寿问）。

2000.6.7：关于《齐人物论》接受云南人民广播电台"书海扬帆"主持人孙云燕专访。

2000.6.11：《网络斗士方舟子》。

2000.6.12：《吃药的事故》，《恶作剧》。

2000.6.13：《无聊的事故》。

2000.6.15：《狂狷的事故》，《嘲笑上海男人，中国的反犹主义》。

2000.6.16：《球迷的事故》。

2000.6.20：《妖怪的事故》。

2000.6.21：《伤心的事故》。●《故事的事故》定稿，交上海文化出版社总编陈鸣华排版审校、找人配图。

2000.6.29：《齐人物论》02：二十世纪名家散文（下）。

2000.7.29：《齐人物论》03：二十世纪名家小说戏剧。

2000.8.2：《告应征下联的网友》（征"静听动静更动听"下联）。

2000.8.22：《齐人物论》04：二十世纪名家诗歌。

2000.9.4：陈鸣华告知，台湾海鸽出版社向上海文化出版社购买了《人文动物园》、《人类素描》版权。这是台湾出版社首次向该社购买版权。

2000.9.5：《齐人物论》05：百年新文学余话。●经读者投票获2000年《书屋》奖。

2000.10.5：《再告应征下联的网友》。

◆2000.10.31：与上海文艺出版社签订《齐人物论》出版合同。乙方签字：郏宗培。

2000.11.23—26：《浪子》，《连裆模子》，《洋装瘪三》，《MBA》。

■2000.12：上海文艺出版社《齐人物论》第1版上市，署名：庄周，179页，定价12元。责编：赵南荣。入选《南方周末》2001年度十大好书。

2000.12.8：《达观的间世者》。

2000.12.14：《大亨》，《知本家》。

2000.12.19：《与歌同老——评周实诗集〈剪影〉》。

◆2000.12.20：与上海文化出版社签订《故事的事故》出版合同。乙方签字：郝铭鉴。

2001.1.6：《世纪之交谈出版》（答台湾《网与书》杂志问）。

【2001—2023，居家写作于：道在家里】

2001.1.16：与陈林群、其女陈连迁出通河八村177号601，迁入通河九村（昌鑫家园）62号201室（错层），三室两厅两卫。始有书房，斋号"道在家里"。居住时间二十二年：2001.1.16—2023.4.29。大部分主要著作完成地。

■2001.2：上海文化出版社《人文动物园》、《人类素描》第2版上市，201页、221页，定价15元、17元。责编：陈鸣华。

2001.2.18—23：赴京六日，受聘担任《新潮》杂志副主编。主编徐晓，编辑部主任田晓青，编辑徐晋如、张英、秋子等。

2001.2.18：《新潮》主办方徐维良接风，徐晓、田晓青、徐晋如、张英、秋子等在座。

2001.2.19：余世存在全聚德接风，饭后至余世存寓。

2001.2.20：栗宪庭在建国饭店接风，饭后至宋庄刘伟画室。刘伟索要《齐人物论》。

2001.2.21：沈昌文接风，于奇、徐晋如、张英等在座。饭后与徐晓至甘琦处，会陈嘉映夫妇、赵汀阳夫妇、吴思、止庵、郭良、阿坚等。

2001.2.22：《新潮》杂志筹备会议，主办方徐维良要求我长住北京，若有必要考虑亲赴上海说服家属同意。

2001.2.23：从北京返回上海。

2001.3.4—4.23：赴京一个半月，筹备《新潮》杂志创刊，向全国、全球优秀作者约稿。因与主办方办刊理念不同，与《新潮》杂志解除合同，转而受聘担任《东方》杂志执行主编，主办方王瑛，主编魏群。在京期间因工作需要，与北京文化界人士徐晓、张冠生、田晓青、徐晋如、张英、沈昌文、于奇、吴思、甘琦、余世存、李静、余杰、摩罗、任不寐、翁昌寿、唐晓渡、朱正琳、陈雷、孙珉、王中忱、王洪波、杨瑞春、高信疆、吴迪、徐友渔、崔卫平、王焱、雷颐、王童、李阳泉、骆爽、黄艾禾、刘莉生、王瑶、高云、孙郁、严欣久、刘苏里、张焕平、吉凌、罗白、睢安奇、刘索拉、鲍昆、王洪波、廖亮、魏飙、辛继平、能向群、张弘、岳建一、张华、王康、何家栋、毛喻原、赵辉等广泛接触。

◆2001.3.16：与北京正源图书公司签订《告别五千年》代理出版合同。乙方签字：辛继平。

2001.3.17：《羊油灯下的爱情》（评逍遥《羊油灯》，写于北京白家庄）。

2001.3.18：《〈齐人物论〉及其作者》（写于北京白家庄）。

■2001.4：岳麓书社《寓言的密码》第2版上市，223页，定价13.8元。责编：吴泽顺。

2001.4.18：离京前回请沈昌文，于奇、叶芳等在座。

2001.4.24：从北京返回上海。此后在上海主持《东方》杂志改版。

2001.4.28—5.6：《刘小枫论：废铜烂铁如是说》初稿。

■2001.5：上海文化出版社《故事的事故》（张岚、王怡君、蔡静雯配图）第1版上市，256页，定价16元。责编：孙欢。

2001.5.10：《中国的游戏规则》（评吴思《潜规则》）。

2001.5.14—15：《刘小枫论：废铜烂铁如是说》定稿。

2001.7.16：新天地二期动迁，复兴中路160弄51号三楼6.8平方米阁楼属其范围，动迁款15万。

2001.8.15：《上海：美丽的城市和不够美丽的市民》。

2001.8.29：关于《齐人物论》接受《羊城晚报》记者熊育群专访。

◆2001.8.28：与春风文艺出版社签订《吊驴子文》出版合同。

■2001.9：春风文艺出版社《吊驴子文》第1版上市，272页，定价15元。责编：常晶。

◆2001.9.2：与中国工人出版社签订《通天塔》出版合同。乙方签字：岳建一。

2001.9.5：《一个印第安人的告白》。

2001.9.20：《从"表态思维"和"表态文化"看知识分子的责任》（答普林斯顿大学《当代中国研究》问）。

2001.9.30：《万千说法：一个思想者的自述》（答《羊城晚报》问，独立作家专版）。

2001.12.4：《如何正确对待同性恋——与大学生谈同性恋问题》（为《东方》杂志答读者问）。

2001.12.6：出售通河八村（银和小区）177号601室（使用权房）。60平方米，成交价12万元。一次性还清通河九村（昌鑫家园）62号202室（商品房）银行贷款约23万元。

2001.12.11：《为中国赢得尊严的五本好书》（答《读者导报》问）。

2001.12.17：《"辩证法"的寿终正寝》。

2001.12.28：《刺猬与狐狸》。

■2002.1：中国工人出版社《通天塔》第1版上市，308页，定价22.8元。责编：岳建一。

2002.1.8：发现中国青年出版社2000年10月出版的李建平《古古动物

智慧》（封面署名"石头"，版权页署名"李建平"，责编：张正）全面抄袭上海文化出版社1999年7月出版的张远山《人文动物园》。

2002.1.9：委托上海文化出版社法律顾问富敏荣律师向中国青年出版社交涉。

2002.1.14：整理抄袭对比表：李建平《古古动物智慧》全面抄袭张远山《人文动物园》。

2002.1.27：《文化五身段》。

2002.1.22：《为地球寻找地球仪，为中国寻找喻体》（序王怡《载满鹅的火车》）。

2002.1.28：《"世界一大笑府"之段子新编》。

2002.1.30：答《上海新书报》记者王雪明问。

2002.1.31：《山峰与山谷》。

2002.2.17：《地须再游，书要重读》。

2002.2.22：《重建知识分子的"公共性"》（评李静《中国问题》）。

2002.2.26：《从神裁到魔判》。

2002.2.27：《关于独立写作》（答《中华读书报》记者舒晋瑜问）。

■2002.3：台湾海鸽出版社《人文动物园》上册、《人类素描》上册上市，均为159页，定价均为149新台币。发行人：罗清维。

◆2002.3.6：与云南人民出版社签订《独自打坐》、《汉语的奇迹》出版合同。

2002.3.12：《文学与撒谎》。

2002.3.15：关于《齐人物论》答网友"小农民"问。

2002.3.16：《残忍而慈悲的恶之华》（序周实《刀俎之间》）

2002.3.21："人与墙"系列之《人与诗》。

2002.4.15：《汉语的奇迹》简介：《为现代汉语的超一流杰作倾倒》。

2002.4.16：从《独自打坐》到《通天塔》：《坐着时间魔毯飞行》。

2002.4.17：《独自打坐》简介：《什么也没有也没有什么》。

■2002.5：云南人民出版社《独自打坐》、《汉语的奇迹》第1版上市，152页、198页，定价12元、16元。责编：周非。

2002.5.6:《只有诗歌才能疗救时代的粗俗》(答《南方日报》记者李平问)。

■2002.6:西北大学出版社《告别五千年》第1版上市,360页,定价22元。责编:张弘。

■2002.6:台湾好读出版社《寓言的密码》繁体字版上市,314页,定价230新台币。责编:石良德。

■2002.6:台湾海鸽出版社《人文动物园》下册《动物的寓言》、《人类素描》下册《人的寓言》上市,均为175页,定价均为149新台币。发行人:罗清维。

2002.7.5:《糟糕的韩日世界杯》,《罗马里奥,足坛拿破仑的不幸命运》。

2002.7.7—19:"人与墙"系列之《人与牌》。

2002.7.11:《路灯错觉》。

2002.8.4—5:《何必陷孔子于举世无友之绝境》。

◆2002.8.16:与台湾好读出版社签订《寓言的密码》繁体字版出版合同(补签,出版前预付定金1000美元)。乙方签字:陈铭民。

2002.8.18—27:河西走廊9日游,兰州、西宁、青海湖、敦煌石窟、玉门关、嘉峪关、武威(凉州)、酒泉、张掖。

2002.8.29—10.30:《欺世盗名的读经运动》。

2002.9.2:《受"礼"者何以授"礼"》。

2002.9.12:《尊严的底价》。

2002.9.28:《李建平〈古古动物智慧〉剽窃张远山〈人文动物园〉》一文打印寄中青社。

2002.9.30:《为何家长也成了教育对象》。

2002.10.7:《小资与愤青》,《中国当代思想的内外科手术》。

2002.10.12:"人与墙"系列之《人与花》。

2002.10.18:"人与墙"系列之《人与棋》,《人与车》。

2002.10.19:"人与墙"系列之《人与器》。

2002.10.20:"人与墙"系列之《人与画》。

2002.10.21："人与墙"系列之《人与琴》。

2002.10.22：《中国：1982：夏》(应余世存征文)。

2002.10.26：《谁有资格做班长》。

2002.10.29："人与墙"系列之《人与天》。

2002.11.20：《教师"逆淘汰"现象探源》。

2002.12.5："人与墙"系列之《人与风》。

2002.12.6：关于《独自打坐》、《汉语的奇迹》接受《南方日报》记者李平专访。

2002.12.7：《关于"校园透视"专栏的几点说明——兼答部分批评意见》。

2002.12.11：《年终喜见图雅，其人已如黄鹤》。

2002.12.2：《为什么中国人的聪明居全球之冠》。

2002.12.3：《"齐人物论"的正读与误读——答吴小如先生》。

2002.12.25：《共同母语下的子语差异》。

2002.12.31：《齐人物论》增补本序。

2003.1.16：《何为真英雄》。

2003.1.22—23：《反对痴狂的拟痴狂体——致邓晓芒书》。

2003.2.13：中青社确认该社2000年10月出版的李建平《古古动物智慧》剽窃张远山《人文动物园》，赔偿5000元，庭外和解。

2003.2.14：《永远的风花雪月，永远的附庸风雅》再版后记:《每本书都有自己的命运》。

2003.2.17：《草料的定数》。

2003.3.5：《真愤青和假愤青——答饶蕾女士》。

2003.3.6：《考试悖论试解》初稿（7.6定稿）。

2003.3.10：《真小资和准小资——答丰良语先生》。

2003.3：《公孙龙传》。

2003.4.23：《敬挽李慎之先生》。

2003.4.23—29：《艰难的反叛和漫长的告别——八十年代上海民间诗歌

运动一瞥》（应剧作家赵川之请）。

◆ 2003.5.10：与珠海出版社签订《永远的风花雪月，永远的附庸风雅》第2版出版合同。乙方签字：罗立群。

2003.5.23：《外在学理与内在学理》（答读者康亮）。

2003.7.7：《中文网络的过滤与屏蔽》。

2003.7.19：《从友人王怡的误读说起》。

2003.7.25：《有执照的伪作家与无执照的真作家》。

■ 2003.8：珠海出版社《永远的风花雪月，永远的附庸风雅》第2版上市，265页，定价15元。责编：李向群。

2003.8.5：《让自由意志来一次尽情的喷发——一个读者的故事》。

2003.8.13：答古呆《妙对通天》，《大国威仪与个人尊严——答读者朱先生》。

2003.8.28：《扩大战果的思想创获》（评吴思《血酬定律》）。

2003.9.8：《浅释"九五之尊"》。

◆ 2003.9.9：与湖南文艺出版社签订《齐人物论》图文增补本出版合同。乙方签字：张天明。

2003.10.21—2004.1.13：《邱岳峰论：颠倒众生的外国坏蛋》（应《书屋》主编胡长明之约）。

2003.11.11—17：《书屋》杂志社邀请湘西游，长沙—韶山—吉首—凤凰—张家界，参观湖南省博。

2003.11.17—22：至西安会高宏、张渝，游秦始皇兵马俑、法门寺、大雁塔、碑林、乾陵、城墙，听秦腔，参观陕西省博。

2003.11.23：《一个美术界槛外人的断语》（评张渝《雪尘语画》）。罗银胜来电，要求授权把《顾准论》收入《顾准再思录》。

2003.12.16：《祝中原同胞重新阔起来》（《郑州晚报》贺岁辞）。

2003.12.18：《完美主义者》。

2004.1.16：《与时代拔河》初稿（7.15定稿）。

2004.1.28—2.12：《胡兰成论：流氓才子，轻薄文章》。

2004.2.11:《三种作家的不同命运》。

2004.2.16—24:《"江湖"的词源》。

2004.2.26:《学术:政治之内,权力之外》。

2004.2.27—3.5:《自由常数和自由变数》。

2004.3.1:关于浅出版答《上海新书报》记者周逢圣问。

2004.4.2:《漫谈巴别尔与哥萨克》。

■2004.5:湖南文艺出版社《齐人物论》图文增补本上市,署名:庄周,346页,定价25.9元。责编:谢不周,薛健,张辉,李永平。

2004.5.16:《模范是怎样练成的》。

2004.6.3:《石头与陶罐》。

2004.6.15:关于《齐人物论》增补本接受《钱江晚报》记者裴建林专访。

2004.6.16:《我们都是木头人》。

2004.7.4:《名人自传,洗洗睡吧》(答《新京报》记者张弘问)。

2004.7.23—24:《我爱评书,不爱书评》。

2004.7.25:致《中国图书商报书评周刊》的抗议信(约稿未刊)。

2004.8.1:《有"撒谎权"的"高贵"华人越来越多了》。

2004.8.5:《秀才诉诸理,大兵诉诸力——对朱苏力的终极判词》。

2004.8.9—19:西藏—四川十日游,游拉萨布达拉宫、纳木错湖,观广汉三星堆等。

2004.8.29:《作为伪命题的儿童读经》。

2004.9.10—23:《中国的喻体》。

2004.10.20—25:《姜文论:"我"是谁》。

2005.2.16:《无私的接引者,慷慨的东道主》(《博览群书》创刊二十年贺词)。

2005.2.18:《先秦札记六则》:1.秦有七都,2."五畤"何祭,3.始皇生年与秦灭之年,4.秦祚几年,5.谥法小识,6.九五非尊。

2005.2.25—3.3:《进入古典中国的五部经典》。

2005.3.17:《大师现形记》。

2005.3.19：《棋运轮转，弈道永存》。

2005.3.22：《付费采访与知识产权》。

2005.3.22—24：《成名综合症》。

2005.3.24—4.4：《天下人为何成了人下人》。

2005.3.26：《失败是成功之母》。

2005.3.27：《成功是失败之父》。

2005.3.31：《男主角变成了报幕员》。

2005.4.2：《逆淘汰的最新例证》。

◆ 2005.4.5：与复旦大学出版社签订《寓言的密码》第3版、《文化的迷宫》第1版出版合同。乙方签字：贺圣遂。

2005.4.6—15：开写《庄子奥义》余论《哲学先知与时代精神》初稿。

2005.4.9—10：《公共者何，知识还是分子》。

2005.4.14：《从不合时宜的巴顿、苏轼说起》。

2005.4.16—17：《去掉一个最高分——从茅盾文学奖说开去》。

2005.4.20—25：《间世异人资耀华》。

2005.5.3：《中国人的精神生活何时进入小康》。

2005.5.8—10：《非常世，非常人，非常史》(评余世存《非常道》)。

2005.6.5：关于《齐人物论》新版答网友堕落天堂问。

2005.6.20：《困难的写作》。

2005.6.28：开写《庄子奥义》正文《〈逍遥游〉奥义》、《〈齐物论〉奥义》，至年底未完。

● 第二个写作十年（2005夏—2015夏）：庄学十年

2005.7.1：第二个写作十年（2005夏—2015夏）开始。

2005.7.7：开写《庄子奥义》绪论《战国大势与庄子生平》，至年底未完。

2005.7.8：《集〈庄子〉句题杨晖人物画展》。

2005.7.29：开写《庄子奥义》绪论《庄学四境与郭象篡改》，至年底未完。

■2005.8：复旦大学出版社《寓言的密码》第3版、《文化的迷宫》第1版上市，255页、254页，定价均为18元。责编：宋文涛。

2005.8.30—9.2：《马当路戆大》。

2005.9.13—14：关于《寓言的密码》接受《中青报》记者燕舞专访。

2005.10.30：《祭父文》。

2005.10.31：《庄子奥义》余论《哲学先知与时代精神》定稿，共三稿。

2005.11.4：关于《文化的迷宫》接受《新京报》记者张彦武专访。

2005.12.18：开写《庄子奥义》余论《文化与造化》，至年底未完。

2005.12.23：关于《通天塔》答黄孝阳。

2006：全年续写《〈逍遥游〉奥义》、《〈齐物论〉奥义》，至年底未完。

2006.1.8：《十三个十三点》(评柯平《都是性灵食色》)。

2006.1.13：《巴别尔：尚无谜底的双重之谜》。

2006.3.31：关于《寓言的密码》接受作家王天兵专访。

2006.4.2：《庄子奥义》绪论《庄学四境与郭象篡改》定稿，共七稿。

◆2006.4.2：与少年儿童出版社签订《人文动物园》、《人类素描》第3版出版合同。乙方签字：王方。

2006.4.3—4：《立正之后的稍息》(《人文动物园》、《人类素描》第3版序)。

2006.5.9：《"杀人游戏"的名实利害》。

2006.7.14：《一代球王，完美转身》

■2006.8：少年儿童出版社《人文动物园》(吴蓉蓉配图)、《人类素描》(吴蓉蓉配图)第3版上市，230页、254页，定价均为16元。责编：靳琼。

2006.10.13：《庄子奥义》绪论《战国大势与庄子生平》定稿，共三稿。

2006.10.20：《庄子奥义》余论《文化与造化》定稿，共三稿。

2006.12.6—7：关于洪峰乞讨并退出作协接受《中青报》记者刘玉海专访。

2007.1.22—23：《犹太人巴别尔的文学夏娃：哥萨克小娘子》。

2007.1.29：《〈逍遥游〉奥义》定稿，共八稿。

2007.2.25：《〈齐物论〉奥义》定稿，共九稿。

2007.2.27—3.25：《〈养生主〉奥义》定稿，共五稿。

2007.3.13—4.25：《〈人间世〉奥义》定稿，共四稿。

2007.3.21：《于丹〈庄子心得〉谬误举隅》。

2007.4.12—14：游河南民权庄子胡同、庄子井、庄子陵园、庄子墓，安徽蒙城庄子祠。

◆2007.4.18：与江苏文艺出版社签订《庄子内七篇奥义》、《庄子外杂篇精义》、《内七篇卮言》、《外杂篇卮言》、《庄子复原本注译》、《至人庄子全传》等十书的出版合同。乙方签字：黄小初。

2007.4.25—5.27：《〈德充符〉奥义》定稿，共四稿。

2007.5.28—6.30：《〈大宗师〉奥义》定稿，共四稿。

2007.7.1—24：《〈应帝王〉奥义》定稿，共三稿。

2007.7.20—9.4：《庄子奥义》余论《庄学奥义的全息结构》定稿，共四稿。

2007.9.5：《庄子奥义》序言初稿。

2007.9.6：《庄子奥义》跋语初稿。

2007.9.22：《庄子奥义》序言定稿。

2007.9.23：《庄子奥义》跋语定稿。●《庄子奥义》定稿，交《社会科学论坛》副主编张平连载全书，交江苏文艺出版社编辑黄孝阳排版审校。

2007.9.29—10.9：《庄子与我的虚拟对话（一）》——关于《庄子奥义》。

2007.10.20：开写《庄子外杂篇精义》之《〈寓言〉精义》。

2007.10.25：张远山新浪博客上线。

2007.11.4：开写《〈知北游〉精义》。

2007.11.16：关于《庄子奥义》接受《珠海特区报》记者李更专访。

2007.12.3：开写《〈秋水〉精义》。

2007.12.19：庄子江湖网（http://www.zzjianghu.com）开站上线。庄子江湖论坛上线，版主：拳曲子（唐子建）、旦暮之遇（汪跃云）、撄宁（蔡正坤）等。

2007.12.26：关于《庄子奥义》接受天涯社区在线专访（朴素主持）。

2007.12.27—28：《庄子奥义》首发式暨研讨会在三亚举行，江苏文艺出版社主办，三亚游牧虎度假公寓协办，韩少功、叶兆言、毕飞宇、陈村、周实、余世存、单正平、徐晋如、伍立杨、朴素、李更、黄小初、黄孝阳等作家学者与会，吴思、李劼、张桂华等学者书面发言，《新京报》、《中国青年报》、《中华读书报》、《珠海特区报》、《南方日报》、天涯网站等媒体特派记者与会并报道。

■2008.1：江苏文艺出版社《庄子奥义》第1版上市，338页，定价26元。责编：黄孝阳。

2008.1.15—16：关于《庄子奥义》接受《广州日报》记者赵琳琳专访。

2008.1.17—24：《〈奥义〉既成，余书可废》。

2008.1.18—19：关于《庄子奥义》接受《新商报》记者关军专访。

2008.2.18：开写《〈达生〉精义》。

2008.2.24—3.7：《被庙堂遮蔽的江湖中国》。

2008.3.29：开写《〈山木〉精义》。

2008.4.28：《〈秋水〉精义》完成。

2008.5.16：集《庄子》句吊汶川地震罹难者。

2008.5.25：《〈达生〉精义》完成。

2008.6.1：开写《〈外物〉精义》。

2008.6.25：《〈山木〉精义》完成。

2008.7.25：《〈外物〉精义》完成。

2008.8.24：《〈寓言〉精义》完成。

2008.8.26：开写《〈天下〉精义》。

2008.9.26：《〈天下〉精义》完成。

2008.10.8—27：《外杂篇无一庄撰论》。

2008.10.9：《〈知北游〉精义》完成，撰写序跋。●《庄子精义》定稿，交《社会科学论坛》副主编张平，连载全书。交江苏文艺出版社编辑黄孝阳排版审校，因故未出。

2008.10.10:《庄子复原本》白文校勘及注译，至年底未完。

2008.11:《外婆李桃花》。

2008.12.31:《独赴孤岛，愿携何书：答卜雨问》。

2009.1—5:继续《庄子复原本》白文校勘及注译。

◆2009.3.28:与陕西人民出版社签订《张远山作品集》三卷（寓言小品卷、人物评论卷、哲学随笔卷）出版合同。乙方签字：张玉霞。

2009.3.29—5.10:选编修订《张远山作品集》三卷：寓言小品卷、人物评论卷、哲学随笔卷。●《张远山作品集》三卷定稿，交陕西人民出版社编辑张玉霞排版审校，因故流产。

2009.5.11—15:《魏牟版〈庄子〉初始本篇目考》初稿。

2009.5.11—7.24:《〈庄子〉三大版本及其异同》。

2009.7.9—10:《魏牟版〈庄子〉初始本篇目考》二稿。

2009.7.18—24:《魏牟版〈庄子〉初始本篇目考》三稿。

2009.7.24—8.24:《〈庄子〉初始本编纂者魏牟论》二稿（完成）。

2009.8.11—10.23:道家散论四题：1.从"道德仁义"到"仁义道德"，2.从"相忘江湖"到"相濡以沫"，3.人生四境，迫生最下，4.水喻·镜喻·水镜合喻。

2009.8.28—9.15:郭象所删《庄子》佚文概览（二稿，定稿）。

2009.9.7:《魏牟版〈庄子〉初始本篇目考》四稿（完成）。

2009.9.8:《刘安版〈庄子〉大全本篇目考》完成。

2009.9.11:《庄子复原本》白文注译（三稿，完成）。

2009.9.14:《庄子复原本》序言:《复原〈庄子〉，正本清源》

2010.1.31:《庄子复原本》跋语:《直面〈庄子〉，突破遮蔽》。●《庄子复原本注译》定稿，交《社会科学论坛》副主编张平连载绪论、余论、题解，交江苏文艺出版社编辑黄孝阳排版审校。

2010.3.6—2011.2:《庄子传》初稿，确定编年体例。研究战国史、宋国史、中山史、庄子生平、诸子生平、诸侯生平，续写《战国纪年厘正表》。

2010.7.2—31：《庄子与我的虚拟对话（二）》——关于《庄子复原本》。

2010.7.9：《庄子复原本注译》简介（为江苏文艺出版社代拟之新闻通稿，《书屋》2010年第9期刊出时把作者"江苏文艺出版社"改为"张远山"）

2010.7.19—23：《庄子复原本》与中国之谜（应《博览群书》约）。

2010.8.1—8.4：《江湖庙堂的历史意蕴和当代博弈》。

2010.8.5—8：《肉身成道的老聃演义》（评余世存《老子传》）。

2010.8.11—13：《以讹传讹的"害群之马"》。

2010.8.18—23：《中华复兴的目标和进路》。

■2010.8：江苏文艺出版社《庄子复原本注译》第1版（上中下三册）上市，1056页，定价98元。责编：黄孝阳。●此书绝版后二手书价暴涨至八九千元，出现大量手抄本，遂被称为"二手书最贵的在世作家"。

2010.9.13：关于《庄子复原本》接受《投资有道》记者鲁刚专访。

2010.10.10：研究《汲冢归藏》、《王家台归藏》，复原伏羲初始卦序太极图。

2010.11.24—12.31：《以"王"僭"帝"的秦汉秘史——辛亥革命百年祭》（未完）。

2011.1.1—2.22：《以"王"僭"帝"的秦汉秘史——辛亥革命百年祭》定稿（九稿）。

◆2011.2.24：与上海磨铁动漫传媒有限公司签订《寓言的密码》第4版出版合同。乙方签字：古祎。

2011.2.25—3.16：修订《寓言的密码》。

2011.3.17—4.8：《庄子传》二稿。宋国史布局初定，庄子史布局待定。

2011.4.9—5.24：《庄子传》三稿。宋国史基本理顺，庄子史缺环尚多。

2011.5.25—8.3：《庄子传》四稿。战国史基本理顺。

2011.8.4—28：重排《战国纵横家书》，梳理苏秦反间史。《战国策》条目系年。

2011.9.21—10.23：《庄子传》五稿。客居深圳月余，准备老庄讲座。

◆2011.9.24：与上海磨铁动漫传媒有限公司解除《寓言的密码》第4

版出版合同，乙方支付甲方违约金人民币8千元。乙方签字：古祎。

2011.10.7：老子讲座《老子：君人南面之术》（深圳少儿图书馆，深圳儒家研究会会长吴洁邀请）。

2011.10.16：庄子讲座《庄子：内圣外王之道》（深圳少儿图书馆，深圳儒家研究会会长吴洁邀请）。

2011.10.24—12.12：《庄子传》六稿。战国史理顺，全书初成。

2011.12.13—31：《庄子传》七稿（未完）。

2012.1.1—3.19：《庄子传》七稿。增补宋国史、庄子史。

2012.3.20—5.31：《庄子传》八稿。修改润色。以上八稿均有笺注。

2012.6.6—7.8：《庄子传》九稿。移出笺注，正文定稿。

2012.7.9—9.3：《庄子传》后记：知人论世，鉴往知来。●《庄子传》交江苏文艺出版社编辑黄孝阳排版审校。

2012.9.7：《庄子工程答问录：答王业云问》。

2012.9.9—11.8：《白狄中山、魏属中山秘史》（未完）。

2012.11.9：深圳《老子：君人南面之术》演讲稿改定（汪跃云根据录音整理）。

2012.11.14：深圳《庄子：内圣外王之道》演讲稿改定（汪跃云根据录音整理）。

2012.11.20：《庄子与我的虚拟对话（三）》——关于《庄子传》。

2012.11.21—27：《求解〈归藏〉卦序，溯源华夏古道》。

2012.11.27—29：《山重水复，高远无极——张海天近作浅论》。

2012.11.30—12.31：《西周国、东周国秘史》（未完）。

■2013.1：江苏文艺出版社《庄子传》第1版（上下二册）上市，661页，定价48元。责编：黄孝阳。文字编辑：王业云，吴剑文。●此书出版后被大量庄子传记作者抄袭。

2013.1.1—2.21：《白狄中山、魏属中山秘史》定稿，共七稿。

2013.2.23—26：至韩国济州岛度假。

2013.2.25—3.2：《西周国、东周国秘史》定稿，共四稿。

2013.3.5—7：与作家王天兵赴常州考察紫砂壶。

2013.3.11—4.11：至三亚度假，参加环海南岛帆船赛（3.20—30）。

2013.3.18：关于《庄子传》接受《深圳商报》记者谢晨星专访：《庄子是中国第一个现代人》（《深圳商报》2013.4.1）。

2013.4.12—25：开写《老子奥义》绪论《华夏古道溯源》。●庄子工程费时八年（2005—2013），提前两年完成，启动伏老工程。

2013.4.26：《伏羲学考察纲要》（见第十六卷《伏羲之道》附录三）。●暂停《老子奥义》，转入伏羲学研究。

2013.4.29—5.5：伏羲学考察团（张远山、陈林群、王天兵、唐洪泉等共九人）考察甘肃敦煌、甘肃兰州（甘肃省博）、甘肃天水（大地湾、三阳川画卦台、伏羲庙、麦积山）、陕西西安（陕西省博、秦始皇兵马俑、半坡遗址、秦砖汉瓦博物馆等）、陕西延安（黄帝陵）等。

2013.5—8：阅读研究海量考古报告，创立伏羲学，拟定伏羲学四书（伏羲之道、玉器之道、青铜之道、炎黄之战）总框架。撰写《伏羲之道》绪论《伏羲学发凡》，《伏羲之道》上编《陶器之道，开天辟地》：第一章《伏羲连山历》，第二章《神农归藏历》。●2013年为"伏羲学元年"。后按计划完成伏羲学四书之前三书，第四书《炎黄之战》因故延后。

2013.5.8：《庄子工程答问录：答王业云问》定稿。

2013.8.18：深圳伏羲学演讲：伏羲文化，中华文明的源头（深圳儒家研究会会长吴洁邀请）。深圳电视台、《深圳商报》现场采访。

2013.8.26：撰写《伏羲之道》中编《伏羲布卦，分卦值日》，下编《伏羲卦序探索史》，至年底未完。

2013.8.29：根据2010.10.10研究《归藏》复原的伏羲初始卦序太极图，设计伏羲钟。

2013.11.5：《芦苇：电影编剧一代奇才》（评《电影编剧的秘密》）。

2013.12：《伏羲之道》前言、绪论、上编定稿（以汪跃云、王业云、刘朝飞根据录音整理的深圳伏羲学演讲稿为基础）。

2014.1.1—2.7：陈抟注麻衣道者《正易心法》笔记等。

2014.5.7：《伏羲之道》中编第三章《太阳历布卦》定稿，共十一稿。

2014.5.11：《伏羲之道》中编第四章《太阴历布卦》定稿，共十稿。

2014.6.6：伏羲学演讲：华夏八千年"泰和"文化探源（广东顺德，何享健基金会秘书长汪跃云邀请）。

2014.6.14—16：伏老庄演讲（江西景德镇，游牧虎高宏邀请）。

2014.7.23：《玉器之道》第一章《玉器三族观天玉器总论》初稿。

2014.9.15：《伏羲之道》下编第五章《伏羲卦序探索史》定稿，共九稿。

●《伏羲之道》定稿，交《社会科学论坛》副主编张平，连载全书。交江苏文艺出版社编辑黄孝阳排版审校，因故未出。

2014.9.22—27：《渔樵知音：武夷秋集即兴》，《武夷仙游记》。

2014.10.13：《玉器之道》第四章《东夷族玉器总论》初稿。

2014.11.7：《我是局外人，力挺尤凤伟》。

2014.12.25：《玉器之道》第六章《万字符传播史（上）》初稿。

2015.1.1：《玉器之道》第二章《黄帝族玉器总论》初稿，《玉器之道》第三章《南蛮族玉器总论》初稿。

2015.1.8：《玉器之道》第九章《昆仑台传播史》初稿。

2015.2.4：庄子江湖（ZhuangziJianghu）微信公众号上线，管理团队"江湖君"：旦暮之遇（汪跃云）、贺马儒（贺闻吉）、微笑的鱼（杨勇）、拳曲子（唐子建）、槃木（尚立中）等。

2015.2.18除夕：《羊年说羊话伏羲》。

2015.4.23：世界读书日，远山道场（张远山读者微信群）上线，管理团队"一道传播"：卜雨（吴剑文）、旦暮之遇（汪跃云）、浮游子（王业云）、濠梁之上（赵章靖）、拳曲子（唐子建）、微笑的鱼（杨勇）、贺马儒（贺闻吉）、槃木（尚立中）、李海良等。

◆ 2015.5.16：与岳麓书社签订《老庄之道》、《伏羲之道》出版合同。乙方签字：曾德明。

2015.5.20：《老庄之道》、《伏羲之道》前言《由庄溯老，由老溯伏》，后记《开笔廿载，敬谢德友》。●《老庄之道》、《伏羲之道》交岳麓书社编辑部主任杨云辉排版审校。

2015.6.5：《老庄之道》、《伏羲之道》要义简释：《伏羲六十四卦和伏羲太极图的象数解密》。

2015.6.7：《西周太极图的天文历法解密》。

■2015.8：岳麓书社《老庄之道》、《伏羲之道》第1版上市，218页、306页，定价39元、68元。责编：杨云辉。

●第三个写作十年（2015夏—20025夏）：伏老十年

2015.7.1：第三个写作十年（2015夏—2025夏）开始。

2015.7—8：设计、制作伏羲学纪念瓷器：伏羲屏、伏羲盘、伏羲盏、伏羲茶具等（景德镇过小明制作，章武监制）。

2015.8.22：《老庄之道》、《伏羲之道》首发式暨讲座在上海书城举行，岳麓书社主办，联通沃阅读协办，岳麓书社杨云辉、联通沃阅读喻琼娟主持。联通沃阅读定制签名本各500册。

2015.8.26—30：张远山写作二十年（1995—2015）庆典在三亚举行，三亚游牧虎帆船俱乐部主办，中国联通、南通圣唐公司协办，伏老庄讲座三次。

2015.9.29—10.9：《玉器之道》考察之旅：山东泰安—北京—内蒙古赤峰。考察山东泰安大汶口遗址博物馆（馆长卢继超接待），泰山，北京国家博物馆陶器馆、玉器馆、青铜馆，北京什刹海郭守敬浑仪，内蒙古赤峰市新州博物馆（馆长杨晓明接待），兴隆洼文化遗址、红山文化遗址、赵宝沟文化遗址、小河沿文化遗址、夏家店下层文化大甸子遗址、草帽山遗址、小古力吐遗址、城子山遗址、赤峰市博物馆（敖汉博物馆前馆长邵国田全程导游）。

2015.10.15：参观上海震旦博物馆。

2015.10.17—18：参观安徽含山凌家滩遗址博物馆、南京博物院。

2015.10.19：参观上海青浦崧泽博物馆、青浦博物馆。

2015.10.24—25：参观余姚河姆渡遗址博物馆、余杭良渚遗址博物院、杭州浙江省博物馆。

2015.11.18：参观上海博物馆《酌彼金罍：皿方罍与湖南青铜器精粹》特展。

2015.12.22：《冬至为何如此重要》。

2016.1.10：《芈八子论：大秦帝国之母》。

2016.1.29：《围棋起源的伏羲学解密》。

2016.4.9：《老庄之道与礼法之术》讲座（苏州大成律师事务所，朱辉律师邀请）。

2016.4.11：《玉器之道》第九章《昆仑台传播史》定稿，共六稿。

2016.4.14：《玉器之道》第七章《万字符传播史（中）》初稿。

2016.5.6：《玉器之道》第八章《万字符传播史（下）》初稿。

2016.5.21：《上班孔子，下班庄子》讲座（上海FSDC俱乐部，游牧虎高宏邀请）。

2016.5.28：《玉器之道》第一章《观天玉器总论》初稿。

2016.6.21：《上班孔子，下班庄子》讲座（陆家嘴海归同学会，游牧虎高宏邀请）。

2016.7.30：《玉器之道》第一章《观天玉器总论》定稿，共八稿。

2016.8.2：河北电视台编导边春海来电，中央台与河北台合作拍摄六集纪录片《中山》，他担任第2集、第3集编导，考虑采用吾文《白狄中山、魏属中山秘史》（刊于河北石家庄《社会科学论坛》2013年第4期）的观点，请我担任顾问，欲来上海拜访。后无下文。六集纪录片《中山》仍然采用主流错误观点，河北平山中山王墓遗址博物馆亦然。

2016.8.7：《玉器之道》第六章《万字符传播史（上）》定稿，共五稿。

2016.8.18：《玉器之道》第七章《万字符传播史（中）》定稿，共三稿。

2016.10.7：《玉器之道》第三章《南蛮族玉器总论》定稿，共八稿。

2016.9.13：《玉器之道》第二章《黄帝族玉器总论》定稿，共八稿。

2016.10.12：《玉器之道》第五章《龙山玉器总论》初稿。

2016.10.27:《玉器之道》第四章《东夷族玉器总论》定稿，共八稿。

2016.11.8：庄子江湖网（http://www.zzjianghu.com）关站下线。运行九年（2007.12.19—2016.11.8）。

2016.12.2:《二十四节气唯一正解》。

2016.12.16:《玉器之道》第五章《龙山玉器总论》定稿，共四稿。

2017.1.25:《玉器之道》第十章《夏商周玉器总论》定稿，共八稿。

2017.2.25:《玉器之道》前言:《复原华夏知识总图，贯通华夏八千年史》。

2017.3.6:《玉器之道》后记:《穿越历史风沙，回到上古现场》。●《玉器之道》定稿，交《社会科学论坛》副主编张平连载全书，交中信出版社特约编辑王业云排版审校。

◆2017.3.15：与北京网阅文化传媒有限公司签订《玉器之道》、《张远山文集》(十二卷)出版合同，因故流产。

2017.4.18—29:《昆仑神话的考古学解密》(应《文汇报》之约)。

2017.5.3：北京智慧熊文化传媒有限公司版权编辑马彩云女士来函，要求授权《伊索寓言论:有尾巴和没尾巴的寓言》，编入商务印书馆经典名著大家名译系列《伊索寓言》，授权费1000元人民币。同意授权。

2017.5.8—17:《青铜之道》考察之旅:安阳—郑州—偃师—洛阳—登封。参观河南郑州大河村遗址，登封王城岗遗址、周公观景台、阳城遗址，偃师二里头遗址(二里头考古队副队长赵海涛接待)，河南安阳殷墟遗址，安阳后冈遗址(殷墟考古队副队长何毓灵接待)。

2017.5.22:《伏羲文化:中华文明的源头》(应甘肃天水伏羲祭祀大典之约)。

2017.6.10—11：与高宏同往湖北荆州博物馆，欲观《王家台归藏》未果。荆州博物馆馆长王明钦即《王家台归藏》发现人，事先同意我往观(高宏大学同学、荆州商人冯正午联系)，临时变卦拒绝展示。

2017.8.14：开写《青铜之道》:绪论一《"饕餮纹"天帝的两千年正名史》初稿。

2017.8.13—9.28:《青铜之道》第五章《肥遗纹》初稿。

2017.8.20—30:《青铜之道》第六章《龙星纹》初稿。

2017.8.31—9.22:《青铜之道》第六章《龙星纹》二稿。

2017.9.10—14:《青铜之道》第一章《鼻祖纹》初稿。

2017.9.23—11.10:《青铜之道》第六章《龙星纹》三稿。

2017.11.4—5:《青铜之道》第五章《肥遗纹》二稿。

2017.11.11—12.16:绪论二《"饕餮纹"天帝的六千年演变史》初稿。

2017.12.17:《玉器之道》简介《欲读中国书，先观中国图》。

2018.1.10—10.12:《青铜之道》第一章《鼻祖纹》二稿。

2018.2.5:良渚系列01《良渚神徽图法解密：天帝骑猪巡天图》。

2018.2.9:良渚系列02《良渚神徽的两大神像解密：北极天帝，北斗猪神》。

2018.2.17:良渚系列03《良渚祭天玉琮的图法解密》。

2018.2.25:良渚系列04《良渚威仪玉器的图法解密》。

2018.3.3:良渚系列05《良渚神徽的替代符号：帝星纹》。

2018.3.8:良渚系列06《良渚神徽的后世演变：夏商周饕餮纹》。

2018.3.28:良渚系列07《夏商周饕餮纹天帝的图法解密：北极天帝"帝俊"》。

良渚系列08《北斗猪神的人间对应：天子对位北斗猪神》。

良渚系列09《良渚神徽的前世法身：四季北斗绕极符（万字符）》。

2018.4.4:良渚系列10《华夏祭天乐舞"万舞"解密：万字符之舞》。

良渚系列11《全球萨满舞解密：华夏万舞及其三大舞姿传遍全球》。

良渚系列12《中国龙的终极源头：苍龙七宿》。

2018.4.5—19:赴斐济度假。

2018.5.5:良渚系列13《麒麟的终极源头：北方七宿》。●良渚系列十三篇，应《文汇报》之约而写。

2018.5—7:研究夏商周青铜器，《玉器之道》排版审校。

2018.7.4:台湾龙腾文化公司谢晴雯女士来函，要求从台湾好读出版社

2002年版《寓言的密码》中选取《对帝王无用就该死——太公杀贤》，收入龙腾文化公司所编《高中国文》教材，授权费1000新台币。同意授权。

2018.7.9—11：参观上海松江广富林遗址博物馆。

2018.7.15：与董曦阳参观上海博物馆玉器馆、青铜馆。

◆2018.7.18：与中华书局签订《玉器之道》出版合同。乙方签字：徐俊。

■2018.8：中华书局《玉器之道》第1版上市（京东图书包销），532页，定价136元。特约编辑：王业云。责编：葛洪春。

2018.8—10：远山道场、庄子江湖《玉器之道》签售、快递1300本。

2018.10.5—6：《玉器之道》签售暨讲座（广东顺德文筑书店），《和园之和与华夏天道文化》讲座（广东顺德和园），何享健基金会秘书长汪跃云邀请。

2018.10.13—23：《青铜之道》第一章《鼻祖纹》三稿。

2018.10.24：《青铜之道》第一章《鼻祖纹》四稿，至年底未完。

2018.10.27：赴京推广《玉器之道》（京东图书总监资卫民邀请），接受"老沈一说"沈永鹏专访（北京沈永鹏工作室）。

2018.10.29：《无肠公子飞升经》。

2018.11.2—10：赴日本大阪、京都、奈良、东京学术考察，参观奈良正仓院、京都旧皇宫、东京天皇宫等。

2018.11.12：关于《玉器之道》接受《青岛日报》记者薛原专访。

2018.11.23：《玉器之道》豆瓣评分遭遇人为操纵的一星运动，从9.9分（45人）降至6.3分（109人）。

2018.11.24—25：《玉器之道》豆瓣评分降至5.0分（143人）。

2018.11.26：《玉器之道》豆瓣评分降至3.5分（305人）。

2018.11.28：关于《玉器之道》被豆瓣用户恶意攻击的投诉函，邮件递交豆瓣网官方。豆瓣网官方未阻止恶意打分和无效打分。大量打一星者公开宣布未购未读《玉器之道》，故为恶意打分和无效打分。

2018.12.5：《玉器之道》豆瓣评分降至2.8分（718人）。委托北京盈科（广州）律师事务所唐向阳团队起诉豆瓣网所属北京豆网科技有限公司。

2018.12.14：《青铜之道》第三章《山海经》初稿（从第一章《鼻祖纹》

析出）。

2018.12.19：北京盈科（广州）唐向阳律师团队的范晓倩律师从广州来沪，签订委托合同，起诉北京豆网科技有限公司关于《玉器之道》恶意打分的名誉侵权。

2018.12.24：《威猛的巨浪，伟大的迷途——追思孟浪》。

2018.12.25：集《庄子》句吊诗人孟浪。

2019.1.1—16：《青铜之道》第一章《鼻祖纹》定稿，共四稿。

2019.1.10：张远山诉豆瓣《玉器之道》侵权案，提交北京互联网法院立案。

2019.1.19：与董曦阳参观上海博物馆《丹青宝筏——董其昌书画艺术大展》，又看了《千文万华——中国历代漆器艺术展》和青铜馆，商定庄学三书再版计划。

2019.1.12：《青铜之道》第二章《两龙纹》初稿（从第一章《鼻祖纹》析出）。

2019.1.13—25：《青铜之道》第二章《两龙纹》二稿。

2019.1.26—2.7（大年初三）:《青铜之道》第二章《两龙纹》三稿。

2019.2.5—7:《青铜之道》第三章《山海经》二稿。

2019.2.8—17:《青铜之道》第二章《两龙纹》定稿，共四稿。

2019.2.13—3.1:《青铜之道》第三章《山海经》三稿。

◆ 2019.2.25：与天地出版社天喜文化图书公司签订《庄子奥义》修订版出版合同。乙方签字：杨政。

2019.3.2—10:《青铜之道》第三章《山海经》定稿，共四稿。

2019.3.6:《青铜之道》第四章《宗主纹》初稿（从第一章《鼻祖纹》析出）。

2019.3.7—19:《青铜之道》第四章《宗主纹》二稿。

2019.3.20—25:《青铜之道》第五章《肥遗纹》三稿。

◆ 2019.3.20：与广西师范大学出版社签订《人类动物园》(《人类素描》《人文动物园》精选本）出版合同，因故流产。

◆2019.3.21：与天地出版社天喜文化图书公司签订《庄子传》修订版出版合同。乙方签字：杨政。

2019.3.22—25：《青铜之道》第六章《龙星纹》四稿。

2019.3.26—5.27：赴美国洛杉矶、西雅图、纽约、华盛顿及墨西哥学术考察，参观大量博物馆。

2019.6.2—4：《青铜之道》第四章《宗主纹》定稿，共三稿。

2019.6.6—8：《青铜之道》第五章《肥遗纹》定稿，共四稿。

2019.6.8—29：《青铜之道》第六章《龙星纹》定稿，共五稿。

2019.6.30—31：《青铜之道》第七章《西周窃曲纹》初稿（从第六章《龙星纹》析出）。

2019.7.1—8.1：《青铜之道》第七章《西周窃曲纹》二稿。

2019.8.2—8.4：至浙江安吉避暑。

2019.8.5—27：《青铜之道》第七章《西周窃曲纹》定稿，共三稿。

2019.8.20：《青铜之道》第八章《春秋蟠螭纹》初稿，第九章《战国蟠虺纹》初稿，均从第七章《西周窃曲纹》析出。

2019.8.29—10.18：《青铜之道》第八章《春秋蟠螭纹》二稿。

2019.9.2：浙江省文化艺术研究院鲍志成教授邀请我作为首席嘉宾，参加2019年9月27日在杭州举办的2019年东方文化论坛"无问西东：丝绸之路与文明互鉴学术研讨会"，介绍我的伏羲学。因发言时间仅15分钟，婉谢，同意提交万字符万舞论文。

2019.9.29：张远山诉豆瓣《玉器之道》侵权案，北京互联网法院一审驳回张远山全部诉讼请求。案号：（2019）0491民初2444号。北京盈科（广州）唐向阳、范晓倩律师团队坚持上诉。

2019.10.19—30：《青铜之道》第八章《春秋蟠螭纹》三稿。

2019.10.31—12.7：《青铜之道》第九章《战国蟠虺纹》二稿。

2019.11.10：《庄子奥义》修订版序《庄子引领我们仰望星空》。

2019.11.30：《伏羲先天八卦的天文起源和历法初义》演讲（"先天八卦的当代阐释"全国论坛首席嘉宾，上海财经大学吴炫教授邀请）。

2019.12.4—22：《我与〈论坛〉二十年，兼及〈书屋〉二十年》。

2019.12.8：《华夏万字符、万舞的天文解秘和全球传播》演讲（"朱雀涅槃——南方文化空间的历史与未来"研讨会首席嘉宾，海南文联副主席单正平教授邀请）。

2020.1—3：策划《配音之王邱岳峰》一书，编辑、排版、设计封面，邀请海南文联副主席蔡葩女士担任主编。收录纪念文章十四篇：策划张远山、主编蔡葩序言《他是邱，他是岳，他是峰》，邱岳峰之子邱必昌《我的父亲邱岳峰》，邱岳峰弟子林栋甫《他把门重重地关上了》，邱岳峰配音同事苏秀《邱岳峰，我们配音演员的骄傲》，邱岳峰配音同事刘广宁之子潘争《天鹅之歌》，电影导演潘星《银海声河之星》，电影导演李元《名优之死》，电影评论家王樽《属灵的存在》，电台主持人淳子《邱岳峰绝版》，画家陈丹青《邱岳峰》，作家严锋《好音》，作家蔡葩《邱必昌：向往精神意义的岛》、《飞越山，飞越峰，带着父亲去旅行》，学者张远山《颠倒众生的外国坏蛋》，获得所有作者授权。

2020.1.24：序刘朝飞《志怪于常：山海经博物漫笔》。

■2020.2：天地出版社《独与天地精神往来：庄子奥义》、《相忘于江湖：庄子与战国时代》上市，419页、616页，定价78元、108元。责编：王业云。校对：吴剑文。毛边本各400册，专供张远山各300册。

2020.2—4：远山道场、庄子江湖庄子二书新版签售、快递1500本。

2020.2.1：《答阴谋论者：敌方如此狡猾，我方就该无能？》

2020.2.7：《长夜即将告终，文明之光必亮——悼李文亮》，《集〈庄子〉句吊李文亮医生》。

2020.2：校定《邱岳峰生平年表》。校定《邱岳峰配音要目》，外国电影200部，中国动画片26部，参演电影5部，执导电影6部，总计中外电影237部，署名：杨菊香、王才丰整理。排版：每一对开页，均为左文右图，共配200多部中外电影的海报及邱岳峰大量照片。

2020.2.25：撰写《配音之王邱岳峰》序言：《他是邱，他是岳，他是峰》，署名：张远山、蔡葩。

2020.3.23：关于《庄子奥义》、《庄子传》新版接受《海南日报》记者杨道专访。

2020.3.30：《配音之王邱岳峰》（南方出版社）预定今日，即邱岳峰自杀（1980.3.30）四十周年日上市，因故流产。

2020.4.8：关于庄学三书新版接受中国国际广播电台主持人周微专访。

2020.4.13：关于《庄子奥义》、《庄子传》新版接受《青岛日报》记者薛原专访。

2020.4.20—5.11：《青铜之道》第九章《战国蟠虺纹》三稿。

◆2020.4.22：与天地出版社天喜文化图书公司签订《庄子复原本》修订版出版合同。乙方签字：陈德。

2020.4.28：关于《庄子奥义》、《庄子传》新版接受《晶报》记者段凤英专访。

2020.4.29：张远山诉豆瓣《玉器之道》侵权案上诉案，北京市第四中级人民法院民事终审判决书［案号：（2020）京04民终5号2.0］，推翻北京互联网法院一审判决书［案号：（2019）0491民初2444号］，改判原告胜诉。要求北京豆网科技有限公司在豆瓣网首页置顶公开道歉，连续七天；赔偿26600元（诉讼费21600，精神损失费5000元）。若不公开道歉，将会强制执行。

2020.5.7：收到北京豆网科技有限公司侵权赔偿款26600元。但是北京豆网科技有限公司拒绝在豆瓣网首页置顶公开道歉。

◆2020.5.19：与浙江古籍出版社签订《良渚玉器图法解密》出版合同。乙方签字：王旭斌。

2020.5.12—20：《青铜之道》第九章《战国蟠虺纹》四稿。

2020.5.21—27：《青铜之道》第八章《春秋蟠螭纹》定稿，共四稿。

2020.5.28：《青铜之道》第九章《战国蟠虺纹》定稿，共五稿。

2020.5.30：《良渚玉器图法解密》序言：《解密良渚图法，追溯华夏基因》。●《良渚玉器图法解密》定稿，交浙江古籍出版社编辑沈宗宇排版审校，因故流产。

2020.8.12：上海书展《庄子奥义》、《庄子传》新版签名售书暨讲座：《独与天地精神往来，与张远山一起读庄子》，董曦阳主持。

2020.8.13：上海百新书局视频直播（董曦阳主持）：独与天地精神往来，与张远山一起读庄子。

2020.8.16：张远山诉亚马逊信息服务（北京）有限公司在"Kindle"App中侵权传播张远山享有合法著作权的《庄子复原本注译》电子书。被告承认侵权，接受调解，赔偿张远山8万元。百一律师事务所陈少兰团队代理。

2020.9.22：《青铜之道》绪论一《饕餮纹天帝的两千年正名史》定稿，共三稿。

2020.9.30：《青铜之道》绪论二《"饕餮纹"天帝的六千年演变史》定稿，共三稿。

2020.10.1—11.17：《青铜之道》全书统改。

2020.10.16：上海百新书局张爱玲讲座（曾琼主持）：胡张情史，乱世孽缘。

2020.10.23：鉴于北京豆网科技有限公司拒绝在豆瓣网向张远山公开道歉，北京市第四中级人民法院强制执行，《人民法院报》今日第8版公开刊登了张远山诉豆瓣网名誉侵权的终审判决书。

2020.10.24：《上古至中古华夏天帝图像的生命力美学》演讲（《中华生命力美学建设与贾樟柯电影作品全国学术研讨会》首席嘉宾，上海财经大学吴炫教授邀请）。

2020.10.25—11.18：《青铜之道》前言《"饕餮纹"天帝是华夏图像的终极密码》，后记《欲读中国书，先识中国图》。●《青铜之道》定稿，交《社会科学论坛》主编赵虹（张平退休）连载全书，交天喜文化责任编辑王业云排版审校。

2020.11.23—30：《伏羲钟二十四节气图》。

2020.12.19：《老子》初始本经文校勘。●伏羲学费时八年（2013—2021）完成，重新启动《老子奥义》。

2020.12.27：《悼黄孝阳先生》。●庄学三书初版责编、作家黄孝阳突发疾病去世，年仅46岁。

2021.1.1：《2021新年寄语》。

2021.1.9：完成《老子》初始本经文校勘。

2021.1.10：开写《老子》初始本经文阐释。

2021.1.13—14：《沈公与我的未了文缘：追忆沈昌文先生》。

2021.2.7—24：修订《庄子复原本》第1版。

2021.2.10：张远山诉掌阅科技股份有限公司在"掌阅"App中侵权传播张远山享有合法著作权的5部文字作品《庄子奥义》、《寓言的密码》、《庄子传》、《文化的迷宫》、《永远的风花雪月，永远的附庸风雅》电子书。被告承认侵权，接受调解，赔偿张远山8万元。百一律师事务所陈少兰团队代理。

◆2021.2.20：与北京出版社签订《寓言的密码》、《思想真的有用吗》出版合同。乙方签字：安东。先知书店定制二书各300册，作为《张远山作品集》套装（赠张远山签名书签）。

2021.2.25：《庄子复原本》修订版序：《庄子》1.0版、2.0版失而复得记。●《庄子复原本》修订版定稿，交天喜文化责任编辑王业云排版审校（《青铜之道》延后出版）。

2021.4.4：《集〈庄子〉句吊新冠亡灵》。

2021.4.8：《人与墙》序言：《人与墙》的缘起。●《人与墙》定稿。

2021.6.1：《幼儿园的梦》。

2021.6.4：《放弃中考》。

■2021.7：天地出版社《庄子复原本》典藏版上市，1197页，定价248元。责编：王业云。校对：吴剑文。张远山定制喷边特装本1000套，喷边图案：仇英《南华秋水图》。

2021.7.16—17：鹏飞南溟：《庄子复原本》首发式暨庄学三书研讨会在三亚举行，天喜文化主办，游牧虎帆船酒店、南山书院协办。叶兆言、余世存、严锋、李更、孔见、蔡葩等作家，单正平、徐晋如、高小康、吴炫、闻中、资卫民、沈永鹏、夏双刃、郭丹曦、邹经等学者，董曦阳、黄小初、余玲、赵虹、吴剑文、王业云等出版界人士出席，李劼、吴励生、周实、刘齐、张平等作家学者书面致辞，多家媒体特派记者到场采访。会议期间同时举办张远山书展，展出了1999年至2021年出版的张远山20书36版本。

◆2021.7.22：与北岳文艺出版社签订《隐秘的战国真史》出版合同。

乙方签字：郭文礼。

2021.8.10—9.7:《老子奥义》上卷第一章:《老子生平之谜和〈老子〉成书之谜》初稿。

2021.8.19：开始《老子》初始本经文今译。

2021.8.31：全款购入嘉兴融创文旅城房产（嘉兴市海盐县武原街道鱼鳞塘路1717号柳岸阁15幢1001室），单价每平方米15863元，面积103平方米，总价165万。

■2021.9：北京出版社《寓言的密码》第4版、《思想真的有用吗》第1版上市，287页、288页，定价均为58元。责编：吴剑文。

2021.9.9：完成《老子》初始本经文阐释。

2021.9.28：完成《老子》初始本经文今译。

2021.9.29—11.6：完成《老子》初始本分章辨析。

2021.9—11：远山道场、庄子江湖《庄子复原本》、《寓言的密码》、《思想真的有用吗》签售、快递2000本。

2021.11.7:《良渚玉器图法解密》前言:《解密上古图法,追溯华夏基因》。

2021.11.8—12.5:《老子》初始本上经四十四章合稿，下经三十三章合稿。《老子奥义》下卷定稿。

◆2021.11.29：与王震坤签订合同，收藏王震坤为张远山《人类素描》所配100图原作。每图单价350元，百图总价35000元。

2021.12.6：续写《老子奥义》上卷第一章:《老子生平之谜和〈老子〉成书之谜》，至年底未完。

2021.12.29：张远山的个人公众号庄子江湖宣布：作家张远山聘请百一律师事务所陈少兰律师为知识产权维权法律顾问，今后所有知识产权侵权事务交由陈少兰律师团队全权风险代理。

2022.1.11：微信朋友圈视频直播（流丹主持）：庄学三书修订版。

2022.1.26：修改《外杂篇无一庄撰论》。

2022.1.27：修改《〈庄子〉三大版本及其异同》，修改《〈知北游〉精义》。

2022.1.28：修改《〈秋水〉精义》。

2022.1.29：修改《〈达生〉精义》。

2022.1.30：修改《〈山木〉精义》、《〈外物〉精义》。

2022.1.31（除夕）：修改《〈寓言〉精义》、《〈天下〉精义》。

2022.2.1：修改《老子：君人南面之术》、《庄子：内圣外王之道》。

2022.2.9：《老子奥义》上卷第一章:《老子生平之谜和〈老子〉成书之谜》定稿，共四稿。

2022.2.2—25：《庄子精义》余论三:《庄子学派与反庄派两千年博弈史》（应《庄子精义》责编吴剑文建议增补）。

◆2022.2.25：与北京出版社签订《庄子精义》、《通天塔》出版合同。乙方签字：刘仑。

2022.2.25：购入通河九村（昌鑫家园）65号101室。三室两厅两卫，115平方米（不计庭园40平方米），每平方米6.2万元，成交价720万元。另加增值税、交易费，实付768万元。

2022.2.26:《庄子精义》序言《道者万物之奥，德者宇宙之精》、跋语《天地有大美而不言》。●《庄子精义》增补定稿，交北京出版社编辑吴剑文排版审校。

2022.3.8:《天外人茅阿婷》。

◆2022.4.29：与北京出版社签订《张远山作品集》出版合同。乙方签字：刘仑。

2022.5—8：撰写《老子奥义》上卷四章。

2022.8.5：喜马拉雅十周年音频直播：上班孔子，下班庄子。嘉宾鲍鹏山，主持吴剑文。

2022.8.24：天一文化讲坛视频直播（张长征主持）：庄学三书修订版。

2022.8.27：出售通河九村（昌鑫家园）62号202室。127平方米，每平方米6.2万元，成交价795万元。扣除交易费，实得780万元。

2022.9.9—10.2:《老子奥义》上卷第二章:《老子》初始本的源代码是伏羲太极图（初稿）。

2022.9.16:《祭母文》。

2022.9.27—10.28：《青铜之道》特装本摩点众筹。第一天14分钟解锁两万档，众筹成功，附赠藏书票。第二天解锁五万档，加赠万舞纹书签一套四张。两周解锁八万档，加赠饕餮纹鼠标垫。三周解锁十万档，加赠饕餮纹书袋。789人下单1000余册，总金额126664.20元，完成众筹目标633.32%。

■2022.10：北京出版社《天地有大美而不言：庄子精义》第1版、《通天塔》二十年纪念版上市，491页、446页，定价均为78元。责编：吴剑文。张远山定制《通天塔》喷金特装本800册。

2022.10.6—12：《老子奥义》上卷第二章：《老子》初始本的源代码是伏羲太极图（二稿）。

2022.10.17—29：《老子奥义》上卷第三章：《老子》初始本的逻辑结构和义理层次（初稿）。

2022.10.24：《时命大谬》，余世存"生不逢时"征文。

2022.10.30—11.30：《老子奥义》上卷第四章：《老子》传世本的系统篡改和全面反注（初稿）。

■2022.12：天地出版社《青铜之道》第1版上市，450页，定价168元。责编：王业云。校对：吴剑文。喷边特装本2000册，专供摩点众筹特装本1000册，张远山定制1000册。

2022.12.1—29：《老子奥义》全书统稿。

2022.12.30：《老子奥义》序言《中国哲学突破第一人第一书》，跋语《〈老子〉天下第一》。●《老子奥义》定稿，交《社会科学论坛》编辑袁佳佳连载全书（赵虹退休），交天喜文化责编王业云排版审校。

■2023.1：北岳文艺出版社《隐秘的战国真史》第1版上市，316页，定价98元。责编：韩玉峰。

2023.1—2：远山道场、庄子江湖《青铜之道》、《庄子精义》、《通天塔》、《隐秘的战国真史》签售、快递3000本。

2023.2.21：安徽人民出版社2019年11月版郯德强《庄子传》（书号ISBN 978-7-212-10664-5）全面抄袭江苏文艺出版社2013年1月版张远山《庄子传》（书号ISBN 978-7-5399-5586-5），完成《郯德强抄袭张远山对比表》。

2023.3—4：装修通河九村（昌鑫家园）65号101室。修订《庄子传笺注本》（以《庄子传》第八稿之笺注为基础）。

2023.4.11：《庄子传笺注本凡例》。●《庄子传笺注本》修订定稿，笺注50万字压缩为30万字。

2023.4.12—4.25：修订《伏羲之道》初版五章，未完。

◆2023.4.26：与天地出版社天喜文化图书公司签订《老子奥义》出版合同。乙方签字：陈德。

2023.4.27—29：搬家前打包。赠送藏书4000余册给汪跃云（学术类）、杨勇（文学类）、夏双刃（签名本）等，保留伏老庄相关藏书1000余册。

2023.4.28—5.10：迁出通河九村（昌鑫家园）62号201室，入住宾馆。

2023.5.2：庄子江湖推出《迁居伏羲四季园小启》，敬告亲友。

【2023年5月以后，往返写作于：上海伏羲四季园，杭州中国美院宿舍】

2023.5.8：天一文化讲坛视频直播（张长征主持）：饕餮纹是如何形成的（新书《青铜之道》）。

2023.5.11：入住通河九村（昌鑫家园）65号101室，斋号"伏羲四季园"。

2023.5.3—6.5：《伏羲之道》初版五章修订完成。

2023.6.6：《伏羲之道》新增第六章《伏羲钟》完成。

2023.6.7：《伏羲之道》修订版序：《文有文法，图有图法》。●《伏羲之道》修订本定稿，新增2万字，新增20图，修改2图，增加附录三《伏羲学考察纲要》（2013.4.26）。

2023.6.8—7.4：修改哲学沉思录《人与墙》，编选小品文选集《路灯错觉》，编选人物论选集《数风流人物》，编选思想论选集《美丽新世界》。编定《张远山作品集》二十一卷，撰写各卷说明、各卷附录，整理《张远山写作总目》、《张远山发表、专访、讲座要目》、《张远山出版总目》。

2023.6.15：郏德强《庄子传》抄袭张远山《庄子传》案，在上海市静安区法院第一次庭审。案号：（2023）沪0106民初19236号。百一律师事务所陈少兰团队代理。

2023.6.17：开写《老子初始本演义》（以《老子奥义》第四稿所删史例为基础）。

2023.8.11—17：应中国美院闻中教授、姜珺教授之邀，参加中国美院"天问2：文明互鉴"考察，担任纪录片《文字从天上来》解说嘉宾。考察河南贾湖遗址及博物馆、河南郑州二里岗遗址及博物馆、山西陶寺遗址、河南濮阳西水坡遗址、河南偃师二里头遗址及博物馆、河南安阳殷墟遗址及博物馆、河南渑池安特生故居、河南陕县庙底沟遗址及博物馆、河南郑州大河村遗址及博物馆等，与各考古队队长、各博物馆馆长现场对话。

2023.8.20：上海丝享荟讲座：《封神》中的众神之神——饕餮纹天帝的形成与演变。

2023.9.6：安徽人民出版社承认该社2019年11月版郑德强《庄子传》（书号ISBN 978-7-212-10664-5）对江苏文艺出版社2013年1月版张远山《庄子传》（书号ISBN 978-7-5399-5586-5）构成侵权，承诺停止侵权，赔偿12万元，与张远山达成庭外和解。张远山对其撤销起诉。

2023.9.7：郑德强《庄子传》抄袭张远山《庄子传》案，在上海市静安区法院第二次庭审，郑德强拒不承认抄袭。案号：（2023）沪0106民初19236号。百一律师事务所陈少兰团队代理。

2023.10.27：郑德强《庄子传》抄袭张远山《庄子传》案判决，胜诉，判决郑德强赔偿张远山2.6万元。低于其抄袭所获3万元。被告拒不赔偿，申请强制执行仍不赔偿，被列入征信黑名单，限制高消费。

2023.11.1：受聘为中国美术学院客座教授。

2023.11.8：赴杭州参加中国美院95周年校庆"到源头饮水，与伟大同行"，演讲《夏商周明堂月令制度：天人合一》。

◆2023.11.15：与北岳文艺出版社补签《隐秘的战国真史》台湾繁体字版附加合同。乙方签字：郭文礼。

2023.11.17：张远山诉知网侵权案（第一阶段）一审开庭，诉知网侵权将张远山发表于《社会科学论坛》的论文《顺天应人，以人合天(上)——

夏商周礼玉制度及祭天、威仪、装饰玉器总论》、《顺天应人，以人合天(下)——夏商周礼玉制度及祭天、威仪、装饰玉器总论》收费下载（单篇下载费132元），胜诉。北京互联网法院按每千字赔偿100元标准，判决知网赔偿张远山5000元。知网不服，提起上诉。案号：（2022）京0491民初16267号。百一律师事务所陈少兰团队代理。

2023.11.24：担任中国美院客座教授，开设研究生通识选修课《上古图学》(每周四下午上课)。

◆ 2023.11.29：与北京华景时代文化传媒有限公司签订《庄子传笺注本》出版合同。乙方签字：田泳。

2023.12.18:《老子初始本演义》初稿完成。

2023.12.19:《老子初始本演义》二稿开始。

2024.1.6:《老子初始本演义》二稿完成。

2024.1.8:《老子初始本演义》三稿开始。

2024.1.11：2023—2024中国美院研究生通识选修课《上古图学》课程结束。

2024.1.18：编定《上古图学》学生论文选（三辑22篇）。

2024.1.21:《老子初始本演义》三稿完成。起草《跋语》。

2024.1.22—25：编定《张远山作品集》后七卷的每卷说明、相关附录。

2024.1.26：排版《上古图学》学生论文选（三辑23篇）。

2024.2.2—3.6:《先秦道术》备课PPT。

2024.3.7：作为中国美院客座教授，开设研究生通识选修课《先秦道术》(每周四下午上课)。

2024.3.19：张远山诉知网侵权案（第一阶段）二审判决，北京互联网法院维持一审原判。知网败诉，接受判决。案号：（2023）京73民终4019号。百一律师事务所陈少兰团队代理。

◆ 2024.3.12：与杭州蓝狮子图书公司签订《良渚文明5000年》出版合同。

2024.3.16：开写《公孙龙子奥义》。

◆2024.4.14：与天地出版社天喜文化图书公司签订《老庄风流：极简中国道家史》出版合同。乙方签字：陈德。

2024.4.25：2023—2024中国美院研究生通识选修课《先秦道术》课程结束。

2024.5—6：编辑《张远山作品集》各卷附录、总附录。《庄子传笺注本》、《良渚文明5000年》审校。

2024.6.18：撰写《〈庄子传笺注本〉出版前记》。

■2024.7：台湾崧博出版公司（崧烨文化）《你所不知的战国真史》(繁体字版)上市，339页，定价450新台币。发行人：黄振庭。

2024.8.30：河南鹿邑老子研究院《老子奥义》首发式暨讲座：中国哲学突破第一人第一书。老子研究院院长宋涛主持，天地出版社副社长、天喜文化总经理陈德、编辑部主任李博、责编王业云出席。受聘为老子研究院智库委员会研究员。

■2024.9：[成都]天地出版社《老子奥义》上市，511页，定价108元。责编：王业云。

2024.9：受聘为中国美术学院硕士生导师。

2024.9.28：上海交大讲座：老子的智慧密码。

2024.10.9：天一文化讲坛视频直播（张长征主持)：《老子》初始本与我们读过的《道德经》有什么不同。

2024.10.16：2024—2025中国美院研究生通识选修课《上古图学》课程开始（每周三下午上课）。

2024.10.28：张远山诉知网侵权案（第二阶段）判决，北京互联网法院裁定知网对张远山享有著作权的《伏羲之道》、《玉器之道》、《青铜之道》、《老庄之道》中收录的38篇文章供公众收费下载以及在线阅读，合计下载近万次。判令知网赔偿6万元，知网败诉，接受判决。案号：（2024）京0419民初15157号。

2024.11.15：中国美术学院南山大讲堂讲座（闻中主持):《老子》初始本，中国哲学突破第一人第一书。

2024.11.18：张伟根据《张远山作品集〈前言〉》最后一段，创作铜版画：雪山之巅仰望星空的花豹——张远山写作三十年纪念。吴剑文决定收入《张远山作品集》。

2024.11.22：修改《〈庄子传笺注本〉笺注凡例》。《庄子传笺注本》审校。

2024.11.23：上海交大讲座（上下午两场）：庄子的智慧密码。

2024.12.4：2024—2025中国美院研究生通识选修课《上古图学》课程结束。

2024.12.6—8：撰写《〈伏羲奥义〉出版前记》（伏羲学三书合订重版）。

2024.12.28—29：上海丝享荟讲座（四场）：1.伏羲的智慧密码，2.老子的智慧密码，3.庄子的智慧密码，4.伏老庄之道成就中华（主持刘德军）

2024.12：《张远山作品集》排版审校。

2025.1.7：撰写《张远山作品集》第十五卷《战国秘史》附录七《战国纪年厘正表》之《说明》。

2025.2.25：《张远山作品集》前言《我的三十年写作计划》、《张远山作品集》后记《感谢伏老庄之友支持》定稿。

2025.1—4：《张远山作品集》排版审校。

2025年2月25日

张远山发表、专访、讲座要目（1995—2025）

张远山从1977年起开始发表作品。1995年开笔之前发表作品统计不全。1995年开笔之后在全国400余家报刊开设专栏，发表作品上千篇，发表论文上百篇，大量报刊转载，大量书籍收录，书刊编者大多不告作者、不寄样报、不付转载费，难以精确统计。数十家报刊的专栏小品、专栏短文、专栏时评，也无必要详尽开列。今仅统计长期鼎力支持的两家重要刊物《书屋》、《社会科学论坛》发表的张远山作品总目，以及部分报刊、媒体、平台的张远山发表、专访、讲座要目。

一 《书屋》发表张远山作品总目

1995年夏创刊

【1996年2篇（双月刊）】
说"迁怒"（2）
诺阿诺阿：高更的"芳香土地"（6）

【1997年3篇（双月刊）】
《幻象》中的幻象：评叶芝《幻象》（1）

有尾巴和没尾巴的寓言（5）

永远的风花雪月，永远的附庸风雅（6）●署名"张子昂"。经读者投票，获1997年度第一届《书屋》奖。

【1998年1篇（双月刊）】

乏味的英雄和有趣的坏蛋：中国文学和影视为何如此乏味（6）●经读者投票，本文获1998年度第二届《书屋》奖。

【1999年6篇（双月刊）】

万千说法专栏1：被愚弄的兔子和被弄愚的乌龟（1）

万千说法专栏2：化腐朽为神奇的想入非非：论王小波（2）

万千说法专栏3：寻找替代：集体主义的游戏（3）

万千说法专栏4：吉卜赛情结：论钱钟书《围城》（4）

万千说法专栏5：理性的癌变：悖论（5）

万千说法专栏6：范文教学法（6）●经读者投票，本文获1999年度第三届《书屋》奖，坚辞。

【2000年8篇（改为月刊）】

万千说法专栏7：告别五千年（1）

万千说法专栏8：平面化的美丽新世界：一个现代故事（6）

齐人物论专栏1：散文上（6）●署名：庄周。本专栏由《书屋》主编周实建议我写，我邀请周泽雄、周实合撰，专栏名、署名均为我定。

齐人物论专栏2：散文下（9）

万千说法专栏9：公孙龙《指物论》奥义（9）●《人大复印资料·中国哲学》转载。

齐人物论专栏3：齐人物论：小说（10）

齐人物论专栏4：齐人物论：诗歌（11）

齐人物论专栏5：齐人物论：余论（12）●经读者投票，"齐人物论"专栏获2000年度第四届《书屋》奖。

【2001年4篇】

万千说法专栏10：跟随你自己、爱国的批评者（1）

万千说法专栏11：故事的事故·文化事故（2）

万千说法专栏12：故事的事故·教育事故（5）

万千说法专栏13：废铜烂铁如是说：读刘小枫《尼采的微言大义》（7—8合刊）

【2002年5篇】

树洞和针眼（1）●《书屋》编辑部重组。新编辑部不知"万千说法"为我个人专栏，本期"万千说法"专栏发表他人文章。我说明后，新编辑部取消了"万千说法"专栏。

《告别五千年》的五身段说（6）

巫风强劲的中国象形文化（7）

什么也没有也没有什么：写在诗集《独自打坐》出版之际（7）

人生如牌局（11）

【2003年5篇】

人与门（1）

中西思维层次之差异及其影响（3）●经读者投票，本文获2003年度第七届（最后一届)《书屋》奖。《人大复印资料·中国哲学》转载。

齐人物论专栏6：齐人物论增补上（5）●署名：张远山、周泽雄。

齐人物论专栏7：齐人物论增补下（7）●署名：张远山、周泽雄。

"考试悖论"试解（11）●《人大复印资料·逻辑》转载。

【2004年2篇】

颠倒众生的外国坏蛋：破解邱岳峰之谜兼及中国之谜（3）●本文被删一万字。

"江湖"的词源（5）●《人大复印资料·文化研究》转载。

【2005年3篇】

进入古典中国的五部经典（4）

间世异人资耀华（6）

欺世盗名的读经运动：兼及"文化保守主义"（7）●《人大复印资料·文化研究》转载。

【2006年，4篇】

《庄子奥义》01："时代精神"批判（1）●《人大复印资料·文化研究》转载。

《庄子奥义》02："文化"的对词：兼论"文化相对主义"与"文化保守主义"之误区（4）●本文被少量删改。《人大复印资料·文化研究》转载。

《庄子奥义》03：澄清"小大之辨"，彰显庄学四境：从郭象删改《庄子》说起（8）●本文被大量删改。《人大复印资料·中国哲学》转载。

《庄子奥义》04：战国大势与庄子生平（10）●本文被大量删改。《人大复印资料·先秦、秦汉史》转载。

【2007年2篇】

《庄子奥义》05：《逍遥游》奥义（1）●本文被大量删改，遂将《庄子奥义》全书移至《社会科学论坛》连载。《人大复印资料·中国古代、近代文学研究》转载。

《庄子奥义》序跋（11）

【2008年1篇】

关于《庄子奥义》引起的巨大争议（5）●原题《奥义既成，余书可废》，编辑改题。

【2010年2篇】

《庄子复原本注译》简介（9）

中华复兴的目标和进路：兼论中西文明的不同瓶颈及其突破（11）●《人大复印资料·文化研究》转载。

【2011年2篇】

以"王"僭"帝"的秦汉秘史：辛亥革命百年祭（上）（7）●《人大复印资料·先秦、秦汉史》转载。

以"王"僭"帝"的秦汉秘史：辛亥革命百年祭（下）（9）●《人大复印资料·先秦、秦汉史》转载。

【2012年2篇】

蝴蝶新梦：《超越时空的蝴蝶梦》续（7）

知人论世，鉴往知来：《庄子传》后记（11）

【2013年1篇+1评论】

求解《归藏》卦序，溯源华夏古道（1）

余世存：大年生存史观中的个人——读张远山《庄子传》（5）

【2014年1篇】

电影编剧一代奇才——读芦苇、王天兵对谈录《电影编剧的秘密》（3）

【2015年2篇】

由庄溯老，由老溯伏：《伏羲之道》《老庄之道》序言（7）

伏羲六十四卦和伏羲太极图的象数解密：《伏羲之道》要义简释（9）

【2018年1篇】

复原华夏知识总图，贯通华夏八千年史：《玉器之道》序跋（1）

1996—2018年，《书屋》发表张远山文章57篇50余万字（《人大复印资料》转载13篇），主要笔名张远山，曾用笔名张子昂、庄周（合署）等。

经读者投票，获得总共七届（1997—2003）的《书屋》年度读书奖之四届（1997，1998，2000，2003）。

二 《社会科学论坛》发表张远山作品总目

1999年创刊。

【2001年4篇（月刊）】

苏格拉底是否该死（2）●《人大复印资料·外国哲学》转载。

学问四题（4）：

一、入世·出世·间世

二、宁失言，勿失人

三、意、义小辨

四、所谓"伪书"

废铜烂铁如是说：读刘小枫《尼采的微言大义》（9）●《人大复印资料·外国哲学》转载。

思想真的有用吗（11）

【2002年1篇（月刊）】

哲学小说不同于文学小说的思维方式：关于《通天塔》的答客问（8）●《人大复印资料·中国现代、当代文学研究》转载。

【2003年2篇+3评论（月刊）】

权力魔方变形记（2）

关于"小资"和"愤青"的讨论（9）：

张远山：小资VS愤青

饶蕾：关于《小资VS愤青》

张远山：真愤青和假愤青——答饶蕾女士

饶蕾：对张远山先生《答复》一文的回应

丰良语：小资的标签

张远山：真小资和准小资——答丰良语先生

鹏归：怒老与愤青

【2004年3篇+1评论（月刊）】

●张桂华：读庄周《齐人物论》(1)

从赋比兴到整体象征（7）●《人大复印资料·中国古代、近代文学研究》转载。

秀才诉诸理，大兵诉诸力：对朱苏力的终极判词（10）

完美主义者（11）

【2005年1篇（月刊）】

自由常数和自由变数：对非自由社会的一种考察（5）●《人大复印资料·社会学》转载。

【2006年2篇+2访谈（月刊）】

从"密码"到"迷宫"：《寓言的密码》《文化的迷宫》序跋（1）

●燕舞专访张远山：裹着文学糖衣的哲学药丸（1）

秦都·秦祚·秦灭：先秦札记六则

一、秦有七都

二、"五畤"何祭

三、始皇生年与秦灭之年

四、秦祚几年

五、"谥法"小识

六、"九五"非尊（9）

●王天兵专访张远山：从庄子到塞尚——纪念塞尚逝世100周年（10）●《人大复印资料·造型艺术》转载。

【2007年7篇（月刊）】

《庄子奥义》01：《逍遥游》奥义：蕴涵四境的庄学"自由"论（3）●《人大复印资料·中国古代、近代文学研究》转载。

《庄子奥义》02：《齐物论》奥义：万物齐一的庄学"平等"论（4）●《人大复印资料·中国哲学》转载。

《庄子奥义》03：《养生主》奥义：身心兼养的庄学"人生"论（5）●《人大复印资料·中国哲学》转载。

《庄子奥义》04：《人间世》奥义：因应外境的庄学"处世"论（6）●《人大复印资料·中国哲学》转载。

《庄子奥义》05：《德充符》奥义：因循内德的庄学"葆德"论（7）●《人大复印资料·中国哲学》转载。

《庄子奥义》06：《大宗师》奥义：顺应天道的庄学"明道"论（8）●《人大复印资料·中国哲学》转载。

《庄子奥义》07：《应帝王》奥义：天人合一的庄学"至人"论（9）●《人大复印资料·中国哲学》转载。

【2008年10篇+9评论（月刊）】

《庄子奥义》08：庄学奥义的全息结构（1）●《人大复印资料·中国哲学》转载。

《庄子奥义》研讨会专辑10篇（2）：

●余世存：审美叙事和科学叙事的完美结合

●韩少功：穷溯其远，仰止其山

●单正平：《庄子奥义》贡献之大，非我所能衡估

●徐晋如：不奈卮言夜涌泉

●黄孝阳：打两千年中国学术最大的假

●叶兆言：如果刘文典遇到了张远山

●周实：张远山的"逍遥游"

●陈村：做成有逻辑的《庄子》

●毕飞宇：我对一本书的最好评价就是这本书像作者

●超越时空的蝴蝶梦：庄子与我的虚拟对话

《庄子精义》01：《知北游》精义（5）●《人大复印资料·中国哲学》转载。

《庄子精义》02：《秋水》精义（6）●《人大复印资料·中国哲学》转载。

《庄子精义》03：《达生》精义（7）●《人大复印资料·中国哲学》转载。

《庄子精义》04：《山木》精义（8）●《人大复印资料·中国哲学》转载。

《庄子精义》05：《外物》精义（9）●《人大复印资料·中国哲学》转载。

《庄子精义》06：《寓言》精义（10）●《人大复印资料·中国古代、近代文学研究》转载。

《庄子精义》07：《天下》精义（11）●《人大复印资料·中国古代、近代文学研究》转载。

《庄子精义》08："外杂篇"无一庄撰论（12）●《人大复印资料·中国古代、近代文学研究》转载。

【2009年1评论（月刊）】

●丁国强：精神氧吧里的自由呼吸——读张远山《庄子奥义》(4)

【2010年9篇（半月刊）】

《庄子精义》09：《庄子》三大版本及其异同（1）●《新华文摘》、《人大复印资料·中国哲学》转载。

《庄子复原本》01：《庄子》初始本编纂者魏牟论（2）●《人大复印资料·先秦、秦汉史》转载。

《庄子复原本》02：刘安版《庄子》大全本篇目考（3）●《人大复印资料·先秦、秦汉史》转载。

《庄子复原本》03：郭象所删《庄子》佚文概览（4）●《人大复印资料·中国古代、近代文学研究》转载。

《庄子复原本》04：庄周所撰《庄子》内七篇题解及辨析（13）●《人大复印资料·中国古代、近代文学研究》转载。

《庄子复原本》05：蔺且所撰《庄子》外篇五题解及辨析（14）●《人

大复印资料·中国古代、近代文学研究》转载。

《庄子复原本》06：庄门弟子所撰《庄子》外篇四题解及辨析（17）●《人大复印资料·中国古代、近代文学研究》转载。

《庄子复原本》07：刘安新增《庄子》外篇六题解及辨析（18）●《人大复印资料·中国古代、近代文学研究》转载。

《庄子复原本》08：刘安新增《庄子》杂篇十四、解说三题解及辨析（20）●《人大复印资料·中国古代、近代文学研究》转载。

【2013年5篇（月刊）】

《老庄之道》01：《老子》：君人南面之术（1）●《人大复印资料·中国哲学》转载。

《老庄之道》02：《庄子》：内圣外王之道（2）●《人大复印资料·中国哲学》转载。

《战国秘史》01：白狄中山、魏属中山秘史：兼驳《史记》"中山复国"谬说（4）●《人大复印资料·先秦、秦汉史》转载。

《战国秘史》02：西周国、东周国秘史（上）（11）●《人大复印资料·先秦、秦汉史》转载。

《战国秘史》03：西周国、东周国秘史（下）（12）●《人大复印资料·先秦、秦汉史》转载。

【2014年2篇+1评论（月刊）】

●吴励生：正本清源，天道绝对——张远山新庄学三书述评（2）

《伏羲之道》01：陶器之道，开天辟地（上）：上古四千年伏羲族历法史（3）●《人大复印资料·先秦、秦汉史》转载。

《伏羲之道》02：陶器之道，开天辟地（下）：上古四千年伏羲族历法史（4）●《人大复印资料·先秦、秦汉史》转载。

【2015年2篇（月刊）】

《伏羲之道》03：伏羲布卦，分卦值日（上）：伏羲氏创制神农归藏历前半程（9）●《人大复印资料·中国哲学》转载。

《伏羲之道》04：伏羲布卦，分卦值日（下）：伏羲氏创制神农归藏历后半程（10）●《人大复印资料·中国哲学》转载。

【2016年3篇+1评论（月刊）】

《伏羲之道》05：伏羲卦序探索史（1）●《人大复印资料·中国哲学》转载。《伏羲之道》全书连载完毕。

●李劼：全息思维的文化源起——评《伏羲之道》(8)

《玉器之道》01：华夏万字符是四季北斗合成符：万字符传播史（上）（11）

《玉器之道》02：华夏万舞是万字符之舞：万字符传播史（中）（12）●《人大复印资料·先秦、秦汉史》转载。

【2017年9篇（月刊）】

《玉器之道》03：华夏万字符万舞全球传播史：万字符传播史（下）（1）●《人大复印资料·先秦、秦汉史》转载。

《玉器之道》04：昆仑台传播史：解密华夏核心奥秘"昆仑之谜"（2）●《人大复印资料·先秦、秦汉史》转载。

《玉器之道》05：玉器三族，用管窥天：上古玉器族、中古夏商周观天玉器总论（3）●《人大复印资料·先秦、秦汉史》转载。

《玉器之道》06：黄帝轩辕，玉帝玄鼋：黄帝族祭天、威仪、装饰玉器总论（4）●《人大复印资料·先秦、秦汉史》转载。

《玉器之道》07：万字开天，天帝骑猪：南蛮族祭天、威仪、装饰玉器总论（5）●《人大复印资料·先秦、秦汉史》转载。

《玉器之道》08：融汇三族，下启三代：东夷族祭天、威仪、装饰玉器总论（6）●《人大复印资料·先秦、秦汉史》转载。

《玉器之道》09：龙山玉器，上古顶峰：龙山时代的玉器西传与文化融合（7）●《人大复印资料·先秦、秦汉史》转载。

《玉器之道》10：顺天应人，以人合天（上）：夏商周礼玉制度及祭天、威仪、装饰玉器总论（8）●《人大复印资料·先秦、秦汉史》转载。

《玉器之道》11：顺天应人，以人合天（下）：夏商周礼玉制度及祭天、威仪、装饰玉器总论（9）●《人大复印资料·先秦、秦汉史》转载。《玉器之道》全书连载完毕。

【2019年3篇（双月刊）】

《青铜之道》01：饕餮纹鼻部解密：鼻祖纹（4）●《人大复印资料·先秦、秦汉史》转载。

《青铜之道》02：饕餮纹角部面部解密：两龙纹（5）

《青铜之道》03：《山海经》对饕餮纹的神话表述：天帝珥两蛇乘两龙（6）

【2020年3篇（双月刊）】

《青铜之道》04：鼻祖纹衍生宗祖纹（2）

《青铜之道》05：两龙纹衍生肥遗纹（3）

《青铜之道》06：两龙纹衍生龙星纹（4）

【2021年5篇（月刊）】

《青铜之道》07：西周窃曲纹，源于太极图（1）

《青铜之道》08：春秋蟠螭纹，微型窃曲纹（2）

《青铜之道》09：战国蟠虺纹，微型蟠螭纹（3）

《青铜之道》10：饕餮纹天帝的两千年正名史（4）

《青铜之道》11：饕餮纹天帝的六千年演变史（5）●《青铜之道》全书连载完毕。

【2022年1篇+评论9篇（双月刊）】

鹏飞南溟：庄学三书研讨会专辑9篇（1）

●叶兆言：为什么张远山坐得住冷板凳＋假如刘文典遇到张远山

●余世存：张远山的历史定位

- 吴励生：当代新道家的经典奉献
- 高小康：让我们看到往昔——远山的慧眼
- 赵虹：神交二十年
- 徐晋如：庄子与李白与张远山
- 闻中：浑沌之死：理性解庄的现代意义
- 吴剑文：远山的思想与庄子的深度
- 吴炫：生命力·变化力·创造力——否定主义哲学问题下的庄子

《庄子精义》10：庄子学派与反庄派两千年博弈史（5）●《人大复印资料·先秦、秦汉史》转载。

【2023年6篇（双月刊）】

《老子奥义》01：上经《德经》绪论六章：侯王四型，人道四境（1）●《人大复印资料·中国哲学》转载。

《老子奥义》02：侯王正道十三章：侯王无为，百姓无不为（2）●《人大复印资料·中国哲学》转载。

《老子奥义》03：老子生平之谜和《老子》成书之谜（3）●《人大复印资料·中国哲学》转载。

《老子奥义》04：《老子》初始本的源代码是伏羲太极图（4）●《人大复印资料·中国哲学》转载。

《老子奥义》05：《老子》初始本的逻辑结构和义理层次（5）●《人大复印资料·中国哲学》转载。

《老子奥义》06：《老子》传世本的系统篡改和全面反注（6）●《人大复印资料·中国哲学》转载。

2001—2023年，《社会科学论坛》发表张远山论文78篇200余万字（《人大复印资料》转载57篇，《新华文摘》转载1篇）。全书连载张远山主要学术著作九部《庄子奥义》《庄子精义》《庄子复原本》《战国秘史》《老庄之道》《伏羲之道》《玉器之道》《青铜之道》《老子奥义》，绝大部分均为头条，均打封面要目。另有记者燕舞、作家王天兵的访谈2篇，韩少功、陈村、叶兆言、毕飞宇、周实、李劼、余世存、单正平、徐晋如、吴励生、高小康、赵虹、闻中、丁国强、吴剑文、吴炫、张桂华、黄孝阳等作家学者的评论26篇，其中10篇是2007年《庄子奥义》研讨会专辑、9篇是2021年庄学三书研讨会专辑。

三　其他报刊发表张远山作品要目

1995年第1期《当代作家评论》：张承志，一个旧理想主义者●《人大复印资料·中国现代、当代文学研究》转载。

2000年第3期《黄河》：理论影响历史——冷战及其攻略

2002年第9期《博览群书》：何必陷孔子于举世无友之绝境●《人大复印资料·中国哲学》转载。

2003年第8期《博览群书》：艰难的反叛和漫长的告别——八十年代上海民间诗歌运动一瞥●《人大复印资料·中国现代、当代文学研究》转载。

2005年第7期《博览群书》：天下人为何成了人下人●《人大复印资料·中国哲学》转载。

2008年第5期《中国图书评论》：被庙堂伪道遮蔽两千年的江湖真道——为毕来德的中国观作证

2011年第1期《名作欣赏》：《庄子复原本》之庄学四境●《人大复印资料·中国古代、近代文学研究》转载。

2011年第3期《名作欣赏》：《庄子复原本》之庄学三义●《人大复印资料·中国古代、近代文学研究》转载。

2011年第5期《名作欣赏》：内七篇的"息黥补劓"宗旨●《人大复印资料·中国古代、近代文学研究》转载。

2015年12月22日微信公众号庄子江湖：冬至为何如此重要

2016年1月15日《文汇报》：腊八初义

2016年3月16日《文汇报》：围棋源于伏羲六十四卦

2016年5月19日《深圳特区报》：西周太极图源于伏羲太极图

2016年12月10日微信公众号庄子江湖：二十四节气唯一正解

2017年5月12日《文汇报》：昆仑神话源于伏羲天文台

2017年5月《读者》伏羲祭祀大典特刊：伏羲文化：中华文明的源头

2018年2月6日—5月11日：《文汇报》App连载良渚系列13篇

2月6日：良渚神徽图法解密：天帝骑猪巡天图

2月14日：良渚神徽的两大神像解密：北极天帝，北斗猪神

2月21日：良渚祭天玉琮的图法解密

3月2日：良渚威仪玉器的图法解密

3月7日：良渚神徽的替代符号：帝星纹

3月14日：良渚神徽的后世演变：夏商周饕餮纹

3月23日：夏商周饕餮纹天帝的图法解密：北极天帝"帝俊"

3月28日：北斗猪神的人间对应：天子对位北斗猪神

4月4日：良渚神徽的前世法身：四季北斗绕极符（万字符）

4月11日：华夏祭天乐舞"万舞"解密：万字符之舞

4月18日：全球萨满舞解密：华夏万舞及其三大舞姿传遍全球

4月25日：中国龙的终极源头：苍龙七宿

5月11日：麒麟的终极源头：北方七宿

四　张远山专访要目

1999年5月1日北京电视台专访：新书《寓言的密码》

2000年5月23日中华读书网记者翁昌寿专访：关于余秋雨与"石一歌"

2000年12月29日云南人民广播电台"书海扬帆"主持人孙云燕专访：新书《齐人物论》

2001年1月6日台湾《网与书》杂志专访：世纪之交谈出版

2001年8月29日《羊城晚报》记者熊育群专访：中国作家：谁能跨过世纪门槛（《齐人物论》专版）

2002年2月27日《中华读书报》记者舒晋瑜专访：他们为什么要做不领工资的作家

2002年3月15日答榕树下网友"小农民"问：中国批评家为什么害怕得罪同一个地方的人（关于《齐人物论》）

2002年12月6日《南方日报》记者李平专访：只有诗歌才能疗救时代的粗俗（新书《汉语的奇迹》）

2004年6月15日《钱江晚报》记者裴建林专访:《齐人物论》：文学批判可以当"枪"使（关于《齐人物论》新版）

2005年11月4日《新京报》记者张彦武专访：张远山：走出文化的迷宫

2006年第1期《社会科学论坛》记者燕舞专访：张远山：裹着文学糖衣的哲学药丸

2006年12月11日《中国青年报》记者刘玉海专访:"乞讨作家"退出作协，引发文坛新一轮争锋

2007年11月16日《珠海特区报》记者李更专访：抉发《庄子》奥义，探究中国之谜

2007年12月26日天涯网站在线访谈：新书《庄子奥义》

2008年1月21日《新商报》记者关军专访：张远山：没有庄子，就不会有中国唐宋时期的灿烂文化（新书《庄子奥义》）

2008年1月26日《广州日报》记者赵琳琳专访：张远山:《庄子》被误读千余年?（新书《庄子奥义》）

2010年第10期《投资有道》记者鲁刚专访：复原《庄子》与中华道术的正本清源（新书《庄子复原本注译》）

2010年第10期《社会科学论坛》王天兵专访：从庄子到塞尚——纪念塞尚逝世100周年

2013年4月1日《深圳商报》记者谢晨星专访：庄子是中国第一个现代人（新书《庄子传》）

2013年8月18日深圳电视台专访：伏羲学讲座

2015年8月22日中国联通沃阅读专访：新书《伏羲之道》《老庄之道》

2018年10月27日"老沈一说"沈永鹏专访：新书《玉器之道》

2018年11月12日《青岛日报》记者薛原专访：玉器里的中国文明源代码（新书《玉器之道》）

2019年7月29日"老沈问典"沈永鹏专访：庄子的BUG

2019年8月16日"老沈问典"沈永鹏专访：13万小时读书经验分享

2020年3月23日《海南日报》记者杨道专访：《庄子》：文哲合璧，宏阔视野（新版庄子二书）

2020年4月8日中国国际广播电台周微专访：庄子三书，走进庄子的精神世界（新版庄子二书）

2020年4月13日《青岛日报》记者薛原专访：大时代的精神探寻者（新版庄子二书）

2020年4月28日《晶报》记者段凤英专访：张远山：反思疫情，要从庄子说起（新版庄子二书）

2024年9月1日《郑州日报》记者彭茜雅专访：道心之旅：张远山与先秦哲学的深度对话（新书《老子奥义》）

五　张远山讲座要目

2011年10月7日深圳少儿图书馆：老子：君人南面之术（主持吴洁）

2011年10月16日深圳少儿图书馆：庄子：内圣外王之道（主持吴洁）

2013年8月18日深圳幸福大讲堂：伏羲文化：中华文明的源头（主持吴洁）

2014年6月5日广东顺德何享健基金会：华夏八千年"泰和"文化探源（主持汪跃云）

2014年7月19日—20日江西景德镇：由庄溯老，由老溯伏（主持章武）

2015年8月22日上海书城：《伏羲之道》《老庄之道》首发式暨讲座（主持杨云辉）

2015年8月26日—29日海南三亚游牧虎帆船俱乐部：张远山写作二十

年庆典：伏老庄讲座（主持高宏）

    2016年4月9日苏州大成律师事务所：老庄之道与礼法之术（主持朱辉）

    2016年5月21日上海五观堂FSDC俱乐部：上班孔子，下班庄子（主持高宏）

    2016年6月21日上海陆家嘴论坛：上班孔子，下班庄子（主持高宏）

    2018年9月24日远山道场：新书《玉器之道》讲座：远山道场中秋答问（主持杨勇）

    2018年10月1日上海嘉定：新书《玉器之道》讲座（嘉宾严锋）

    2018年10月5日广东顺德文筑书店：新书《玉器之道》讲座：玉器之道与古代中国的知识、思想、信仰（主持汪跃云）

    2018年10月6日广东顺德何享健基金会：新书《玉器之道》讲座：和园之和与华夏天道文化（主持汪跃云）

    2019年11月30日上海财经大学"先天八卦的当代阐释"全国高层论坛：伏羲先天八卦的天文起源和历法初义（主持吴炫）

    2019年12月8日海南三亚"朱雀涅槃——南方文化空间的历史与未来"全国研讨会：华夏万字符、万舞的天文解秘和全球传播（主持单正平）

    2019年12月28日远山道场：庄子二书新版讲座：庄子是中国第一渔父（主持杨勇）

    2020年8月12日上海书展：庄学二书签售讲座：独与天地精神往来，与张远山一起读庄子（主持董曦阳）

    2020年8月13日上海百新书局：庄学二书新版直播（主持董曦阳）

    2020年10月16日上海百新书局：张爱玲的下午茶：胡张情史，乱世孽缘（嘉宾淳子，主持曾琼）

    2020年10月24日山西太原"生命力美学"全国研讨会：上古至中古华夏天帝图像的生命力美学——《山海经》对饕餮纹的宗教神话阐释（主持吴炫）

    2021年7月17日海南三亚庄学三书研讨会：伏羲学简介（主持董曦阳）

    2022年1月11日微信视频号：庄学二书新版直播（主持流丹）

    2022年8月5日喜马拉雅十周年庆：上班孔子，下班庄子（嘉宾鲍鹏山，

主持吴剑文）

2022年8月24日河南郑州天一文化讲坛：天地有大美而不言：庄学三书（主持张长征）

2023年5月8日河南郑州天一文化讲坛：饕餮纹是如何形成的（主持张长征）

2023年8月20日上海丝享荟:《封神》中的众神之神（主持李博）

2023年11月11日中国美院95周年校庆：夏商周明堂月令制度：天人合一（主持姜珺）

2023年11月17日浙江工商大学商学院（桐庐）：夏商周明堂月令制度：天人合一（主持孙功达）

2023年11月23日中国美院（杭州):《上古图学》第一讲：上古图学概论：上古华夏陶玉四族和陶玉图法（主持姜珺）

2023年11月30日中国美院（杭州):《上古图学》第二讲：上古四千年陶器图法：帝俊开天辟地，伏羲一画开天

2023年12月7日中国美院（杭州):《上古图学》第三讲：上古四千年玉器图法：万字四斗指时，玉帝骑猪巡天

2023年12月14日中国美院（杭州):《上古图学》第四讲：中古两千年青铜图法：饕餮纹＝天帝乘龙巡天

2023年12月21日中国美院（杭州):《上古图学》第五讲：陶玉铜图法（上）：图像中的华夏天文历法体系

2023年12月28日中国美院（杭州):《上古图学》第六讲：陶玉铜图法（中）：图像中的华夏宗教神话体系

2024年1月4日中国美院（杭州):《上古图学》第七讲：陶玉铜图法（下）：图像中的华夏图书文字体系

2024年1月11日中国美院（杭州):《上古图学》第八讲：华夏全境区域文化总览：天人合一的夏商周明堂月令制度

2024年3月7日中国美院（杭州):《先秦道术》第一讲：华夏古道概论：道家源于史官，儒家源于礼官

2024年3月14日中国美院（杭州):《先秦道术》第二讲：先秦道术起

源：老子继承伏羲，中国哲学突破

2024年3月21日中国美院（杭州）：《先秦道术》第三讲：先秦道术破晓：《老子》初始本，君人南面之术

2024年3月28日中国美院（杭州）：《先秦道术》第四讲：先秦道术巅峰：庄子继承老子，内圣外王之道

2024年4月11日中国美院（杭州）：《先秦道术》第五讲、第六讲：《庄子》复原本，内七篇道术，外杂篇道术

2024年4月18日中国美院（杭州）：《先秦道术》第七讲：庄子道术传承：庄子学派主导中国文化两千年（上）

2024年4月25日中国美院（杭州）：《先秦道术》第八讲：庄子道术影响：庄子学派主导中国文化两千年（下）

2024年8月30日河南鹿邑老子学院：《老子奥义》首发式暨讲座：《老子》初始本要义——中国哲学突破第一人第一书（主持宋涛）

2024年9月28日上海交大：老子的智慧密码（主持顾菡）

2024年10月16日中国美院（杭州）：《上古图学》第一讲：上古图学概论：上古华夏陶玉四族和陶玉图法

2024年10月23日中国美院（杭州）：《上古图学》第二讲：上古四千年陶器图法：帝俊开天辟地，伏羲一画开天

2024年10月30日中国美院（杭州）：《上古图学》第三讲：上古四千年玉器图法：万字四斗指时，玉帝骑猪巡天

2024年11月6日中国美院（杭州）：《上古图学》第四讲：中古两千年青铜图法：饕餮纹＝天帝乘龙巡天

2024年11月13日上海交大：庄子的智慧密码（上午、下午，主持顾菡）

2024年11月15日中国美院南山大讲堂（杭州）：《老子》初始本，中国哲学突破第一人第一书（主持闻中）

2023年11月20日中国美院（杭州）：《上古图学》第五讲：陶玉铜图法（上）：图像中的华夏天文历法体系

2023年11月23日中国美院（杭州）：《上古图学》第六讲：陶玉铜图法（中）：图像中的华夏宗教神话体系

2024年11月27日中国美院（杭州）:《上古图学》第七讲：陶玉铜图法（下）：图像中的华夏图书文字体系

2024年12月4日中国美院（杭州）:《上古图学》第八讲：华夏全境区域文化总览：天人合一的夏商周明堂月令制度

2024年12月28—29日上海丝享荟：1.伏羲的智慧密码，2.老子的智慧密码，3.庄子的智慧密码，4.伏老庄之道成就中华（主持刘德军）

2025年春中国美院（杭州）:《先秦道术》第一讲至第八讲（细目略）

张远山出版总目 （1999—2025）

【编号01】

1999年4月，[长沙]岳麓书社：寓言的密码

第1版，平装。7.375印张，223页，180千字，定价12元。印数5000册。责编：吴泽顺

书号：ISBN 7-80520-958/I·452

【编号02】

1999年7月，[上海]上海文化出版社：人文动物园。王俭配图

第1版，平装。6.5印张，201页，135千字，定价13元。4刷累计印数16500册。责编：陈鸣华

书号：ISBN 7-80646-068-3/I·252

入选教育部"中学生课外读物100种"

【编号03】

1999年7月，[上海]上海文化出版社：人类素描。王震坤配图

第1版，平装。7.125印张，221页，149千字，定价14元。4刷累计印数20600册。责编：陈鸣华

书号：ISBN 7-80646-066-7/I·250

入选教育部"中学生课外读物100种"

【编号04】

1999年12月，[上海]上海三联书店：永远的风花雪月，永远的附庸风雅

第1版，平装。10印张，301页，184千字，定价15元。印数5000册。

责编：邱红

书号：ISBN 7-5426-1282-4/I·163

【编号05】

2001年1月，[上海]上海文艺出版社：齐人物论

张远山、周泽雄、周实合著，署名：庄周

第1版，平装。5.875印张，179页，123千字，定价12元。印数10000册。

责编：赵南荣

书号：ISBN 7-5321-2190-9/I·1769

入选《南方周末》2001年度中国十大好书

【编号06】

2001年2月，[上海]上海文化出版社：人文动物园。王俭配图

第2版，平装。6.5印张，201页，135千字，定价15元。印数不详，专供贝塔斯曼读书俱乐部，不付作者版税。责编：陈鸣华

书号：ISBN 7-80646-068-3/I·252

【编号07】

2001年2月，[上海]上海文化出版社：人类素描。王震坤配图

第2版，平装。7.125印张，221页，149千字，定价17元。印数不详，专供贝塔斯曼读书俱乐部，不付作者版税。责编：陈鸣华

书号：ISBN 7-80646-066-7/I·250

【编号08】

2001年4月，[长沙]岳麓书社：寓言的密码

第2版，平装。7.75印张，223页，180千字，定价13.8元。印数5000册。

责编：吴泽顺

书号：ISBN 7-80520-958-8/I·452

【编号09】

2001年5月，[上海]上海文化出版社：故事的事故。张岚、王怡君、蔡静雯配图

第1版，平装。8.25印张，256页，231千字，定价16元。2刷累计印数10200册。责编：孙欢

书号：ISBN 7-80646-297-X/I·329

【编号10】

2001年9月，[沈阳]春风文艺出版社：吊驴子文

第1版，平装。8.5印张，272页，160千字，定价15元。印数8000册。责编：常晶

书号：ISBN 7-5313-2367-2/I·2070

【编号11】

2002年1月，[北京]中国工人出版社：通天塔

第1版，平装。11.5印张，308页，290千字，定价22.8元。首印9000册，加印5000册，累计印数14000册。责编：岳建一

书号：ISBN 7-5008-2624-9

【编号12】

2002年3月，[台北]海鸽出版社：人文动物园（上册）。王俭配图

简体字版，平装。159页，定价149新台币。印数5000册。发行人：罗清维

书号：ISBN 957-9218-52-8

【编号13】

2002年3月，[台北]海鸽出版社：人类素描（上册）。王震坤配图

简体字版，平装。159页，定价149新台币。印数5000册。发行人：罗清维

书号：不详

【编号14】

2002年5月，[昆明]云南人民出版社：独自打坐

第1版，平装。5.125印张，152页，110千字，定价12元。印数4000册。责编：周非

书号：ISBN 7-222-03457-9

【编号15】

2002年5月，[昆明]云南人民出版社：汉语的奇迹

第1版，平装。6.75印张，198页，148千字，定价16元。印数4000册。责编：周非

书号：ISBN 7-222-03459-5

【编号16】

2002年6月，[西安]西北大学出版社：告别五千年。北京正源图书公司代理出版

第1版，平装。11.75印张，360页，180千字，定价22元。印数10000册。责编：张弘

书号：ISBN 7-5604-1693-4/K203-53

【编号17】

2002年6月，[台北]海鸽出版社：动物的寓言（《人文动物园》下册）。王俭配图

简体字版，平装。175页，定价149新台币。印数5000册。发行人：罗

清维

书号：ISBN 957-9218-75-7

【编号18】

2002年6月，[台北]海鸽出版社：人的寓言（《人类素描》下册）。王震坤配图

简体字版，平装。175页，定价149新台币。印数5000册。发行人：罗清维

书号：ISBN 957-9218-61-7

【编号19】

2002年6月，[台中]好读出版社：寓言的密码

繁体字版，平装。314页，定价230新台币。印数5000册。责编：石良德

书号：ISBN 957-455-191-1

【编号20】

2003年8月，[珠海]珠海出版社：永远的风花雪月，永远的附庸风雅

第2版，平装。8.625印张，265页，194.5千字，定价15元。印数5000册。责编：李向群

书号：ISBN 7-80689-066-1/I·428

【编号21】

2004年5月，[长沙]湖南文艺出版社：齐人物论

张远山、周泽雄、周实合著，署名：庄周

图文增补第2版，平装。11.3125印张，346页，200千字，定价25.9元。印数20000册。责编：谢不周、薛健、张辉、李永平

书号：ISBN 7-5404-3264-0/I·2057

【编号22】

2005年8月，[上海]复旦大学出版社：寓言的密码：轴心时代的中国思想探源

第3版，平装。8.25印张，255页，200千字，定价18元。印数5100册。

责编：宋文涛

书号：ISBN 7-309-04572-6/B·237

【编号23】

2005年8月，[上海]复旦大学出版社：文化的迷宫：后轴心时代的中国历史探秘

第1版，平装。8.125印张，254页，196千字，定价18元。印数5100册。

责编：宋文涛

书号：ISBN 7-309-04600-5/I·325

【编号24】

2006年8月，[上海]少年儿童出版社：人文动物园。吴蓉蓉配图

第3版，平装。7.75印张，230页，130千字，定价16元。印数8000册（未计捐赠）。责编：靳琼

书号：ISBN 7-5324-7051-2

入选教育部"捐赠贫困地区中小学优秀课外读物计划"，作者放弃捐赠之书版税

【编号25】

2006年8月，[上海]少年儿童出版社：人类素描。吴蓉蓉配图

第3版，平装。8.5印张，254页，140千字，定价16元。印数8000册（未计捐赠）。责编：靳琼

书号：ISBN 7-5324-7050-4

入选教育部"捐赠贫困地区中小学优秀课外读物计划"，作者放弃捐赠之书版税

【编号 26】

2008年1月，[南京]江苏文艺出版社：庄子奥义

第1版，平装。22印张，338页，340千字，定价26元。印数10000册。

责编：黄孝阳

　书号：ISBN 978-7-5399-2698-8

【编号 27】

2010年8月，[南京]江苏文艺出版社：庄子复原本注译（上、中、下三册）

第1版，平装。67印张，1056页，995千字，定价98元。印数5000套。

责编：黄孝阳

　书号：ISBN 978-7-5399-3606-2

【编号 28】

2013年1月，[南京]江苏文艺出版社：庄子传：战国纵横百年纪（上、下二册）

第1版，平装。20.875印张，661页，470千字，定价48元。印数10000套。责编：黄孝阳

　书号：ISBN 978-7-5399-5586-5

【编号 29】

2015年8月，[长沙]岳麓书社：老庄之道：道家哲学讲演录

第1版，平装。14印张，218页，220千字，定价39元。印数8000册。

责编：杨云辉

　书号：ISBN 978-7-5538-0367-8/B·146

【编号 30】

2015年8月，[长沙]岳麓书社：伏羲之道（解密华夏文化总基因）

第1版，精装。19.5印张，306页，308千字，定价68元。印数6000册。

责编：杨云辉

书号：ISBN 978-7-5338-0369-2/K・424

【编号31】

2018年8月，[北京]中华书局：玉器之道：解密中国文明源代码

第1版，精装。34.25印张，532页，442千字，定价136元。首印3000册，加印1000册，累计印数4000册。责编：葛洪春，特约编辑：王业云

书号：ISBN 978-7-101-13397-4

【编号32】

2020年2月，[成都]天地出版社：独与天地精神往来：庄子奥义

《庄子奥义》第2版，精装。28.5印张，419页，435千字，定价78元。4刷累计印数13000册。张远山定制毛边本300册。责编：王业云

书号：ISBN 978-7-5455-5357-4

【编号33】

2020年2月，[成都]天地出版社：相忘于江湖：庄子与战国时代

《庄子传》第2版，精装。38.5印张，616页，587千字，定价108元。3刷累计印数12000册。张远山定制毛边本300册。责编：王业云

书号：ISBN 978-7-5455-5313-0

【编号34】

2021年7月，[成都]天地出版社：庄子复原本（上、下二册）

《庄子复原本注译》第2版，精装。76.5印张，1197页，1200千字，定价248元。首印4000套，2刷3000套，3刷300套，4刷500套，累计印数7800套。张远山定制页边喷绘仇英《南华秋水图》特装本1000套。责编：王业云

书号：ISBN 978-7-5455-6369-6

【编号35】

2021年9月，[北京]北京出版社：寓言的密码：先秦诸子读法

第4版，平装。9.5印张，287页，180千字，定价58元。印数5000册。

责编：吴剑文

　书号：ISBN 978-7-200-14712-4

【编号36】

2021年9月，[北京]北京出版社：思想真的有用吗（张远山二十年文选）

第1版，平装。9.375印张，288页，195千字，定价58元。印数5000册。

策划、选编、责编：吴剑文

　书号：ISBN 978-7-200-16433-6

【编号37】

2022年10月，[北京]北京出版社：天地有大美而不言：庄子精义

第1版，锁线装。15.625印张，491页，370千字，定价78元。印数5000册。张远山定制封面特制本800册。责编：吴剑文

　书号：ISBN 978-7-200-17330-7

【编号38】

2022年10月，[北京]北京出版社：通天塔

二十年纪念版，精装。14.25印张，446页，245千字，定价78元。印数5000册。张远山定制页边喷金特装本800册。责编：吴剑文

　书号：ISBN 978-7-200-17367-3

【编号39】

2022年12月，[成都]天地出版社：青铜之道：解密华夏天帝饕餮纹

第1版，精装。29印张，450页，464千字，定价168元。印数5000册。张远山定制页边喷金青铜纹样特装本1000册。摩点众筹定制页边喷金青铜纹样特装本+文创1050册。责编：王业云

　书号：ISBN 978-7-5455-7217-9

【编号40】

2023年1月，[太原]北岳文艺出版社：隐秘的战国真史

第1版，精装。20.75印张，316页，305千字，定价98元。印数5000册。

责编：韩玉峰

　书号：ISBN 978-7-5378-6644-6

【编号41】

2024年7月，[台北]崧博出版公司：你所不知的战国真史

繁体字版，平装。339页，定价450新台币。印数不详。发行人：黄振庭

　书号：ISBN 978-626-394-565-4

【编号42】

2024年9月，[成都]天地出版社：老子奥义

第1版，精装。33印张，511页，503千字，定价108元。首印5000册，

加印3000册。责编：王业云

　书号：ISBN 978-7-5455-8337-3

《张远山作品集》总篇目

《张远山作品集》前言　我的三十年写作计划

文学七卷　第一个写作十年（1995夏—2005夏）

第一卷　小说：通天塔（1990）

楔子

一　月曜日之梦

二　火曜日之梦

三　水曜日之梦

四　木曜日之梦

五　金曜日之梦

六　土曜日之梦

七　日曜日之梦

尾声

跋语

相关附录

第二卷　动物小品集：人文动物园（1993—1999）

序言　没有故事的寓言

一　虫类（上）

蝴蝶/蜗牛/苍蝇/蟑螂/蚊子/虱子/螳螂/蜻蜓/蜘蛛/蜜蜂

二　虫类（下）

蚂蚁/蝗虫/蟋蟀/蝎子/跳蚤/知了/应声虫/网虫/珊瑚虫/蛇

三　羽族（上）

鸵鸟/鹰/秃鹫/天鹅/鹅/鸭子/鸡/孔雀/鸬鹚/鹭鸶

四　羽族（下）

夜莺/云雀/鹦鹉/杜鹃/鸳鸯/燕子/啄木鸟/乌鸦/喜鹊/麻雀

五　水族

比目鱼/金鱼/螃蟹/虾米/青蛙/鳄鱼/鲨鱼/海豚/鲸鱼/章鱼

六　食草族

马 / 斑马 / 驴子 / 骡子 / 骆驼 / 长颈鹿 / 梅花鹿 / 牛 / 犀牛 / 羊

七　食肉族

狮子 / 老虎 / 猎豹 / 熊 / 狼 / 狗 / 狐狸 / 乌龟 / 变色龙 / 恐龙

八　中国动物

龙 / 凤凰 / 神龟 / 饕餮 / 仙鹤 / 狐仙 / 蚕 / 精卫鸟 / 鲲鹏 / 熊猫

九　猫鼠同穴

猫 / 猫头鹰 / 黄鼠狼 / 老鼠 / 鼹鼠 / 旅鼠 / 袋鼠 / 蝙蝠 / 紫貂 / 刺猬

十　另类动物

家猪 / 野猪 / 豪猪 / 猴子 / 猩猩 / 克隆人 / 兔子 / 鸽子 / 大象 / 上帝

人文小品集：人类素描（1993—1999）

序言　人之异于禽兽者

一　感官的人

手 / 脚 / 眼睛 / 鼻子 / 嘴巴 / 耳朵 / 皮肤 / 身体 / 毛发 / 超感

二　阶段的人

孩子 / 少女 / 青年 / 少妇 / 中年男子 / 中年妇女 / 老处女 / 寡妇 / 老太太 / 老头子

三　情感的人

迁怒的人 / 不满的人 / 敬爱的人 / 不讨厌的人 / 一见钟情的人 / 嫉妒的人 / 自恋的人 / 焦虑的人 / 怜悯的人 / 寂寞的人

相关附录

第三卷 小品文选集：路灯错觉（1993—2022）

第一辑 读书小品

读书的幸福/地须再游，书要重读/经典与名著/书史三千年/我爱评书，
不爱书评/时文三种/三种作家的不同命运/林语堂论读书/李笠翁论饮
食/金圣叹批《水浒》/重读《水浒》找纰漏/古今庄学之友/从《四愁诗》
到《我的失恋》/鲁迅的恋爱昏招/鲁迅论九十年代/孔乙己的站与坐/
母爱的力量/思维对称与心理平衡/中华吃药简史/文人之气/独赴孤岛，
愿携何书

第二辑 寓言小品

中西寿夭/伤心近代史/正反媚俗/夸父与影子/沙漠中的荷马/吊驴子文/
驴子小传/狐狸别传/猴子外传/狮子正史/狼的野史/兔子与刺猬的赛跑/
刺猬与狐狸/乏味的好人/礼物的怪圈/皇帝的口才与文才/好皇帝与坏
皇帝/博尔赫斯式逆转/抢椅子/无肠公子飞升经/先驱们，悠着点

第三辑 思想小品

路灯错觉/故事家与道理家/完美主义者/大师现形记/成名综合症/失败
是成功之母/成功是失败之父/山峰与山谷/小资与愤青/石头与陶罐/我
们都是木头人/诗朗诵中的伪抒情/文章劣选法/第十名现象/致命的盲
点/两张新闻照片/学而不行谓之病/出世·入世·间世/福轻乎羽，祸重
乎地/孟浪之言，妙道之行/勇士一人，雄入九军

哲学沉思录：人与墙（1995—2005）

序言　《人与墙》的缘起

人与墙

人与门

人与窗

人与路

人与城

人与塔

人与器

人与镜

人与舞

人与言

人与诗

人与风

人与天

人与山

人与牌

第四卷　诗集：独自打坐（1981—1991）

序诗　独自打坐

第一辑　没有什么

思念 / 夏籁 / 夜曲 / 歌 / 车站 / 中秋——南归的列车 / 舞会 / 就这样 / 你的
歌声 / 战栗 / 没有什么 / 仲夏夜之梦 / 五朔节之歌 / 告别诗歌 / 我的歌声 /
梦的丛林 / 植物人 / 你盯着墙上的斑点想的是 / 和歌 / 流浪是城市的永恒
渴望 / 对酒当歌 / 捉迷藏

第二辑　天上的美宴

雾中行 / 假如 / 命运 / 造句练习 / 九九艳阳天 / 希望 / 邂逅 / 太阳的梦痕 /
地球的肖像 / 脱帽吧先生们 / 天上的美宴 / 神秘的八点十七分 / 内心独白 /
红色山谷 / 你就要归来 / 诗人之死 / 小街 / 寓言 / 手语 / 佛手 / 魔手 / 等雪
/ 远远的青山 / 卡农练习 / 难以想象 / 命名

第三辑　废墟上的太阳

废墟上的太阳 / 祖先之歌 / 三代故事 / 昨天之歌 / 死神和影子的舞蹈 / 虚拟
语气

跋诗　告别辞

相关附录

相关附录一　从《独自打坐》到《通天塔》——坐着时间魔毯飞行
相关附录二　《独自打坐》简介——什么也没有也没有什么

诗歌评论集：汉语的奇迹（1984—2018）

文学评论集：齐人物论（2000—2003）

百年散文名家（上）

巴金《随想录》/王了一《关于胡子的问题》/王小波《思维的乐趣》/王
朔《我看金庸》/韦君宜《编辑的忏悔》/北岛《朗诵记》/龙应台《小城
思索》/刘小枫《记恋冬妮娅》/李辉《沧桑看云》/朱大可《抹着文化口红
游荡文坛》/朱光潜《"慢慢走，欣赏啊！"》/陈丹燕《上海的风花雪月》/
陈村《意淫的哀伤》/沈从文《一个多情水手与一个多情妇人》/邵燕祥
《我代表我自己》/汪曾祺《跑警报》/余华《我能否相信自己》/余秋雨

《酒公墓》/杨步伟《杂记赵家》/张爱玲《更衣记》/金克木《鸟巢禅师》/周泽雄《说狂》/柏杨《丑陋的中国人》/赵无眠《假如阿Q还活着》/赵鑫珊《诗化自然哲学》/钟鸣《圣人孔子·里尔克·苏格拉底和独角麒麟》/郭沫若《科学的春天》/顾准《民主与"终极目的"》/贾平凹《丑石》/聂绀弩《论怕老婆》/徐迟《哥德巴赫猜想》/梁实秋《谦让》/黄仁宇《首辅申时行》/黄爱东西《伦敦桥垮下来》/遇罗克《出身论》/董桥《中年是下午茶》/鲁迅《战士和苍蝇》/舒芜《才女的冤痛和才子的残酷》/舒婷《明月几时有》

百年散文名家（下）

三毛《哭泣的骆驼》/方舟子《功到雄奇即罪名》/止庵《六丑笔记》/冯骥才《一百个人的十年》/朱健国《王小波，可以这样挂镜子》/任不寐《灾变论》/刘绍铭《寿则多辱》/李泽厚《美的历程》/李恩绩《爱俪园梦影录》/李慎之《只有一个顾准》/李碧华《长短句》/张默生《异行传》/汪晖《汪晖自选集》/陈从周《说园》/吴思《潜规则》/何其芳《画梦录》/林清玄《温一壶月光下酒》/图雅《第五维》/南帆《虚构躯体》/徐晓《无题往事》/流沙河《锯齿啮痕录》/莫小米《缔结平衡》/唐德刚《胡适口述自传》、《胡适杂忆》/黄灿然《在两大传统的阴影下》/辜鸿铭《中国人的精神》/温源宁《一知半解》/谢有顺《尤凤伟：一九五七年的生与死》/葛剑雄《乱世的两难选择——冯道其人其事》/新凤霞《发愁与胆小》/廖亦武《算命先生孔庆天》

百年小说戏剧名家

七等生《我爱黑眼珠》（短篇小说）/王力雄《黄祸》（长篇小说）/王小波《革命时期的爱情》（中篇小说）/王跃文《国画》（长篇小说）/王朔《过把瘾就死》（中篇小说）/尤凤伟《中国一九五七》（长篇小说）/古龙《绝代双骄》（长篇小说）/池莉《来来往往》（中篇小说）/老舍《茶馆》（话剧剧本）/李锐《合坟》（短篇小说）/李佩甫《羊的门》（长篇小说）/陈忠实《白鹿原》（长篇小说）/陈染《私人生活》（长篇小说）/汪曾

祺《陈小手》(短篇小说)/佚名《少女之心》(中篇小说)/苏青《结婚十年》(长篇小说)/苏童《妻妾成群》(中篇小说)/杨绛《洗澡》(长篇小说)/沙叶新《寻找男子汉》(话剧剧本)/阿待《猫眼石》(短篇小说)/阿来《尘埃落定》(长篇小说)/张扬《第二次握手》(中篇小说)/张恨水《啼笑因缘》(长篇小说)/张爱玲《倾城之恋》(中篇小说)/茅盾《子夜》(长篇小说)/金庸《笑傲江湖》(长篇小说)/莫言《红高粱》(中篇小说)/贾平凹《商州初录》(中篇小说)/钱锺书《围城》(长篇小说)/高阳《红顶商人胡雪岩》(长篇小说)/顾城《英儿》(长篇小说)/曹禺《日出》(话剧剧本)/梁羽生《萍踪侠影》(长篇小说)/阎连科《乡村死亡报告》(中篇小说)/鲁迅《阿Q正传》(中篇小说)/韩少功《马桥词典》(长篇小说)/戴厚英《人啊人》(长篇小说)

百年诗歌名家

于坚《远方的朋友》、《事件:谈话》/王寅《精灵之家》(组诗)/冯至《十四行集》/北岛《宣告》/冰心《繁星》/李叔同《送别》(歌词)/多多《死了。死了十头》/江河《接触》/刘半农《教我如何不想她》/刘漫流《疾病进展期》/伊沙《车过黄河》/伊蕾《独身女人的卧室》/启功《自撰墓志铭》/杨炼《诺日朗》/严力《还给我》/陆忆敏《室内的一九八八》/陈东东《幻想的走兽》/阿吾《相声专场》/孟浪《冬季随笔》/汪国真(任何一首)/邹静之《巫》/罗大佑《现象七十二变》(歌词)/尚仲敏《门》/食指《相信未来》/俞心焦《墓志铭》/根子《白洋淀》/海子《麦地》/唐亚平《黑色睡裙》/顾城《我是一个任性的孩子》/黄翔《野兽》/崔健《一无所有》(歌词)/梁晓明《各人》/黑大春《东方美妇人》/韩东《你见过大海》/舒婷《致橡树》/翟永明《女人》/默默《我和我》/穆旦《神的变形》/欧阳江河《纸手铐》

百年新文学余话

载道与言志/征圣传统/颂圣传统/有执照的作家/去掉一个最高分/作家的脊梁/歌颂现实主义/体验生活/超我·自我·本我/邯郸学步/"现

代诗"漫画/驯良的杂文/散文——附庸蔚为大国/没面目/"著名"作家/一本书主义/开门见山的记叙文/补充实例的议论文/伪抒情的抒情散文/换汤不换药的新概念作文/感觉派散文和说理派散文/批评家的批发业务/要有耐心等待追认/文人无文/当代散文十大病/当代小说戏剧十大病/当代诗歌十大病/当代作家十大病/"躲避崇高"与"渴望堕落"/堂吉诃德和哈姆雷特/欲望号街车——代结语

相关附录

第五卷 人物论卷：数风流人物（1991—2016）

上卷 中国人物论

跋语　重估一切价值

相关附录

庄学七卷　第二个写作十年（2005夏—2015夏）

第八卷　庄子奥义（2005—2007）

第九卷 庄子精义（2007—2009）

第十、十一、十二卷　庄子复原本（2009—2010）

凡例

修订版序　《庄子》1.0版、2.0版失而复得记

初版序言　复原《庄子》，正本清源

绪论一　初始本编纂者魏牟论

绪论二　魏牟版初始本篇目考

正编　魏牟版初始本（二十九篇）

正编上：魏牟版内篇七

逍遥游 / 齐物论 / 养生主 / 人间世 / 德充符 / 大宗师 / 应帝王

正编下：魏牟版外篇二十二

寓言 / 山木 / 达生 / 至乐 / 曹商△ / 秋水 / 田子方 / 知北游 / 庚桑楚 / 徐无鬼 /
管仲△ / 则阳 / 外物 / 让王 / 盗跖 / 列御寇 / 天下 / 惠施▲ / 宇泰定△ / 胠箧 /
天地 / 天运

绪论三　刘安版大全本篇目考

附编　刘安版大全本（新增二十三篇）

附编上：刘安版新外篇六

骈拇 / 马蹄 / 刻意 / 缮性 / 在宥 / 天道

附编下：刘安版杂篇十四

说剑 / 渔父 / 泰初△ / 百里奚△ / 子张△ / 马捶▲ / 阏弈▲ / 游凫▲ / 子胥▲ /
意修▲ / 厄言▲ / 重言△ / 畏累虚▲ / 亢桑子▲

刘安版附录：解说三

　　庄子后解▲／庄子略要▲／解说第三△

余论　《庄子》佚文概览

附录·索引

初版跋语　直面《庄子》，突破遮蔽

相关附录

第十三、十四卷　庄子传笺注本（2010—2012）

三二　孝公死秦商鞅车裂，戴偃逐兄庄周辞吏

三三　不害死韩君偃养虎，庄周美技庖丁慕道

三四　宋社崩坏周鼎沉水，魏初朝齐杨朱悲歧

三五　魏再朝齐君偃行仁，戴盈相宋庄周拒聘

三六　魏三朝齐徐州相王，曹商扮孝庄周劝友

三七　楚威伐齐犀首相秦，庄周葬父骷髅托梦

三八　齐威攻魏淳于谏止，楚威伐越庄周劝阻

三九　君偃市恩司马刖足，楚威聘贤庄周辞相

第四部　循德达道（前330—前322）

四十　张仪入秦犀首返魏，庄子斥秦蔺且拜师

四一　秦攻河东魏伐楚丧，孟轲游齐戴盈访庄

四二　张仪相秦孟轲仕宋，君偃称王庄子斥贤

四三　张仪诈魏宋王易辙，庄子斥君朝三暮四

四四　孟轲丧母离宋归邹，曹商献玉庄斥卞和

四五　秦惠称王齐魏伐赵，雕陵射鹊庄子悟道

四六　孟轲仕滕恢复井田，庄子游魏讽谏惠施

四七　五国相王三强结盟，庄子讽魏蜗角争雄

四八　张仪相魏惠施逃楚，射稽合道庄子斥术

第五部　庄惠初游（前321—前305）

四九　惠施返宋庄子弃鱼，庄惠辩用天人两行

五十　滕文问责孟轲至魏，庄惠辩儒孔子改宗

五一　伐齐大败魏惠愤死，不知鱼乐惠施返魏

五二　犀首合纵五国伐秦，秦宋结盟曹商骄庄

五三　宋王动武燕哙让国，庄子访友木雁两难

五四　墨家助秦伐灭巴蜀，宋王骄横强夺民妻

五五　张仪连横秦魏攻韩，孟轲恶禅齐宣伐燕

五六　齐宣灭燕谋于孟轲，乐毅存燕败于张仪

第十七卷　玉器之道：解密中国文明源代码（2014—2017）

前言　复原华夏知识总图，贯通华夏八千年史

上编　玉器三族的玉器原理和天文之道

第十八卷　青铜之道：解密华夏天帝饕餮纹（2017—2020）

第十九卷　良渚之道：解密良渚神徽及其他（2012—2021）

第二十卷　老子奥义：中国哲学突破第一书（2013—2022）

序言　中国哲学突破第一人第一书

上卷　《老子》导论：老子之道突破伏羲之道

相关附录

感谢伏老庄之友支持

我的三十年写作计划得以完成，《张远山作品集》得以问世，必须感谢的朋友很多，只能挂一漏万，聊表寸心。

感谢四百余家报刊、二十余家出版社的编辑朋友！没有你们的鼎力支持，我不可能发表文章上千篇，发表论文上百篇，出版23书44版本。

感谢《书屋》杂志的主编周实先生、副主编王平先生，对我第一个写作十年（1995—2005）的强力支持，使我经读者评选获得四次《书屋》年度奖，在写作生涯一开始就拥有人数众多、持久稳定的读者群。

感谢《社会科学论坛》杂志的主编赵虹先生、副主编张平先生、编辑袁佳佳女士，对我第二个写作十年（2005—2015）、第三个写作十年（2015—2025）的强力支持，全书连载了我的九部主要著作200余万字，确保了我的连续剧式写作没有中途熄火。

感谢岳麓书社的吴泽顺先生、杨云辉先生，上海文化出版社的陈鸣华先生，上海三联书店的陈达凯先生，上海文艺出版社的赵南荣先生，中国工人出版社的岳建一先生，云南人民出版社的周非女士，珠海出版社的李向群女士，春风文艺出版社的常晶女士，兄弟图书公司的李永平先生，复旦大学出版社的高若海先生，少年儿童出版社的靳琼女士，江苏文艺出版社的黄小初先生、黄孝阳先生，中国联通、京东图书的资卫民先生，天地出版社、天喜文化的董曦阳先生、陈德先生、李博先生、王业云先生、杨政波先生，北京出版社的吴剑文先生，北岳文艺出版社的韩玉峰先生，华景时代的张缘先生，为吾书出版尽心尽力。

感谢我的学界朋友单正平先生、余世存先生、徐晋如先生、吴励生先生、丁国强先生、吴炫先生、闻中先生、姜珺先生、孙功达先生。你们的热情鼓励，是我坚持独立写作的重要动力。

感谢我的私人朋友高宏先生、唐洪泉先生、杨丰先生、曾瑜阳女士、江刚先生、沈钢女士、陈维亚女士、朱雪莲女士、张宏飚先生、邹扬先生、张伟先生、吴洁女士。你们的慷慨支持，是我没被困难击倒的重要支撑。

感谢我的法律顾问陈少兰女士及其律师团队、唐向阳先生及其律师团队。你们的法律援助，是我维护知识产权的重要保障。

感谢远山道场读者群、庄子江湖微信公众号的管理团队汪跃云先生、赵章靖先生、唐子建先生、杨勇先生、贺闻吉先生、尚立中先生、王志先生。你们的志愿服务，是我长期拥有稳定读者群的重要助力。

感谢我的每一位读者。没有你们的手抄本，我的绝版书不可能一再重版。没有你们的持久追剧，我的二手书不可能如此高价。你们对我连续剧式写作的追剧热情，是我坚持独立写作的终极助力。

感谢我的妻子陈林群。料理饮食，承担家务。查找伏老庄资料，规划伏老庄考察。阅读我的著作未定稿，提出修改建议。尤其是我原创的《庄子奥义》南滇弔诡图，以及我原创的大量伏羲学图片，经你费时费力、精心绘制成 AI 矢量图，使我的伏羲学著作大为增色。没有你的倾力支持，我不可能完成三十年写作计划，不可能撰著两千万字，不可能有《张远山作品集》。

感谢你们支持我的独立写作。

感谢你们深夜依然仰望星空。

感谢你们冬天仍爱一个诗人。

2025 年 2 月 25 日六十二周岁生日